의심의 과학

편집증, 불신 그리고 심리 치료의 진화

대니얼 프리먼

PARANOIA

Copyright © Daniel Freeman 2024
All rights reserved.

Korean translation copyright © 2025 by SangSangSquare
Korean translation rights arranged with HarperCollins Publishers Ltd.

이 책의 한국어판 저작권은 HarperCollins Publishers Ltd.와 독점 계약한
주식회사 상상스퀘어에 있습니다.
저작권법에 의하여 한국 내에서 보호를 받는 저작물이므로 무단 전재 및 복제를 금합니다.

의심의 진화
Paranoia

편집증, 불신
그리고
심리 치료의 진화

대니얼 프리먼 지음
홍석윤 옮김

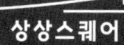
상상스퀘어

목차

1. 하루하루가 전쟁이다
007

2. 안심 프로그램
025

3. 편집증의 짧은 역사
050

4. 가상 지하철
072

5. 사람은 믿을 수 없다
099

6. 편집증은 타고나는 것일까?
128

7. 피곤하면 모든 게 더 나빠져요
151

8. 당신은 쓰레기일 뿐이야
178

9. 내가 대마초를 끊은 이유
202

10. 내 머릿속의 목소리
225

11. 내가 이걸 어떻게 알지?
249

12. 게임체인지 프로젝트
274

13. 불신의 바다
301

14. 째깍거리는 시한폭탄
333

감사의 말
347

참고문헌
353

01.
하루하루가 전쟁이다

2021년 여름, 나는 이 책의 초안을 쓰는 한편 피해망상에 대한 새로운 치료법 '안심 프로그램'Feeling Safe Program을 발표했다. 피해망상은 편집증의 가장 심각한 형태로, 자신과 관련된 문제에 대해 타인을 극도로 불신하는 증세다. 조현병 진단을 받은 사람들에게서 이런 피해망상 증세가 매우 흔하게 나타나며, 그들의 삶을 파괴하기도 한다.

이 치료법을 발표하는 순간은 적어도 내게는 엄청나게 중요했다. 임상심리학자로서 처음 훈련을 받은 이후 나는 줄곧 기존의 방법보다 훨씬 더 나은 치료법을 개발해 환자들에게 새로운 희망을 제공하겠다는 열망을 품어왔는데, '안심 프로그램'이야말로 지난 30년 동안 편집증을 연구하고 치료한 내 노력의 산물이었고 마침내 내 열망이 실현되었음을 의미하는 것이었기 때문이다. 제인Jane은 이 치료법을 끝까지 받은 첫 환자 중 한 명이었다. 안심 프로그램 치료를 받기 전 제인의 상태는 다음과 같았다:

전 편집증 때문에 극도로 쇠약해져서, 내 생산적인 능력을 떨어뜨리고 수시로 나를 두렵게 하는 목소리로 고통을 겪었지요. 약효가 강한 독한 약을 복용하고 있었지만 약만으로는 안정감을 느낄 만큼 충분한 도움이 되지 못했습니다. 내 삶은 끊임없는 투쟁 그 자체였지요. 편집증이 너무 심해서 행사와 활동에 자주 참여할 수 없었고, 평소에도 커튼을 모두 내리고 문까지 모두 잠가두곤 했습니다. 아파트에 혼자 틀어박혀 지냈지요. 가치 있는 삶을 산다는 생각은 엄두도 내지 못했습니다. 마치 누군가에게 공격을 받거나 자신을 포기할 때까지 시한폭탄이 째깍거리며 돌아가는 느낌만 들었거든요.

끊임없는 투쟁. 째깍거리는 시한폭탄. 정체된 삶. 임상심리학자로서의 경력을 시작했을 때만 해도 나는 이 모든 것을 전혀 이해하지 못했다. 잠시 내 삶을 되돌아보고자 한다.

비밀 신호

1992년 가을. 나는 런던 남부 브릭스턴에 있는 왕립교도소HMP Brixton의 허름한 막사에서 대학 친구들과 함께 지내고 있었다. 빅토리아 시대에 지어진 이 거대한 교도소는 때마침 두 IRA 수감자가 아일랜드 공화국으로 탈출하는 사건이 벌어지면서 뉴스에 자주 등장하곤 했다. 나는 세계 최대 규모의 정신 건강 연구센터

중 하나인 정신의학연구소IoP에서 근무를 시작한 참이었다. 연구소 근무를 기념하기 위해 켄싱턴 시장에서 새 재킷 한 벌을 샀는데, 그 재킷의 어깨 패드가 우스꽝스러울 정도로 커서 입고 출근하기도 전에 사람들이 놀릴까 봐 걱정이 되었다. 망상과 환각에 시달리는 조현병(이런 증세를 포괄적으로 정신병이라고 한다) 환자들의 심리 치료를 위한 첫 번째 임상 실험에 연구 조교로 일하게 되면서 모처럼 구두까지 번쩍번쩍 광을 내 한껏 멋을 부렸는데 이런 우스꽝스런 재킷이라니. 어쨌든 이런 차림으로 나는 런던 남부에 있는 한 집 앞의 잡초가 무성하게 자란 비좁은 길을 힘겹게 걸어 내려가고 있었다. 쓰레기통을 비집고 지나갈 때에는 가시덤불이 다리와 팔을 할퀴었고, 비까지 내리면서 빗방울이 내 얼굴을 때렸다. 누군가 그런 나를 봤다면(아무도 본 사람이 없기를 간절히 바라지만) 서툰 좀도둑쯤으로 오해했을 것이다. 오는 길이 이렇게 험난하다는 건 업무 설명서에는 분명히 나와 있지 않았는데 말이다. 집 뒤쪽으로 천천히 다가가면서 나는 입구로 들어오는 길을 잘못 알았음을 깨달았다. 왜 처음부터 정문으로 들어오지 못했을까?

하지만 이 집으로 오는 길을 간략히 설명해주었던 정신과 간호사는 초인종을 누르지 말라고 단호하게 말했었다. 그래봐야 아무 소용이 없을 거라고. 내가 만나러 온 사람(로버트Robert)은 결코 나타나지 않을 거라고. 로버트는 마치 정부 기관이 자신을 살해하려는 음모를 꾸미고 있다고 믿는 사람처럼, 초인종 소리를 듣고 나타나기는커녕 겁에 질려 조용히 창문 아래에 웅크리고 숨어 있을 거라고. 그에게 연락할 유일한 방법은 비밀 신호를 보내는 것, 즉 집 옆 창문을 세 번 두드리는 것뿐이라고. 그래서 나는 남의 시선을 어느 정도 의식하면서도 간호사가 한 말대로 할 수밖에 없었다. 아니나 다를까 부엌 문이 조금 열리며 로버트의 불안해하는 얼굴이 나타났고, 나는 예의를 갖추면서도 부리나케 집 안으로 들어섰다.

집 안은 어둡고 조용했다. 커튼이 쳐 있었고 주방 블라인드도 닫혀 있었다. 라디오도 켜 있지 않았다. 물론 어떤 음악 소리도 이렇게 음침한 분위기를 밝게 만들지는 못하겠지만 말이다. 정부를 의심하는 집 주인 로버트처럼, 집의 분위기도 매우 불안해 보였다. 마치 집이 숨을 멈추고 정체를 드러내지 않기 위해 애쓰고 있는 것 같았다. 언젠가(어쩌면 오늘일지도) 닥치게 될 재앙을 미리 감지하기 위해 안간힘을 쓰고 있는 것처럼. 로버트는 어두컴컴한 복도를 지나 작은 거실로 나를 안내했다. 사실 방이 특별히 작지는 않았지만, 물건이 너무 많아서 작아 보였을 것이다. 많은 물건이 빈틈 없이 거실 공간을 차지하고 있었다. 신문과 책, 카세트 케이스와 CD, 비디오 테이프가 산더미처럼 쌓여 있었다. 뜻밖에도 거실 구석에는 빨래 더미가 가지런히 접혀 있었고, 심지어 카펫도 여러 겹의 양탄자로 되어 있었다. 대형 텔레비전 앞에는 안락의자가 있었고 그 옆에는 작은 테이블이 놓여 있었다. 테이블 위에는 〈라디오 타임스〉 잡지, 머그잔, 반쯤 찬 재떨이, 약 몇 봉지가 널려 있었고, 테이블 밑 카펫 위에는 상표도 없는 점보 사이즈 콜라 두 병이 놓여 있었다. 구석에 있는 스탠드형 램프가 집 안의 유일한 조명이었다. 이처럼 빽빽하고 어수선한 방이지만 놀랍게도 장식물은 거의 눈에 띄지 않았다. 벽에는 그림도 걸려 있지 않았고 선반에는 사진도, 행복했던 시절을 기념할 만한 어떤 물건도 없었다.

나는 친근한 인상을 주고 싶어서 미소를 지으며 내 소개를 했지만, 로버트는 잠깐 동안 눈길을 줄 뿐이었다. 그래도 나는 밝게 웃으면서 물었다. "어디 앉을까요?" 그는 미안하다고 말하는 듯 중얼거리며 안락의자에 놓인 신문 몇 장을 치웠고 나는 몸을 숙여 그 의자에 앉았다. 로버트가 담배에 불을 붙였는데, 니코틴으로 인해 노랗게 변한 그의 손끝이 떨리는 것이 보였다. 사실 우리 둘 다 상대방에게 긴장하고 있었다. 특히 로버트의 불안은 낯선 사람을 만나는 데서 오는 증상이었다. 그는 최근에 사람을 거의 만나지 않은 터였다. 벌써 몇 년이나 고립된 생활을 하면서 가족이나 친구들과의 관계가 매우 소원해졌을뿐더러 외출한 적도 거의 없었기 때문이다. 그런 그가 지금 낯선 사람인 내게 마음을 열지 결정해야 하는 순간에 놓인 것이다. 과연 방금 만난 낯선 젊은 이가 자신의 가장 깊은 생각과 감정을 털어놓을 만큼 믿을 수 있는 사람일까? 사실 나는 학부에서 공부한 실험심리학 책을 여전히 가방에 넣고 다니는 햇병아리 심리학자였다. 조현병은 우리가 합리적으로 이해할 수 있는 범위를 넘어선 것이며 정신 질환 중에서도 거의 알려진 게 없는 황무지와 같은 병이라고 배웠다. 따라서 우리는 정신 건강 전문가로서 조현병 장애를 일으키는 사람들을 매우 예외적인 경우로 간주해야 하고, 그들을 다른 환자처럼 대해서는 안 되며, 또 그들이 겪은 일을 함부로 이야기해서도 안 된다고 배웠다. 나 역시 최근에 받았던 위험성 평가 교육 Risk Assessment Training에서 경고를 받기도 했다. 나는 또 그들에게 발생할 수 있는 문제에 대해 항상 경계하고, 그들이 회피할 곳을 확인한 다음 그에 따라 의자를 배치해야 한다고 배웠다.

그러나 로버트와 대화를 시작하면서 나는 그동안 학교에서 공식적으로 배운 것들이 전혀 맞지 않는다는 사실을 깨달았다. 나는 로버트가 달변가일 뿐만 아니라 매력적이고 감정을 탁월하게 표현할 수 있다는 것을 알았다. 그의 감정은 비합리적이기는커녕 그의 인생 경험에 비추어볼 때 완벽하게 이해될 수 있는 것이었다. 로버트와의 경험은 이후 내 임상 연구 방향을 바로잡아 준 교훈이 되었다. 즉 어떤 상황에 있는 환자든 임상 의사의 존중과 관심, 보살핌을 받을 자격이 있다는 것이다. 또 환자의 생각과 감정은 매우 중요하고 의미가 있으며, 우리는 치료자로서 그들의 말을 들을 수 있는 특권을 누리고 있는 것이라고 말이다. 하지만 그런 권리가 거저 얻어지는 것은 아니다. 그들에게 우리가 신뢰할 수 있는 사람임을 먼저 보여주어야 한다. 그들 편임을 확인시켜야 하는 것이다. 이 말은 아주 당연하게 들리지만, 사실 정신병 환자들이 정신 건강 전문가에게 늘 마땅한 대우를 받았던 것은 아니다. 관련해서는 이 책의 뒷부분에서 살펴볼 것이다.

'끝없이 의심하는 능력'

나는 로버트를 만나면서 처음 피해망상에 대해 접하게 되었다. 가장 심각한 유형의 편집증 환자를 처음 만난 것이었는데, 이후 그런 환자를 지나치게 믿지 않는 것이 비단 정신과 진료소에서뿐만이 아니라는 점을 알게 되었다. 그들에 대한 편견은 세상 모든 곳에 존재했다. 대부분의 사람들이 그런 불신의 렌즈를 통해 세상을 보고 있었다. 로버트처럼 정신분열증이나 그밖의 정신 질환으로 치료받는 사람은 전체 인구의 1퍼센트도 되지 않을 만큼 적다. 그러나 이는 빙산의 일각에 불과하다. 정신 질환으로 진단받은 적은 없을지라도 전체 인구의 1~3퍼센트가 심각한 편집증을 경험했으며, 전체 인구의 5~6퍼센트가 아주 심각하지는 않지만 피해망상 증세로 고통받고 있고, 이들 외에도 전체 인구의 10~15퍼센트만이 경미한 편집증 증세를 수시로 겪는 것으로 조사되었다.

임상심리학자가 아니더라도 극도의 불신이 얼마나 널리 퍼져 있는지는 쉽게 알 수 있다. 음모론이 이 세상에 얼마나 확산되어 있는지 보라. 2020년, 코로나19의 첫 물결이 전 세계를 혼란에 빠뜨렸을 때 나는 영국 성인 2501명을 대상으로 표본 조사를 실시했다. 놀랍게도 조사 대상자 중 절반이 적어도 하나 이상의 음모론을 믿고 있다고 나타났다. 예를 들어, 응답자의 50퍼센트 정도가 '코로나바이러스가 중국이 서구를 파괴하기 위해 개발한 생화학 무기'라는 생각에 어느 정도 동의했고, 응답자의 약 5분의 1정도가 '유대인이 금전적 이득을 얻기 위해 경제를 붕괴시킬 목적으로 바이러스를 만들었을 가능성이 있다'라고 생각했다. 또 응답자의 4분의 1은 유엔과 세계보건기구WHO가 통제를 위해 이 바이러스를 제조했다는 생각에 동의하고 있다고 나타났다. 심지어 응답자의 17퍼센트는 백신 접종 안전성 데이터가 가끔 조작되고 있다고 믿는다고 나타났다. 즉 당국이 예방접종으로 인해 어린이에게 초래될 수 있는 피해를 은폐하고 있다거나, 정부가 예방접종과 자폐증 사이의 연관성을 숨기고 있다는 것이다. 응답자 중 4분의 1은 중립적인 태도를 보였는데, 약 3분의 2에 해당하는 이들만이 이런 종류의 음모론을 믿지 않는다는 사실을 의미한다. 또 응답자의 24퍼센트는 인간이 기후변하를 유발했다는 주쟁이 사기라고 생각하고 있었다. 17퍼센트가 동의하지도 반대하지도 않는다는 점을 감안하면, 기후변화에 대한 과학적 합의를 받아들이는 사람은 60퍼센트에 불과한 것으로 보인다. 이런 공공 음모론은 개인적으로 위협받고 있다고 느끼는 편집증과는 달리, 훨씬 더 일반적이고 광범위한 피해를 불러 일으킨다. 이 같은 공공 음모론이 가져오는 피해는 강력한 소수가 부지불식간에 나머지 사람을 학대하는 셈이다. 사실 편집증과 음모론은 모두 일종의 불신이다. 말할 것도 없이, 이 조사에서 음모론을 지지하는 사람들은 편집증적 사고를 보일 가능성이 훨씬 더 높다.

2023년 3월에 연령, 성별, 민족, 소득, 지역을 대표하는 영국 성인 1만 명 이상을 대상으로 설문조사를 실시했을 때 이 수치는 더는 무시할 수 없는 수준에 이른 것으로 나타났다. 지난 한 달 동안 사람들이 뒤에서 자신을 비웃는 것을 경험한 적 있느냐는 질문에 3분의 1이 다소 또는 전적으로 '그렇다'라고 대답했다. 짜증나게 하는 일을 경험했다고 다소 또는 전적으로 생각하는 사람은 38퍼센트에 달했고 27퍼센트는 누군가가 자신을 해치고 싶어 한다고 대답했다. 또 피해망상으로 고통을 겪은 적이 있는 사람은 28퍼센트에 달했다.

누가 배신자일까?

> 그럼 이번에는 어떤 놈이 배신자일까? 나는 내가 한 일과 하지 않은 일을 알고 있으니 확실히 배신자가 아니라고 말할 수 있어 하지만 다른 사람들은 잘 모르겠는걸. 그들이 무슨 짓을 했는지 확실히 모르니까 말이지. 내가 아는 한, 배신자는 바로 네 놈이야.
>
> 〈저수지의 개들Reservoir Dogs〉(1992)

내가 로버트를 처음 만났던 1992년, 영국의 여러 마을과 도시에서는 몇 주 동안의 폭동 이후에도 소요가 가라앉지 않고 있었다. 이 폭동은 로드니 킹Rodney King을 구타한 미국 로스앤젤레스 경찰관들이 무죄 판결을 받은 이후 그해 초 로스앤젤레스에서 일어난 폭동이 대서양을 건너 유럽에까지 영향을 미친 것이었다. 한편 이탈리아의 시칠리아에서는 반마피아 변호사 파올로 보르셀리노Paulo Borsellino가 차량 폭탄 테러로 사망하는 사건이 발생했다. 친구이자 동료인 조반니 팔코네Giovanni Falcone가 역시 마피아에 의해 살해된 지 불과 몇 주 만에 같은 운명을 맞이한 것이다. 미국 위스콘신 주에서는 연쇄살인범 제프리 다머Jeffrey Dahmer가 남성 15명을 살해한 혐의로 종신형을 선고받았다. 또 7월에는 영국 북부 도시 밀턴킨스Milton Keynes 중심부에서 화염병 3개가 발견되기도 했다. 그해 10월 말 런던에서는 IRA 테러리스트들이 택시를 강제로 다우닝 스트리트Downing Street로 몰아넣고 차량에 장착된 폭탄을 터뜨리는 사건이 벌어졌다(다행히 다친 사람은 없었다). 한편 영화계에서도 신인 감독 쿠엔틴 타란티노Quentin Tarantino의 피가 난무하는 저예산 갱스터 영화 〈저수지의 개들〉이 미국에서 개봉되면서 관심을 끌어 박스오피스에 올랐다.

　이런 일련의 사건과 불신이라는 문제가 무슨 상관이냐고 생각할지 모르겠다. 하지만 이런 사건들이 위험한 세상에 대한 민감한 반응을 나타내는 것은 아닐까? 피해자가 되는 것보다는 미리 경계하는 것이 낫지 않겠느냐는 심리가 반영된 것은 아닐까? 물론 그렇다고 단정하지는 못하겠지만, 영국 작가 존 르 카레John le Carré는 "생존하려면 끝없이 의심해야 한다"라고 썼다. 그러나 이 대사를 한 당사자인 짐 프리도Jim Prideaux는 르 카레의 소설 《팅커, 테일러, 솔저, 스파이Tinker Tailor Soldier Spy》에 나오는 영국 정보국 MI6 요원이다. 물론 우리는 첩보소설 속 주인공처럼 살 필요는 없다(소설 속에서도 끝없는 의심은 가장 친한 친구에게 배신당한 프리도에게 전혀 도움이 되지 않았다.) 우리의 경험을 이해하기 위한 더 친절한 방법인 다른 이야기를 찾아보자. 물론 모든 사람이 가장 유리한 상황만 염두에 두고 사는 것은 아니다. 어떤 위협은 확실히 실제로 존재한다. 하지만 인터넷에서 본 글이나 권력자들이 말하는 것을 모두 진실로 받아들이는 것은 지나치게 순진한 처사다. 우리의 안녕은 본능적 의심보다는 신뢰하려는 의지에 더 큰 영향을 받는다. 나는 "신뢰 없이 인생을 살아가는 것은 불가능하다. 누구도 신뢰하지 못하면 자기 안에 갇히게 되는데, 그것은 가장 나쁜 감방이다"라고 말한 그레이엄 그린Graham Greene이 옳았다고 생각한다.

내 환자 중 상당수는 편집증으로 인해 자신의 삶이 파괴되는 것을 직접 목도했다. 그들은 사회에서 고립되어 우울증, 불면증, 불안의 희생양이 되기 일쑤였다. 물론 상대적으로 극단적인 사례일 수도 있지만, 앞으로 이 책에서 살펴보는 바와 같이, 불신으로 인한 피해는 정신병 진단을 받은 사람들에게만 국한되지 않는다. 그 피해가 그보다 훨씬 더 널리 미치기 때문이다. 불신이 피해는 눈에 보이지 않는 부식제처럼 개인과 사회 모두를 갉아먹는다. 그러므로 이런 불신을 허용해서는 안 된다. 물론 때와 장소에 따라서는 미리 조심하는 것이 현명한 방법일 수도 있다. 예를 들어 나는 밤에 어두운 골목길을 혼자 걷지 않는다. 영국의 옥스퍼드가 아니라 아프가니스탄의 카불에 살았다면 삶의 위험도를 다르게 추정했을 것이다. 그러나 감정보다는 확실한 증거에 따라 각 상황의 장단점을 구체적으로 판단해야 한다. 그렇게 함으로써 다르게 생각할 아주 타당한 근거가 없다면, 안전하다는 가정부터 시작해야 한다. 편집증은 본질적으로 사건에 대한 해석일 뿐이다. 편집증을 기꺼워하지 않을 수도 있지만 모든 사건에는 늘 각기 다른 설명이 있게 마련이다. 무슨 일이 일어나고 있는지 판단할 때는 증거가 두려움보다 훨씬 더 신뢰할 수 있는 지침이 된다. 러시아 속담에 "신뢰하되 검증하라"라는 말이 있다. 그 반대는 자신을 위험의 세계에 방치하고 삶을 인정사정 없는 적과의 끝없는 싸움으로 보는 것이다. 그러면 〈저수지의 개들〉에 나오는 불운한 악당들처럼 "누가 배신자일까?"라고 물으며 괴롭게 살 수 밖에 없다.

편집증과 불인김

우리 사회가 점점 정신 건강에 관해 이야기할 준비를 갖춰가고 있지만, 편집증 환자에 대한 지나친 불신 때문에 피해가 계속 야기되고 있는 상황을 보면 아직도 편집증을 그저 임상 문제로 치부하는 경향이 남은 듯하다. 그런 탓에 편집증에 대한 이해는 여전히 부족한 편이다. ('편집증'이라는 단어가 일반적으로 '두려움'과 동의어로 사용되고 있음을 고려하면 이런 이해 부족은 아이러니하다고 할 수 있다.) 1992년 당시만 해도 심리학자와 정신과 의사 사이에서도 편집증은 거의 관심 밖이었다. 3장에서 살펴보겠지만 편집증은 일반적으로 조현병의 한 증상으로 분류되었다. 그리고 조현병이라는 것이 상대적으로 극소수에게 발생하는 장애이기 때문에 편집증도 매우 드문 증상으로 여겨졌다. 그들에 대한 지나친 불신의 본질적 속성(그런 불신이 어떻게 발생했는지, 불신을 불러일으킨 요소는 무엇인지, 불신을 극복하기 위해 할 수 있는 일은 무엇인지 등)을 이해하는 데 관심을 두는 사람도 거의 없었다. 왜 그랬을까? 당시만 해도 전통적인 지혜에 따라 조현병 환자들을 치료하는 것이 중요하다고 생각했기 때문이다.

    버스를 타고 정신의학연구소로 돌아오면서 나는 로버트와의 만남에 대해 곰곰이 생각해보았다. 그러면서 편집증에 대한 기존의 전통적인 설명이 매우 부족하다는 생각이 들기 시작했다. 내가 직접 본 것과는 맞지 않았기 때문이다. 그리고 그런 전통적 지식으로는 로버트의 경험도 제대로 평가할 수 없었다. 사실 그의 행동은 조현병이라기보다는 훨씬 더 일상적인 심리 문제를 생각나게 했다. 로버트는 집 안 깊숙이 숨어 특별한 신호를 보낸 사람에게만 응답함으로써 자신이 정부 기관의 음모에 의해 죽거나 불구가 되지 않으려고 노력하고 있었다. 교과서에서 배운 '방어'defence의 예시였다. 우리는 자신이나 다른 사람이 해를 입지 않도록 방어하기 위해 행동을 수정한다. 즉 예방 조치를 취하는 것이다. 가장 일반적인 방어는 먼저 두려운 상황을 피하는 것이다. 그러나 그것이 가능하지 않을 경우, 다른 사람이 함께 있는지 확인하거나 다른 사람과 눈을 마주치지 않거나 옷을 눈에 띄지 않게 입는 행동을 할 수 있다.

나는 학부에서 수년에 걸쳐 편집증에는 방어적인 행동이 수반된다고 배웠다. 실제로 내가 아는 거의 모든 편집증 환자는 방어적인 행동을 한다. 놀라운 일이 아니다. 이길 수 없는 힘에 의해 위협을 받고, 궁지에 몰리고, 공격 당한다고 느낄 때, 자신을 안전하게 지켜주리라고 생각되는 일을 다 해보는 것은 지극히 자연스러운 현상이다. 그러므로 방어적인 행동은 피해망상이 있는 사람들만 하는 것이 아니다. '안전 추구 행동'이라는 개념은 우울증과 더불어 정신 건강 사례의 대부분을 차지하는 불안 장애 분야 전문가들이 고안한 개념이다. (질병 연구에 따르면 3분의 1의 사람이 인생의 어느 시점에서 불안 장애를 경험한다고 한다. 즉 불안감은 편집증 환자들만 느끼는 것이 아니라는 의미다.) 방어가 불안한 상황을 극복하는 데 도움을 주지만 진짜 친구는 아니다. 방어가 보호하는 것은 우리 자신이 아니라 우리의 두려움 자체이기 때문이다. 방어는 위협이라는 서술 속에 우리를 가둘 뿐이다. 실제로 방어를 사용하면 정말로 위험에 처해 있는지 판단할 수 없게 만든다. 예를 들어 사회적 불안감 때문에 모임에서 말하기를 꺼리는 여성은, 놀랍게도 그 누구도 그녀를 비웃거나 지루해하지 않을 뿐 아니라 그녀를 초대한 사람이 누구인지 궁금해하지도 않는다는 사실을 결코 깨닫지 못한다. 길을 건널 때마다 개가 있는지 탐지하려는 사람은 개에게 물릴지 모른다는 자신의 두려움이 정당한지 알아낼 기회를 스스로 박탈하고 있는 것이다. 로버트가 부엌 창문을 세 번 노크하는 특별 신호를 보내지 않는 사람에게 문을 계속 열어주지 않는다면, 그는 앞으로도 이것이 필수적인 예방 조치라고 생각할 것이다. 따라서 우리의 해석에 결함이 있으며 세상이 생각하는 것보다 안전하다는 사실을 배우려면, 먼저 이런 방어의 벽을 낮춰야만 한다. 하지만 쉽지 않다. 우리가 사용하는 방어의 대부분은 수년에 걸쳐 뿌리내린 것이기 때문이다. 그러나 방어의 벽을 낮추지 않으면 계속 두려움에 사로잡혀 있을 것이다.

나는 로버트의 방어적 행동을 보고, 조현병의 부산물이 아니라 불안감이라는 관점에서 편집증에 접근한다면 편집증을 더 잘 이해할 수 있겠다는 생각이 들었다. 그와의 만남에서 또 다른 단서를 얻을 수 있었다. 로버트는 마음속에서 정부가 자신을 해칠지 모른다는 두려움이 끊임없이 일어나 자신의 행동을 형성하고 기분에도 영향을 미쳤다고 말했다. 그는 아침에 일어나면 자신에게 무슨 사건이 일어날지 걱정하는 게 일이었다. 사람들이 자기 집 앞을 지나거나 사동차가 지나다닐 때도 밤에 불을 껐을 때도 마찬가지였다. "때로는 마치 내가 무슨 공포영화 속에 살고 있다는 느낌이 듭니다. 그런 공포 속에서 탈출할 수 없을 것 같다는 생각이 들곤 하지요." 하지만 로버트의 이런 과민한 걱정은 우리가 생각하는 것만큼 이상한 일이 아니다. 사실 불안 장애의 일상적인 특징일 뿐이다. 자신이나 다른 사람에게 해를 끼칠지 모른다는 두려움(다양한 형태의 모든 불안 증세는 이것이 근본이다) 때문에 늘 재앙이 일어날 것이라는 생각에 매달리게 되고, 일이 제대로 돌아가지 않고 있다고 의심하게 되는 것이다. 물론 상황을 보는 더 현실적인 방법이 있다고 깨달을 수도 있지만, 대개는 걱정하는 힘이 너무 강력해서 제대로 저항하지 못한다.

로버트는 확실히 불안해 보였다. 그는 시종 예의 바른 태도를 보였지만 대화에 완전히 집중하지 못했다. 일기를 여러 개 써야 하는 사람처럼 로버트의 관심은 여러 곳에 분산되었으며, 대부분은 자신의 생각에 몰두한 듯 보였다. 그는 당장이라도 뛰어오를 것처럼 긴장한 채 의자 끝에 걸쳐 앉았다. 우리가 대화를 나누는 동안에도 그는 집 안의 소음과 집 밖 거리의 소리를 동시에 처리하는 것처럼 보였다. 아마도 당시 대부분의 정신과 의사라면 로버트의 이런 불안한 행동이 피해망상 때문이라고 진단했을 것이다. 로버트가 자신의 생명이 위험에 처해 있다고 믿었기 때문에 두려워하는 것이라고 말이다. 물론 그런 해석이 어느 정도 정확하기는 하지만 그 이상의 다른 의미가 있다면 어떨까? 그의 불안감이 단순한 부작용이 아니라 오히려 그가 피해망상을 일으키는 데 한몫했을 수도 있지 않을까? 여기서 조현병 진단에 대해 왈가왈부할 생각은 없다. 내가 관심이 있는 것은 로버트의 편집증이었다. 편집증이 그의 정신 건강 문제의 구조를 파악하는 데 결정적 역할을 할 단서처럼 느껴졌다.

로버트와의 만남은 내게 깊은 영향을 미쳤다. 그와의 만남이 편집증 환자에 대한 불신, 즉 불신이 왜 생기는지, 불신을 떨쳐내기가 왜 그토록 어려운지, 불신이 얼마나 널리 퍼져 있는지, 개인과 사회 전반에 미치는 영향은 어떠한지, 불신이 심리적 우주에 어떻게 작용하는지, 불신을 어떻게 극복할 수 있는지(가장 중요한 문제다) 등을 제대로 이해하기 위한 첫 번째 잠정적인 단계가 되었기 때문이다.

이러한 질문에 답하기 위해 나는 먼저 정의를 만들고, 발병률을 차트로 작성하고, 이론 모델을 만들어 테스트하고, 그 모델을 기반으로 표적화된 치료법을 세심하게 개발하는 등 다른 심리 문제를 다룰 때와 동일한 방법론을 사용해 지나친 불신 문제에 접근했다. 빠른 속도로 조각 그림을 맞추듯 앞으로 몇 장에 걸쳐 이 과정을 다룰 것이다. 그 여정에서 우리 사회에 불신이 얼마나 만연한지에 대해서도 탐구해볼 것이다. 우리 사회에 의심이 얼마나 만연해 있고, 음모론이 이전과는 전혀 다른 방식으로 퍼지고 있으며, 감정이 증거를 압도하는 경우가 얼마나 많은지 보게 될 것이다. 또 불신 수준을 측정하는 방법도 제시할 예정이다. 불신 수준이 생각보다 높을 경우, 문제를 해결하기 위해 무엇을 할 수 있는지도 알아볼 것이다. 불신이 뿌리 깊게 박혀 어찌할 방도가 없는 듯 보일지라도, 우리는 언제나 상황을 더 좋게 바꿀 수 있기 때문이다. '안심 프로그램'의 성공은 편집증에 사로잡혀 있는 사람들이 다시 신뢰하는 법을 배울 수 있음을 증명한다. 바로 제인에게 일어났던 것처럼 말이다:

> 이제 내 삶은 엄청나게 달라졌답니다…. 나는 이제 생기 없는 내 목소리나, 편집증이나, 걱정거리가 아니라 바로 나 자신, 즉 내 삶을 다스릴 수 있게 되었으니까요. 나 자신을 알게 되면서 이전보다 훨씬 더 자신감을 가지고 모든 일에 임할 수 있게 되었지요. 페스티벌에도 참석할 겁니다. 항상 하고 싶었지만 엄두도 내지 못했거든요. 지금은 잠도 잘 잡니다. 일상 생활이 훨씬 더 나아졌지요. 이런 삶이 계속되는 한, 내 삶은 그 어느 때보다 더 좋아질 겁니다.

제인은 이제 원하던 대로 마음 놓고 외출을 즐긴다. 제인에게 삶은 더는 예전과 같은 전쟁이 아니다. 다음 장에서는 제인이 이런 성과를 거두는 데 도움이 된 치료법에 대해 자세히 알아볼 것이다.

02.
안심 프로그램

그동안 삶에서 너무 많은 기회를 놓쳐버렸습니다. 친구들을 만나거나, 가족 행사에 참여하거나, 다른 사람들과 함께 어울려 식사를 즐기거나, 교육이나 스포츠를 즐기는 일을 모두 외면하고 편집증 상태에 빠져 있었으니까요. 너무 많은 것을 잃어버렸습니다. 친구들과의 연락도 모두 끊겨버렸지요.

메이슨Mason, '안심 프로그램' 시범 참가자

로버트를 처음 만난 이후 30년 동안, 극심한 편집증으로 외출조차 거의 하지 못하는 사람들을 수없이 만났다. 피해망상 환자의 거의 절반은 직장을 다닐 수도 없을뿐더러 친구나 가족들에게서 격리된 채 임상적으로 우울증을 앓고 있다. 이들은 정말 많은 어려움을 겪고 있다. 실제로 이들의 심리적 행복은 전체 인구의 하위 2퍼센트에 해당한다. 하지만 그게 다가 아니다. 피해망상이 있는 사람들은 고혈압, 당뇨병, 심장병 등 사전에 예방할 수 있는 여러 가지 심각한 신체 문제에 더욱 쉽게 노출된다. 그 이유는 다양하지만, 한 가지 분명한 사실은 안 좋은 기분으로 집에 갇혀 혼자 지내면 활동적인 생활 방식과 건강한 식단을 유지하기가 더욱 어려워진다는 것이다. 자신을 돌볼 정신 상태가 되어 있지 않기 때문이다.

로버트는 항정신병약을 복용하고 있었지만 충분한 효과를 보지는 못했던 것 같다. 우리가 지금 제공할 수 있는 심리 치료를 그때 해줄 수 있었더라면 좋았을 것이다. 나는 내 마음의 눈으로 최근 몇 년간 환자들에게 자주 시도했던 운동을 그와 함께하는 것을 가끔 상상한다. 예를 들어 내가 그를 설득해서 그가 늘 재앙(비명횡사)을 연상했던 그의 집 현관 계단에 함께 서 있는 광경을 상상하는 식이다.

몇 분 뒤 내가 묻는다. "기분이 어때요?"

로버트는 두리번거리며 거리를 살펴보고 있다. 그의 눈이 좌우로 움직인다. 그는 마치 발밑의 땅이 시뻘겋게 달궈져 뜨거운 것처럼 발을 동동 구르고 있다.

"음, 솔직히 말해서 긴장되는군요. 초조하기도 하고 좋기도 합니다. 길을 걷는 사람이 꽤 많네요."

"저 사람들을 보니 어떤 생각이 떠오르나요?"

그가 쓸쓸한 웃음을 지으며 말한다.

"그러니까, 내가 문을 열자마자 저기 있는 남녀가 나타났어요. 나를 기다리고 있었던 것처럼요. 그래서 그들이 무엇을 하려는지 궁금해요."

"그들이 무엇을 할 것 같나요?"

"모르겠어요. 하지만 계속 지켜봐야 할 것 같아요."

"안전하다는 느낌이 드나요? 저들에게 그런 느낌이 드나요?"

로버트가 주위를 둘러본다.

"음, 버스 정류장 옆에 아기를 안고 있는 여자가 있군요."

"그 사람은 괜찮을 것 같아요?"

"그래요. 그 여자는 아기를 데리고 있느라 나를 쳐다보지 않고 있어요. 자기 할 일만 하고 있어요."

"좋아요. 그리고 저기 있는 여자, 방금 집 앞을 지나간 저 여자는 어때요?"

"네, 봤어요. 그 여자도 괜찮은 것 같아요. 하지만 그 여자가 주위를 한번 둘러본 것 같아요. 그래서 그 여자가 다른 사람을 보고 있었는지는 잘 모르겠어요."

"좋아요. 혹시 나쁜 사람이라도 보이나요?"

로버트가 말을 잠시 멈춘다. 아마도 뭐라고 대답할지 신중하게 생각하는 모양이다.

"음, 지금은 나쁜 짓을 하는 사람이 아무도 없는 것 같군요."

"지금 몸이 위험을 느끼나요?"

"뭐라고 설명하기 어렵네요. 마치 내 몸 안에서 경주를 하고 있는 것 같아요. 하지만 처음 나왔을 때만큼 나쁘지는 않아요."

"하지만 당신 몸을 보면 무슨 위험한 일이 있는 것처럼 보여요. 실제로 아무 위험이 없다면 무슨 일이 있는 걸까요?"

"음. 위험한 일은 별로 없는 것 같은데, 그렇지요? 사람들이 가끔 지나가고 있고. 길 끝에는 사람들이 버스를 타려고 줄을 서 있군요. 저 사람들도 그다지 위험하지 않은 것 같아요. 그런데 저 남자는 방금 집 근처에서 멈춰 섰는데, 뭘 하고 있는지 모르겠군요."

"지금은 뭘 하고 있나요?"

로버트가 웃는다.

"네, 내가 그 말을 하자마자 다시 걷기 시작했네요. 저 사람도 괜찮은 것 같군요."

"여기 잠시 서서 무슨 일이 일어나는지 봅시다."

로버트가 고개를 끄덕인다. 그는 여전히 거리 위아래로 살펴보고 있지만 이제 얼굴이 긴장으로 굳어 있는 것 같지는 않다. 그가 조금 더 앞으로 움직였다.

잠시 후에 내가 말했다.

"이제 다시 안선에 초점을 맞춰봅시다. 어떤 느낌이 드나요? 편안한 느낌이 드나요?"

"잘 모르겠어요. 거리에는 아무 문제가 없는 것 같아요. 그래서 아주 좋아요. 나무도 많고, 모든 게 정상이에요. 좋은 것 같아요. 사람들은 모두 자기 일만 하고 있어요. 아무도 우리를 신경 쓰지 않고 있어요. 아주 조용하고 평온한 일상이네요. 그렇네요."

"몸에 어떤 위험이 느껴지나요?"

"음, 아까보다 훨씬 차분해졌어요. 하지만 아직 약간은 위험이 느껴져요. 만약을 대비해 조금 준비하고 있었는데 이제는 평온해졌어요."

"해로운 일이 생길 것 같다는 느낌은 어때요?"

"글쎄, 지금으로서는 문제를 일으킬 만한 사람은 보이지 않아요. 지금은 모든 게 좋아 보입니다. 네, 괜찮은 것 같아요."

갈 길이 멀다

안심 프로그램에서는 무언가를 함께 나눌 동반자를 우리에게 보내주지요. 거기서부터 이 프로그램이 시작됩니다. 이런 종류의 정신병이 있는 사람들이 가장 먼저 겪는 일이 누구와 무슨 일을 함께 나눌지 모른다는 것이거든요.

라지브[Rajiv], 안심프로그램 참여 환자

1992년만 해도 피해망상 증상으로 인지행동치료[CBT]를 받은 사람은 거의 없었다. 로버트는 CBT를 받은 최초의 환자 중 한 사람이었다. 그 연구 자체가 새로운 분야였던 만큼 그도 이 치료를 받은 선구자인 셈이다. 내가 우연히 이 실험에 참여하게 된 것은 정말 행운이었다. 당시만 해도 조현병은 일반적으로 생물학적 장애, 즉 뇌의 신체적 문제 때문에 발생하는 것으로 이해되었다. 심리학적 관점은 그다지 관심을 끌지 못했다. 내가 학부생일 때에는 이 주제를 다루는 방식이 그것밖에는 없었고, 내게는 낯선 환원적 접근 방식처럼 보였다. 운 좋게 이 실험에 참여하게 되면서 나도 선구적인 임상 연구자 그룹(필리파 개러티Philippa Garety, 엘리자베스 쿠퍼스Elizabeth Kuipers, 데이비드 파울러David Fowler, 폴 베빙턴Paul Bebbington, 그레이엄 던Graham Dunn)의 일원이 될 수 있었다. 그때 이들의 연구 조교 지원에서 뽑히지 못했다면 지금 나는 과연 무엇을 하고 있을지 가끔 궁금하다.

정신병에 대한 CBT가 편집증을 완화하는 것은 확실하지만, 많은 환자가 큰 효과를 본 것 같지는 않다. 그런데도 정신 건강 관리 측면에서 CBT가 획기적인 변화를 가져온 것만은 분명하다. 초기 임상실험에서 우리는 정신과 의사들이 포기한 오래된 환자들을 주로 대상으로 삼았다. 이 질환에 심리 치료가 도움이 될 수 있다는 사실은 환자들에게뿐만 아니라 정신 건강 전문가들에게도 큰 돌파구였다. 심리 치료가 정신병 환자에게 도움이 될 수 있다는 생각이 이제 점점 받아들여지기 시작한 것이다. (그리고 이 방법이 오래된 환자에게 도움이 될 수 있다면, 아직 증상이 그렇게 심하지 않은 환자에게는 어떤 효과가 있을까?)

정신병에 대한 CBT의 모든 약속이 아직 그렇게 뚜렷하지는 않았지만 나는 우리가 더 잘해내리라고 확신했다. 하지만 어떻게 앞으로 나아갈 수 있을까? 그때 내게 희망의 문을 열어준 것이 바로 불신과 불안감 사이의 관계였다. 편집증을 단지 불안감으로만 축소해서 볼 수는 없지만, 둘 사이의 유사점을 인식하면서 엄청나게 풍부한 임상 지식과 효과적인 기술 창고가 동원되었다.

불안감 문제는 매우 흔히 겪는 일이지만 치료가 가능하다고 보았고, 불안감이 인지된 위험에 대한 반응이라는 통찰력에서부터 치료를 위한 최고의 심리 치료가 시작되었다. 물론 때로는 그 불안감에 대한 인식이 틀리지 않아서 실제로 위협이 존재할 때도 있다. 그래서 불안감을 적응하기 위한 노력이라고 보기도 한다. 불안감이 우리로 하여금 늘 주변을 경계하도록 해주기 때문이다. 하지만 항상 그렇게 긍정적인 것은 아니다. 대개는 상황을 잘못 판단하는 경우가 많다. 우리는 잠재적인 위험을 과대평가하는 경향이 있다. 그럴 때 불안감은 아무런 역할도 하지 못한다. 오히려 감정(두려움, 걱정, 슬픔)과 행동(로버트가 세상에서 숨어 있는 것처럼) 측면에서 매우 파괴적일 수 있다. 결국 그 모든 불안감은 아무런 도움이 되지 못한다.

불안감 문제를 치료하는 방법은 환자가 무슨 가정을 하든 자신이 안전하다는 사실을 배우도록 돕는 것이다. 그리고 이 접근 방식은 편집증을 극복하는 데도 매우 강력한 방법임이 밝혀졌다. 환자가 자신이 안전하다는 것을 배우는 가장 좋은 방법은 직접 경험하는 것이다. 집 안에 머물러 숨는 것이 아니라 직접 밖으로 나가는 것을 뜻한다. 상담실에 앉아 어떤 활동을 논의하는 것이 아니라 실제로 직접 시도하도록 하는 것이다. 단, 방어 전략은 사용하시 않아야 한다. 실제로 직접 시도하면서 시간이 지나면, 환자의 불안감은 안전에 대한 새로운 기억으로 대체된다. 물론 환자에게 힘든 과정이 될 수도 있다. 그래서 그들을 갑작스레 바깥으로 몰아붙여서는 안 된다. 수년 동안 집에만 틀어박혀 있던 로버트 같은 사람에게 처음부터 복잡한 출퇴근 시간에 런던 지하철을 타고 가서 두려움을 테스트해보라고 요청하지 않는다. 대신, 환자들과 협력해 점차 난이도를 높이는 활동 프로그램을 설계한다.

그러면서도 그들에게 평소에 피했던 일을 시도해보라고 계속 요청하는 것을 멈추지 않는다. 많은 환자가 수년 동안, 어떤 경우에는 수십 년 동안 매일 피해망상에 가까운 생각을 경험해왔다. 두려움이 너무 오랫동안 깊이 뿌리박힌 나머지 두려움을 느끼지 않았던 먼 과거의 시간을 거의 기억하지 못할 뿐만 아니라, 어느 날 갑자기 두려움이 사라질 수도 있다는 사실을 믿지도 못한다.

게다가 환자는 우리가 목표로 하는 새로운 학습을 방해하는 다양한 문제와 경험 속에 살고 있는 경우가 많다. 아마도 그들은 다른 사람들로부터 나쁜 대우를 받았고 그로 인해 자신을 쉽게 상처받는 만만한 존재라고 생각한다. 예를 들어, 어렸을 때부터 오랫동안 괴롭힘을 당했다면 당연히 다른 사람을 경계하게 된다. 학대받은 기억 탓에 계속 속상할 수 있다. 많은 시간을 걱정하며 보냈기에 아마도 편집증적 생각을 촉발하는 장소를 피하고 싶을 것이다. 잠도 잘 자지 못할 뿐만 아니라 자존감도 낮다. 이런 증상이 지속Maintenance Factor되면서 피해망상을 촉발하고 강화하는 것이다. 따라서 이런 여러 문제를 다루지 않는 한 편집증 치료법은 발전할 수 없다. 그들이 두려움에 압도되지 않고 무언가를 새롭게 배우고 싶다는 심리 상태에 들어가도록 도와야 한다.

'안심 프로그램'은 환자들이 실제 경험을 통해 자신이 안전하다는 것을 배워야 하며, 이로써 환자의 편집증을 일으키는 다른 문제까지 해결할 가능성이 가장 높다는 두 가지 근본적인 통찰을 바탕으로 구축되었다. 그러나 이런 통찰에 도달하고 완전한 치료법을 구축하는 데는 수년간의 노력이 필요했다. 우선, 피해망상의 원인을 새롭게 이해하고 엄격한 테스트를 거쳐야 했다. 그런 다음에는 각 원인을 분석하고 편집증에 어떤 영향을 미치는지 알기 위해 간단한 치료 과정을 구축한 뒤 평가하는 단계를 거쳤다. 그다음 이 치료 과정을 6개월 간의 새 치료 과정에 결합하는 방법을 찾아야 했다. 마지막으로 그 치료법을 테스트해야 했다. 환자는 이 치료법을 설계하는 과정에서부터 중요한 부분이었다. 또한 국립보건사회연구원NIHR, 의학연구위원회MRC, 웰컴 트러스트Wellcome Trust 등 영국의 정신 건강 기금과 여러 자선단체가 끝까지 책임감 있게 지원해주지 않았다면 우리는 크게 진전하지는 못했을 것이다. 그렇다 해도 '안심 프로그램'을 실제로 수행해 나가는 것은 또 다른 문제다. 예를 들어 환자가 치료를 위해 우리 진료소에 올 때, (아니 좀 더 흔한 비유를 들자면) 나나 동료가 당신 집에 방문할 때 무엇을 기대하게 만들 것인가?

평가 단계

다른 모든 치료가 그렇듯, 치료를 위한 첫 단계는 그 치료가 해당 개인에게 적합한지 확인하는 것이다. 그들이 정확히 어떤 문제에서 도움을 필요로 하는가? 안심 프로그램이 그 문제를 해결하는 데 최적인 방법인가? 그렇다면 그 환자가 안심 프로그램을 시도하기를 원하는가? 일단 참여하면 그들은 정신 치료사를 통해 내 지시를 반드시 따라야 한다. 물론 나는 충분한 시간을 들여 환자에게 치료법을 최대한 투명하게 설명한다. 그리고 그 환자가 어떤 어려움을 겪고 있는지 정확히 이해하려고 노력한다.

나는 가장 먼저 최근 겪고 있는 편집증에 대한 경험을 설명해달라고 요청한다. (어떤 사람들은 거의 항상 편집증에 시달리며 살고 있는데, 그런 경우에는 최근의 특정 순간에 집중해보라고 제안한다.) 한 여성은 전날 밤 아파트에 독가스가 들어올까 봐 걱정되어 잠을 이루지 못했다고 말했다. 이런 특별한 걱정을 하는 사람도 있지만, 쇼핑하는 동안 두려움을 느끼는 것처럼 평범한 일상 생활에서 불안해하는 경우가 훨씬 더 많다. 때로는 치료 과정에 들어가면서 일부러 두려움을 일깨우는 경우도 있다. 어쨌든 나는 되도록 환자에게서 많은 세부정보를 듣고 싶어서 치료에 들어갈 때마다 "우리 처음부터 시작합시다"라고 말한다. "여기 오기 위해 문밖으로 나오기 직전에 무엇을 하고 있었나요?" 이는 맥락, 심리적 과정, 의사결정을 끌어내기 위한 질문이다. 그리고 우리 서로가 모두 제대로 이해하고 있는지 확인하기 위해 내가 들은 내용과 받은 느낌을 환자에게 요약한다. "그러니까 버스 정류장에서 어떤 남자가 당신을 불쾌하게 쳐다보는 걸 봤단 말이지요? 그래서 뭔가 나쁜 일이 일어나리라는 생각이 들었나요? 정말 불안하셨겠군요. 하지만 사람들은 종종 다른 사람이 서 있는 곳을 바라본답니다. 그 남자의 표정이 왜 그렇게 불쾌하게 보였을까요?"

나는 환자의 눈으로 세상을 보기 위해 노력한다. 잠시나마 그들의 입장에서 생각해보는 것이다. 이것이 평가의 핵심이며 내가 가장 좋아하는 치료 요소이기도 하다. 내가 그들의 입장을 올바로 이해하면 그들은 이해받는다고 느낀다. 숙련된 전문가와 협력하고 있다는 사실에 더욱 자신감을 갖는다. 그러면서 앞으로 몇 주, 몇 달 동안 치료를 안내할 프레임워크를 함께 세운다. 이 과정에서 덤으로 얻는 이익도 있다. 피해망상에 시달리는 사람을 치료하는 치료사는 때때로 자신이 환자가 두려워하는 대상이 되지 않을까 걱정한다. 그러나 우리가 환자의 경험에 호기심과 관심을 갖고, 그들의 상황을 어떻게 보는지, 이를 개선하기 위해 무엇을 할 수 있는지를 솔직하게 말하면 편집증이 아니라 신뢰가 조성된다.

일반적으로 나는 첫 60분 회의에서 치료법에 대해 설명하고, 초기 평가를 수행하고, 몇 가지 높은 수준의 목표를 설정한다. 이런 예비 과정에 환자가 더 많은 시간을 원하지 않는 한, 나는 본격적인 학습으로 들어간다. 방향을 설정하고 긍정적인 변화의 과정을 바로 시작하는 것이다. 정신병 환자를 치료하는 일반적인 방법보다 치료 속도가 훨씬 빠르다. 하지만 치료 과정을 진행하면서 계속 질문하고 내 관찰을 정리할 수 있는 기회는 충분하다. 그리고 우리가 서로를 더 잘 알게 될수록 대화가 점점 더 개방적이 되는 경향이 있다. 내가 본격적인 치료에 빨리 들어갈 수 있는 또 다른 이유는 이 과정을 시작하기 전에 그 환자가 작성한 설문지를 이미 봤기 때문이다. 설문지는 대부분의 정신 건강 문제를 평가하는 데 매우 중요한 역할을 한다. 최고의 설문지는 환자 수백 명과 일반 대중 수천 명을 대상으로 테스트한 끝에 개발된 것이다. 하지만 내가 처음 편집증을 연구하기 시작했을 때만 해도 고품질의 평가 도구를 찾을 수 없었다. 기존 설문지들은 너무 오래된 데다 문제에 대한 명확한 정의에 기초하지도 않았다. 그래서 편집증에 대한 새로운 이해를 반영하는 새로운 설문지가 절실히 필요했다. 가장 심각하고 특별한 편집 증세보다는 널리 퍼져 있는 일반적인 수준의 편집증 스펙트럼이 더 중요했기 때문이다. 마침내 우리는 2007년에 획기적인 평가 도구를 개발했다. 이 작업은 정신의학연구소의 필리파 개러티, 엘리자베스 쿠퍼스 그리고 나의 공동 제자인 캐서린 그린Catherine Green이 주도했다. 우리는 이 설문지를 10년 동안 사용하면서 수천 명으로부터 데이터를 확보해 수정하고 개선하는 과정을 거쳤다. 지금 당장 사용해보자(표1 참조). 표의 질문에 답하면서 지난 한 달간의 경험을 기억해보라.

표1 파트 A	전혀 그렇지 않다		다소 그렇다		매우 그렇다
1 나는 친구들이 나에 대해 험담하고 있다고 생각한다.	0	1	2	3	4
2 나는 사람들이 나에 대해 이야기하는 것을 자주 들었다.	0	1	2	3	4
3 친구와 동료들이 나를 비판적으로 판단한 것 때문에 기분이 상한 적이 있다.	0	1	2	3	4
4 사람들이 뒤에서 나를 비웃은 게 확실하다.	0	1	2	3	4
5 나는 사람들이 나를 피한다는 생각을 많이 한다.	0	1	2	3	4
6 사람들이 항상 나를 곁눈질하는 것 같다는 생각이 든다.	0	1	2	3	4
7 어떤 특정 사람들은 겉보기와는 다르다고 생각한다.	0	1	2	3	4
8 뒤에서 내 얘기를 하는 사람들은 나를 화나게 한다.	0	1	2	3	4

표1 파트 B	전혀 그렇지 않다		다소 그렇다		매우 그렇다
1 어떤 사람들은 내게 앙심을 품고 있다.	0	1	2	3	4
2 사람들은 내가 겁내기를 바라면서 나를 쳐다본다.	0	1	2	3	4
3 어떤 사람들은 나를 괴롭히기 위해 무언가를 한다고 확신한다.	0	1	2	3	4
4 나에 대한 음모가 있다고 확신한다.	0	1	2	3	4
5 누군가가 나를 해치려 한다고 확신한다.	0	1	2	3	4
6 나를 혼란스럽게 하려는 사람들에 대한 생각을 멈출 수 없다.	0	1	2	3	4
7 나는 박해를 받고 있어서 괴롭다.	0	1	2	3	4
8 내 기분을 나쁘게 만들려는 사람들에 대해 생각하는 것을 멈추기가 어렵다.	0	1	2	3	4
9 사람들이 의도적으로 나를 적대시한다.	0	1	2	3	4
10 나를 해치려 하는 사람에게 화가 난다.	0	1	2	3	4

설문지의 각 문항에 대한 점수를 합산해 총점을 계산한다. 파트 A의 경우 0~9점, 파트 B의 경우 0~5점이면 정상 범위에 속한

다. 파트 A에서 10~15점, 파트 B에서 6~10점을 받으면 일반적으로 어느 정도 편집증이 있는 편에 속한다. 파트 A에서 21~24점, 파트 B에서 18~27점을 받았다면 편집증 정도가 심각한 것이다. 안심 프로그램에 참가하고 있는 환자 대부분은 이 정도의 점수를 보인다.

나는 2023년 3월, 시장조사회사를 활용해 영국 성인 인구의 대표 표본을 추출해 이 설문지를 돌렸다. 표2는 영국 성인 1만 명이 어떤 점수를 받았는지 보여준다:

표2 파트 A	전혀 그렇지 않다		다소 그렇다		매우 그렇다
1 나는 친구들이 나에 대해 험담하고 있다고 생각한다.	50%	16%	16%	12%	6%
2 나는 사람들이 나에 대해 이야기하는 것을 자주 들었다.	51%	18%	15%	11%	5%
3 친구와 동료들이 나를 비판적으로 판단한 것 때문에 기분이 상한 적이 있다.	48%	17%	16%	13%	7%
4 사람들이 뒤에서 나를 비웃은 게 확실하다.	50%	16%	13%	12%	8%
5 나는 사람들이 나를 피한다는 생각을 많이 한다.	49%	16%	15%	13%	9%
6 사람들이 항상 나를 곁눈질하는 것 같다는 생각이 든다.	57%	15%	13%	10%	5%
7 어떤 특정 사람들은 겉보기와는 다르다고 생각한다.	34%	16%	19%	17%	14%
8 뒤에서 내 얘기를 하는 사람들은 나를 화나게 한다.	44%	15%	15%	14%	13%

표2 파트 B	전혀 그렇지 않다		다소 그렇다		매우 그렇다
1 어떤 사람들은 내게 앙심을 품고 있다.	49%	16%	16%	11%	8%
2 사람들은 내가 겁내기를 바라면서 나를 쳐다본다.	60%	12%	12%	10%	5%
3 어떤 사람들은 나를 괴롭히기 위해 무언가를 한다고 확신한다.	46%	17%	16%	13%	9%

표2 파트 B	전혀 그렇지 않다		다소 그렇다		매우 그렇다
4 나에 대한 음모가 있다고 확신한다.	61%	12%	12%	10%	6%
5 누군가가 나를 해치려 한다고 확신한다.	62%	12%	11%	9%	7%
6 나를 혼란스럽게 하려는 사람들에 대한 생각을 멈출 수 없다.	60%	13%	12%	10%	6%
7 나는 박해를 받고 있어서 괴롭다.	61%	12%	13%	10%	7%
8 내 기분을 나쁘게 만들려는 사람들에 대해 생각하는 것을 멈추기가 어렵다.	56%	13%	12%	10%	6%
9 사람들이 의도적으로 나를 적대시한다.	54%	14%	13%	11%	8%
10 나를 해치려 하는 사람에게 화가 난다.	59%	12%	12%	10%	8%

앞서 지적했듯이 우리 주변에는 불신이 쌓여 있다. 물론 그저 얼마나 많은 사람이 편집증을 갖고 있는지 측정하기 위해 이 조사를 실시한 것은 아니다. 그들이 자신들이 안전하다고 생각하기 어렵게 만드는 다른 문제들을 겪고 있는지 알아보고 싶었다. 그러한 다른 문제를 먼저 해결할 수 있다면 피해망상을 치료할 가능성이 훨씬 더 높아지리라 생각했기 때문이다. 환자들은 안심 프로그램에서 수면 개선하기, 걱정 줄이기, 자신감 높이기, 헛소리가 들릴 때 적절히 대처하기, 안전에 관해 새롭게 배우기 등 다양하게 설계된 모듈 가운데 선택할 수 있다. 이러한 모듈을 사용하는 이유는 다음과 같다. 우리는 임상 경험을 통해 이런 문제가 피해망상을 지닌 이들의 공통적인 문제, 즉 치료받고 싶었지만 서의 그럴 기회기 없었던 문제임을 알았기 때문이다. 그리고 이런 문제가 바로 편집증을 더 심각하게 만들고 지속시키는 요인이며, 심리 치료를 통해 이런 문제를 해결할 수 있다고 확신했기

때문이다.

우리는 임상 연구를 통해 얻은 이런 통찰력을 추적하기 위해, 안심 프로그램을 진행하면서 정신병으로 치료받고 있는 1800명의 환자를 대상으로 대규모 설문조사를 실시했다. 피해망상 환자 중 거의 80퍼센트는 지나친 걱정을 하고 있었고, 65퍼센트는 잠을 제대로 자지 못한다고 나타났다. 헛소리가 자주 들리는 경우도 거의 비슷한 비율로 조사되었다. 또 54퍼센트는 심리적 행복감이 매우 낮다고 보고했으며, 자신에 관해 매우 부정적인 견해를 갖고 있는 정도도 비슷하게 나타났다. 우리는 환자들에게 가장 도움을 받고 싶은 것이 무엇인지 물었다. 이번에도 심각한 편집증이 있는 사람 중 4분의 3이 걱정을 덜고 싶다고 말했다. 더 행복해지고 더 안전감을 느끼고 더 자신감을 갖고 싶다고 말한 사람이 70퍼센트를 넘었고, 의사결정을 개선하기 원한다고 말하는 사람이 3분의 2에 달했다. 좀 더 활동적이기를 원한다는 대답도 64퍼센트에 달했다. 더 잘 자고 싶다, 헛소리에 더 잘 대처하고 싶다는 대답도 비슷하게 나왔다.

평가용 대화뿐만 아니라 다양한 설문지도 환자가 모듈을 결정하는 데 도움을 준다. 이제 그 실험을 한번 해보자. 첫 번째 설문지는 환자가 자신에 대해 느끼는 바를 측정하기 위해 설계된 '옥스퍼드 긍정도 자가 측정표Oxford Positive Self Scale'(표3)라는 설문지다. 비록 짧지만 이 표를 완성하려면 지난 7일에 집중해야 한다. 각 항목별 점수를 합해 총점을 계산한다. 최대 32점까지 나올 수 있고 점수가 높을수록 자신감이 높다는 의미다. 16점 이하면 자기 신념에 대한 긍정적 수준이 하위 3분의 1에 속한다는 의미다.

표3	전혀 그렇지 않다		다소 그렇다		매우 그렇다
1 나는 성공할 수 있다.	0	1	2	3	4
2 나는 가치 있는 사람이다.	0	1	2	3	4
3 나는 도전을 좋아한다.	0	1	2	3	4
4 나는 어느 누구 못지 않게 일을 잘할 수 있다.	0	1	2	3	4
5 나는 휴식을 잘 취할 수 있다.	0	1	2	3	4
6 나는 재미있게 놀 수 있다.	0	1	2	3	4
7 나는 좋은 사람이다.	0	1	2	3	4
8 나는 주변에 도움이 되는 사람이다.	0	1	2	3	4

우리가 개발한 또 다른 측정 방법은 '던 걱정도 측정 설문지 Dunn Worry Questionnaire'다(표4 참조). 이 설문지 이름은 2019년에 작고한 훌륭한 방법론자이자 통계학자이며 나의 멘토였던 그레이엄 던의 이름을 따서 명명되었다. 그는 설문지를 작성하는 데 사용된 심리 측정 기술 연구에 크게 기여했다. 지난 한 달 동안의 경험을 바탕으로 설문에 답하면 된다. 점수가 21점 이상이면 임상적으로 '높은 수준의 걱정도'를 나타낸다.

표 4	전혀 그렇지 않다		다소 그렇다		매우 그렇다
1 걱정을 많이 한다.	0	1	2	3	4
2 마음속으로 계속해서 문제를 해결한다.	0	1	2	3	4
3 걱정을 멈추기 위해 내가 할 수 있는 일이 거의 없다.	0	1	2	3	4

표 4	전혀 그렇지 않다		다소 그렇다		매우 그렇다
4 걱정하고 싶어하지 않는데도 걱정스런 생각이 든다.	0	1	2	3	4
5 걱정 때문에 하루 종일 중요한 일에 집중하지 못한다.	0	1	2	3	4
6 걱정 때문에 잠이 오지 않는다.	0	1	2	3	4
7 걱정 때문에 기분이 나쁘다.	0	1	2	3	4
8 걱정 때문에 스트레스를 받는다.	0	1	2	3	4
9 걱정 때문에 불안감을 느낀다.	0	1	2	3	4
10 걱정 때문에 절망감을 느낀다.	0	1	2	3	4

우리가 환자에게 하고 싶은 제안은 간단하다. 우리는 당신이 더 안전하다고 느끼도록 돕는 전문가라는 것이다. 그러니 안심하고 믿어라. 그러면 당신은 더 행복해지고 중요한 일을 더 많이 할 수 있게 될 것이다. 먼저 환자들은 자신에게 중요한 활동이 무엇인지 결정하고 목표를 세운다. 하고 싶지만 지금 하지 못하는 일은 무엇인가? 어떤 환자에게는 목표가 '외출하기'처럼 매우 기본적인 것들이나. 또 어떤 환자에게는 대중교통 이용하기, 친구와 가족을 만나기, 교육에 참여하거나 직장으로 돌아가기 등이 목표가 될 수 있다. 얼마나 많은 모듈과 어떤 모듈을 선택할지는 전적으로 그들의 선택이다. 나는 안심 프로그램에 참여하는 모든 사람에게 프로그램의 모듈을 직접 실행해보도록 권장한다. 그것이 치료의 주춧돌이 되기 때문이다. 모든 모듈은 안전을 배우는 데 초점이 맞춰 있다. 환자들은 대개 프로그램이 진행되는 6개월 동안 2~3개의 모듈을 더 실행하며, 매주 치료사를 만나거나 문자

또는 전화로 연락할 수 있다. 우리는 각 세션 사이에 정기적인 대화를 갖도록 짜놓았다. 환자들은 대면 미팅을 통해 배운 기술을 연습하는 숙제를 수행한다. 어쩌면 환자에게 좀 버거울 수도 있다. 그러나 우리는 과정을 진행하는 내내 환자와 함께 있는 것을 목표로 한다. 이 결과가 그들의 인생을 바꿀 수도 있기 때문이다.

메이슨의 이야기

나는 외출에 대해 지나친 편집증을 가지고 있었습니다. 밖에 나가면 누군가가 나를 찌르거나 싸움을 걸 거라는 생각이 들었지요. 그래서 늘 집에만 있었습니다. 많은 가족행사에도 참석하지 않았지요. 게다가 부끄러움도 많이 타는 성격입니다. 누군가 집을 방문해도 나는 내 방에만 머물곤 했지요. 이런 지독한 편집증 때문에… 잠도 잘 이루지 못했어요. 2~3일 동안 잠을 제대로 자지 못하면 환각 증세가 나타나기 시작합니다. 정말 끔찍했죠. 사람들이 일하는 오전 9시부터 오후 5시까지 낮 시간 동안 나는 자는 데 시간을 보냅니다. 잠에서 깨면 겨울에는 이미 밖이 어둑어둑해지지요. 하루 온종일 잠만 자는 셈입니다. 하지만 걱정이 너무 많아서 잠을 제대로 이루지 못한답니다. 침대에 누워 '내일은 무슨 일이 일어날까'라고 생각하곤 했습니다. 24시간 내내 그런 생각에 시달리지요. 예전에 좋아하던 일을 즐길 수도 없게 되었답니다.

메이슨은 재능이 아주 뛰어난 사람이었지만 안심 프로그램 치료를 시작하기 전에는 극도로 쇠약한 상태에 빠져 있었다. 우리가 만났을 때 메이슨은 수년 동안 편집증에 시달려 세상을 등지고 살고 있었다. 직업을 유지하는 것이나 어떤 형태의 사회생활도 그에게는 불가능했다. 그런 것이 모두 너무 무서웠기 때문이다. 그는 늘 침실에서 하루 종일 자거나 깨어 있을 때에는 걱정에 사로잡혀 있기 일쑤였다.

처음에 메이슨은 안심 프로그램에 대해 회의적이었다. 길고 힘든 치료 과정을 마치려면 에너지와 회복력이 필요했기 때문이다. 당연히 그는 자신이 그 둘 중 무엇도 갖고 있지 못하다고 생각했다. 실제로 처음 프로그램에 참여했을 때 이른바 기적적인 하룻밤 사이의 변화는 없었다. 하지만 알다시피 발전은 점진적으로 이루어진다. 치료사로서 우리는 환자에게 맞는 속도를 찾아야 한다. 다행히 메이슨은 프로그램을 실행하기로 결심했고 차근차근 앞으로 나아갔다. "늘 집에만 갇혀 지냈기 때문에 처음에는 치료사에게 우리 집으로 와달라고 요청했지요. 우리는 대화를 나누면서 신뢰와 관계를 구축했습니다. 시간이 좀 걸리긴 했지만 마침내 나는 짧은 산책을 하러 나가기로 결심했답니다. 짧은 산책은 정말 대단했어요. 편집증을 해소하는 데 큰 도움이 되었습니다." 이 프로그램에서는 환자와의 관계를 구축하는 것이 매우 중요하다. 물론 시간이 걸릴 수 있다. 대부분의 정신병 환자들은 수십 년 동안 다양한 정신 건강 관리 시스템에 참여해왔지만 긍정적인 효과가 별로 없다는 생각을 가지고 있기 때문이다. 그래서 대개 조심스럽고 회의적이며 내성적 반응을 보인다. 안심 프로그램에 참여한 많은 다른 환자와 마찬가지로 메이슨도 치료사와 강한 유대 관계를 형성하는 것이 중요하다는 점을 강조한다. "일단 신뢰가 쌓이면 나를 이해할 수 있는 사람과 대화할 수 있다는 것이 얼마나 멋진 일인지 알게 됩니다. 정말 멋지죠."

안심 프로그램에 참여한 많은 다른 환자에게 했던 것처럼 메이슨과 함께 초기 평가를 수행했다. 우리 팀의 임상심리학자도 함께 참여했다. 메이슨은 즉시 호감을 표시했다. 따뜻하고 친절하며 재치 있는 태도를 보였다. 초기 평가는 메이슨과 임상심리학자가 다음 세션에서 시행할 첫 번째 치료 목표를 수립하는 데 도움이 되었다. 6주 후에 우리는 모두 모여 상황이 어떻게 진행되었는지 검토하고 다음에 어떤 모듈을 다룰 것인지 논의했다. 메이슨이 수면을 제대로 취하지 못했던 점을 고려하면 그 문제를 해결하는 것이 그에게는 최우선 과제였다. 수면 장애는 편집증이 심한 환자에게 매우 흔하게 나타나는 증상이다. 알다시피 잠을 제대로 자지 못하면 아무런 도움이 되지 못한다. 메이슨은 밤 늦게까지 깨어 있는 습관에 빠져 있었다. 마땅히 할 일도 없었기 때문에 그의 걱정은 고삐 풀린 망아지처럼 활개를 쳤다. 의자에 앉아 있기노 하고 조조한 마음으로 침대에 눕기도 하면서 걱정에 사로잡혀 뜬눈으로 밤을 보내기 일쑤였다. 그러다가 이른 아침이 되어야 겨우 잠들었다. 기본적으로 정상적인 수면, 각성 주기와는 정반대로 생활하는 셈이었다. 그는 거의 모든 사람이 잠들어 있는 시간에 깨어 있었는데, 이는 고립감을 더욱 높였다. 우리가 처음 치료를 시작할 때에도 그날 밤늦은 시간에 만나는 약속을 잡을 수 있었다. 아침에는 그가 깨어 있지 않았기 때문이다.

우리는 메이슨과 협력해 점차 그의 수면 습관을 조정하기로 했다. 첫 단계는 기상 시간을 정하는 것이었다. 우리는 그의 기상 시간을 점점 이른 시간으로 당기기 시작했다. 그러면서 확보되는 낮 시간을 좀 더 많은 활동에 사용하도록 했다. 일찍 일어나고 낮에 더 많이 활동하게 되면서 메이슨은 밤에 더 쉽게 잠들 수 있게 되었다. 자신에 대해 더 나은 느낌을 갖고 스트레스와 걱정을 처리하는 방법을 배우는 데도 도움이 되었다.

> 수면 요법은 아주 훌륭했어요. 예전에는 새벽 5시에 자기 시작해서 오후 1시쯤에나 일어났습니다. 하지만 낮 동안에 더 많은 일과 활동을 하면서 자는 시간을 천천히 줄여갔지요. 이 과정에서 자신감을 키우게 된 것은 치료사가 제게 덤으로 준 선물입니다. 자신감이 커지면서 낮 시간 동안에 활동적으로 지낼 수 있게 되었지요. 결과적으로 밤에 더 잘 자는 보상을 받게 되었는데, 잘 자면 편집증에 대한 느낌도 크게 달라지게 됩니다.

수면 요법이 효과를 보이면서 크게 고무된 메이슨은 안심 프로그램의 주요 모듈을 포함해 프로그램의 다른 부분까지 과감하게 나아갔고 마침내 6개월 후에는 놀라운 변화를 보였다.

약간의 통찰력을 얻게 되면서 이런 생각을 하게 되었지요. 내 주변에 사람이 많다고 해서 화가 나거나 편집증적인 생각을 하지 말자. 나는 정말로 안전하다. 장기적으로든 단기적으로든 누군가가 어떤 식으로든 해를 끼칠 것이라는 생각을 하지 말자. 이 방법은 정말 효과가 있었습니다. 엄청난 도움이 되었지요. 더 잘 자고, 자신감이 더 높아지고, 낮 시간에 더 활동적이 될 수 있습니다.
정말로 마음 깊이 행복감을 느낍니다. 이 프로그램이 내 삶을 완전히 바꿔놓았어요. 나는 이제 다른 사람이 나를 공격한다거나 그들의 주머니에 무기가 있을 것이라는 걱정을 더는 하지 않습니다. 그런 생각은 모두 흘려 보내버렸으니까요.

임상 실험

메이슨은 2016년 초부터 2020년 여름까지 진행된 안심 프로그램이 임상 실험에 참여한 130명에 속했다. 메이슨의 사례는 환자와 치료사 모두에게 매우 고무적이었지만 과연 통계 수치로도 확실한 증거가 나올 수 있을까? 마지막 환자가 최종 후속 평가를 마친 지 약 두 달 뒤 통계학자들의 분석 수치가 나오기 전까지는 확신할 수 없었다. 그날이 다가옴에 따라 결과를 기다리는 긴장의 나날이 계속되었다. 아침마다 결과가 궁금해 불안감이 고조되었다. 오늘은 통계학자들로부터 답변 메일이 올까?

나는 우리의 심리 치료가 항정신병 약물 치료에 실패한 환자 50퍼센트 이상에게 효과가 있기를 바랐다. 결과는 우리 목표를 초과했다. 치료가 완전히 종료되었을 때, 참가 환자의 절반이 더는 피해망상을 경험하지 않았다. 그리고 추가로 25퍼센트의 환자에게서 피해망상이 완화되었다고 나타났다. 이런 개선은 치료가 종료된 뒤 6개월이 지나 환자들을 다시 점검했을 때에도 거의 그대로 유지되는 것으로 나타났다. 게다가 안심 프로그램은 편집증만 해결한 것이 아니었다. 환자의 행복감도 전반적으로 크게 개선되었다. 이후 안심 프로그램이 널리 알려지기 시작했다. 거의 모든 환자가 프로그램 과정을 끝까지 마쳤는데, 6개월간 집중이 필요했음을 감안하면 매우 이례적인 성공이었다. 적절한 치료 개입과 우리 치료사들의 친절함과 세심함이 그들로 하여금 열심히 참석하도록 도왔다고 생각한다.

이처럼 성공적인 결과를 보임에 따라 안심 프로그램은 피해망상을 치료하는 가장 효과적인 심리 치료법이 되었다. 130명의 환자와 그들의 증언 그리고 치료를 계속해달라는 요청이 이어지는 것을 보면 안심 프로그램이 더 많은 사람을 도울 수 있다는 게 분명해졌다. 이제 앞으로의 과제는 편집증으로 인해 다양한 형태로 삶이 파괴된 환자 수천 명에게 이 프로그램을 어떻게 적용하느냐다.

하지만 이런 심리 치료가 피해망상을 앓는 이들에게 그렇게 큰 변화를 가져올 수 있다면, 여기까지 도달하는 데 왜 그렇게 시간이 오래 걸렸을까? 왜 피해망상에 대한 심리 치료가 이전 세대의 임상의와 연구자들에게 큰 관심을 끌지 못했을까? 그들은 이런 환자에게 무슨 일이 일어나고 있다고 생각했을까?

03.
편집증의 짧은 역사

신의 축복이 있기를, 정신병원에 있는 환자처럼 혼자 있을 때에도 옆에 있는 다른 사람에게 말하듯 중얼거리는 신사분을 찾습니다.

노스워드 호Northward Ho(제임스 1세 시대에 쓰인 풍자 연극, 1607), 존 웹스터John Webster 와 토마스 데커Thomas Dekker

런던의 베들렘 왕립 병원은 세계에서 가장 오래된 정신질환자 시설로, 기록에 따르면 1403년에 정신이상자 6명이 살고 있었다고 한다. 이 병원의 모태는 1247년 오늘날 리버풀 스트리트역Liverpool Street Station 자리에 설립된 베들레헴 성모 수도원St Mary of Bethlehem이다. 언제부턴가 '베들레헴'이 '베들렘Bethlem' 또는 '베들럼Bedlem'으로 불렸고 이후 '베들럼'이라는 단어가 오늘날까지 광기와 혼란의 모습을 나타내는 말로 사용되고 있다. 1948년에 영국 보건국National Health Service이 설립되면서, 런던 남동부 교외에 위치한 베들렘 왕립 병원은 또 다른 유명한 정신과 병원인 모즐리 병원Maudsley Hospital과 제휴하게 되었다. 이후 새로 설립된 정신 건강 연구센터인 정신의학연구소IoP가 두 병원과 협력 관계를 구축했는데, 앞서 언급했다시피 정신의학연구소는 내가 임상심리학자로서 다양한 경험을 쌓은 곳이자 편집증에 대한 많은 이론적 아이디어를 개발한 곳이다. 안심 프로그램의 본거지가 된 곳이기도 하다. 나는 거의 20년 동안 정신의학연구소에서 일하면서 모즐리 병원과 베들렘 왕립 병원에서 연구 활동을 수행하고 환자를 치료했다. 직원들은 낡은 구형 미니버스를 타고 45분 동안 두 병원 사이를 오가곤 했다.

지금도 그렇지만 내 연구와 임상 실습의 대부분은 조현병 진단을 받은 환자, 특히 그런 환자에게서 흔히 볼 수 있는 피해망상에 초점을 두고 있었다. 나는 이 주제에 대해 아는 바가 거의 없다는 사실을 일찌감치 인식하고, 정신의학연구소에서 근무를 시작한 초기부터 그 부족함을 채우기로 결심했다. 이후 나는 환자, 지도교수, 멘토, 동료들로부터 많은 것을 배웠고 구할 수 있는 모든 것을 찾아 읽었다. 매일 아침 연구소로 출근해 사무실로 들어가기 전에 연구소 위층에 있는 도서관 테이블에서 새로 들어와 아직 손때가 타지 않은 잡지들을 훑어보곤 했다. 저녁에 퇴근할 때에도 나선형 계단을 디고 조현병을 다룬 오래된 서적과 잡지가 보관된 도서관 지하실로 가끔 내려갔다. 도서관 지하의 천장은 낮았고 조명도 도서관답지 않게 고르지 못했다. 책장을 넘

기다 보면 손이 금세 먼지 범벅이 되곤 했다. 책장에 달린 손잡이를 감으면 선반이 열리면서 책장 사이 통로 공간이 크게 줄어들었다. 오래되어 누렇게 변한 의학 학술지 〈란셋The Lancet〉이나 〈신경 및 정신병 학회지Journal of Nervous and Mental Disease〉가 높이 쌓여 있는 광경을 보면 혹시 누군가 그 밑에 깔려 있지나 않은지 궁금할 정도였다. 물론 그럴 가능성은 없었지만 말이다. 도서관 지하실에는 사람들이 거의 오지 않았다. 하지만 나는 그 퀴퀴한 지하실에서 내 환자들이 현재 겪는 편집증에 대해 배우며 그들의 경험이 과거에 어떻게 다루어졌는지 찾는 일에 푹 빠졌다(때로는 경악하기도 했지만). 베들렘 왕립 병원의 지역사회와의 연관성도 알게 되었다. 베들렘은 제임스 틸리 매튜스James Tilly Matthews라는 인물이 있던 병원이었으며, 매튜스는 1810년에 출판된 《존 하슬람이 본 광기의 증상John Haslam's Illustrations of Madness》이라는 책(훗날 조현병으로 알려진 병에 대한 최초의 출판물 중 하나)의 주인공이다. 하슬람은 이 병원에서 약을 제조하는 일을 맡았는데, 오늘날 우리가 약사라고 하는 역할이었다. 그러나 환자 치료에서 그의 역할은 단순히 약물을 제조하고 투여하는 것 이상으로 광범위했다. (하지만 그는 베들렘의 다른 의료진처럼 병원에서 많은 시간을 보낸 것 같지는 않다. 그는 1815년 하원 위원회에서 보통 오전 11시에 출근해서 30분 정도 있으며, 그보다 오래 머무는 경우는 매우 드물다고 진술했다.) 《광기의 증상》의 주요 내용은 매튜스의 지속적이고 끔찍한 피해망상이었다.

에어 룸

매튜스가 베들렘 병원에 처음 수용된 때는 1797년 1월이었다. 당시 이 병원은 런던시 바로 북쪽 무어필드Moorfields에 위치해 있었다. 약 200명의 정신병 환자가 이 잔인한 환경에 수용되어 있었다. 베들렘의 규정에는 '의료진이나 종사자들은 절대 정신병 환자들을 구타하거나 학대해서는 안 된다'라고 명시되었으나 이런 규정은 무시되기 일쑤였다. 환자를 돌보는 일을 하는 사람 중에는 잔인하고 냉담하며 부패한 이들이 많았기에 환자에게 가하는 정신적, 육체적, 성적 학대는 드물지 않았다. 환자를 감금하는 것조차 구속이라는 합법적인 통제 수단으로 간주되었다. 하슬람이 병원에 있던 동안에도 악명 높은 사건이 일어났다. 바로 제임스 노리스James Norris라는 환자가 무려 12년 동안 쇠사슬로 묶여 있었다는 사실이 폭로된 것이다. '그의 목에는 단단한 쇠고리가 채워 있었고, 그 고리에 달린 짧은 쇠사슬이 벽에 박힌 1.8미터가 넘는 높은 쇠막대에 걸려 있어 위아래로만 움직일 수 있을 뿐이었다.' 베들렘 병원의 운영위원들은 노리스가 '대체로 자비롭고 인도적'인 대우를 받고 있었다고 주장했다.

하슬람의 책에는 베들렘에 수용되기 전 매튜스의 삶에 대해서는 거의 언급되어 있지 않다. 예를 들어 1797년 베들렘에 들어왔을 때 그의 나이에 대한 기록은 없고 단지 웨일스에서 태어났다고만 기록되어 있다. 또 결혼해서 두 자녀를 두었고 차茶를 거래하는 상인으로 일했다고 적혀 있다. 그러다가 편집증 때문에 베들렘 병원에 수용된 것이다. 하슬람은 또, 공기 화학Pneumatic Chemistry을 잘 아는 악당들이 고대 유적인 런던 월London Wall 근처의 아파트에서 '에어 룸'air loom(매튜스가 상상한 장치. 매튜스는 사람의 생각을 원격으로 조작하고 영향을 미칠 수 있는 마음 조절 장치가 있다고 주장했다—옮긴이)이라는 장치를 이용해 매튜스를 고문했다고 설명하고 있다. 에어 룸이라는 이 가상의 장치를 이용해 매튜스(와 다른 피해자들)에게 다음과 같이 고문을 가했다는 것이다:

> 연 날리기. 소년들이 공중에 연을 날리듯 에어 룸 장치와 자력磁力 주입을 통해 뇌에서 어떤 특정한 생각이 일어나게 만드는 고문이다. 그 생각이 몇 시간 동안 뇌 속에서 떠다니며 물결치기 때문에, 고문당하는 사람이 아무리 다른 대상으로 마음을 돌리고 강요된 생각을 추방하고 싶어도 불가능함을 깨닫게 된다.
> 랍스터 깨기. 고문당하는 사람에게 자력 공기의 외부 압력을 가해 혈액순환을 정체시키고 생명 활동을 방해해 즉사시킨다.
> 폭탄 터트리기. 뇌와 신경에 존재하는 체액, 혈관에 떠다니는 증기, 위와 장을 차지하는 기체량이 희박해지고 불타오르면서 온몸이 몹시 고통스럽게 팽창한다. 고문당하는 사람이 이런 고통을 겪는 동안 그들이 전기 배터리에서 강력한 전압을 방출해 끔찍한 폭발을 일으키고 온몸을 갈기갈기 찢어버린다.

매튜스는 이런 고문을 받을 위험에 처한 사람이 자신만이 아니라고 생각했다. 그는 베들렘에 들어오기 전부터 이런 에어 룸 장치를 갖고 있는 많은 악당이 런던 전역에서 활동하고 있다고 사람들에게 경고하고 다녔다. 뿐만 아니라 이 악당들은 피해자들이 이 장치에 쉽게 걸리게 만드는 '자력 유체'를 주입하는 기술도 가지고 있다고 주장했다. 대도시에 이런 악당 무리가 판을 치면서 정부 고위직의 모든 사람에게 이런 자력이 주입되었다는 것이다. 이 장치와 기술을 이용해 평화, 통상, 무장 준비 같은 문제에서 자신들의 의견을 적에게 전달한다는 주장이었다.

이 악당 무리가 1790년대 나폴레옹 전쟁에서 프랑스를 도왔다고 확신한 매튜스는 영국 정부에 이 사실을 경고했다. 그는 정부 각료들에게 끊임없이 경고 편지를 보냈을 뿐만 아니라 수시로 그들의 사무실에 방문해 직접 말하기도 했다. 아마도 이런 활동 때문에 그를 베들렘 병원에 입원시킨 것 같다. 매튜스는 자신이 음모의 희생자라고 단호하게 주장했다. 그는 자기들의 음모가 탄로날 것을 두려워한 악당들이 정부 당국에 자신을 미친 사람이라고 설득했다며 항의했다. "나를 정신병원에 가두어놓고 내가 말한 모든 것을 무효화하려고, 나를 베들렘의 에어 룸에 가두려는 목적으로, 그들은 그들만의 방식으로 내 이성과 말을 억누르고 나를 피멸시키려는 것입니다. 그리고 내가 정신병으로 죽었다고 말하려는 속셈이죠." (정신병원 입원이 음모라는 생각은 많은 환자에게서 자주 듣는 말이다.) 베들렘에 수용된 뒤로도 매튜스는 악당들이 교신하는 것을 텔레파시로 수시로 받았다고 주장했다.

매튜스는 1814년까지 베들렘에 수용되었다. 이후 또 다른 정신병원으로 이송되었다가 1년 뒤 그곳에서 사망했다. 그가 정신병 환자라는 사실을 결코 받아들이지 않았던 친척들은 1809년에 그의 사건에 대해 소송을 제기하면서 두 의사의 평가를 법원에 제출했다. 하지만 그 노력은 성공하지 못했다. 하슬람은 이에 대해 다음과 같이 쓰고 있다. "이미 너무 많은 정신병 환자가 위험한 자유를 누리도록 허용되었다. 베들렘 병원의 운영위원들은 의료진의 기술과 성실성을 신뢰하고 있었으므로, 말썽만 일으키는 미치광이를 해방시켜 사회질서와 평화를 방해할 의도가 없었다."

파라누스 Para-nous

하슬람이 편집증 환자인 제임스 틸리 매튜스를 생생하게 묘사한 것은 참신했지만, 그가 묘사한 경험 자체는 오랜 역사를 자랑한다. '편집증paranoia'이라는 단어의 유래는 고대 그리스까지 거슬러 올라가지만 당시에는 의미가 다소 달랐다. 기원전 460년경 코스Kos 섬에서 태어난 의사 히포크라테스는 체온이 너무 높이 올라갔을 때 간혹 발생하는 망상 증세를 표현하기 위해 이 말을 만들었다. 그는 그리스어로 '옆에para'라는 단어와 '마음nous'이라는 단어를 조합해 문자 그대로 '마음에서 벗어난'이라는 의미의 단어 'paranous'를 만들었다. 이 망상 증세에는 물론 다른 사람에 대한 두려움이 포함되었을 수도 있겠지만, 히포크라테스가 말하는 'paranoia'는 발열의 모든 징후를 포괄하는 개념이었다. 그런데 이 단어가 언제부턴가 고대 의학 용어집에서 빠져 나와 '미친' 또는 '정신이상'과 동의어로 사용되기 시작했다. 에우리피데스Euripides, 아이스킬로스Aeschylus, 아리스토파네스Aristophanes, 아리스토텔레스Aristotle, 플라톤Plato의 작품 속에서도 이 단어가 사용된 부분을 볼 수 있다. 다른 고대 그리스 작가들도 '노망'을 표현하기 위해 이 단어를 사용했다. 그러나 이들이 일반적으로 사용한 paranoia라는 단어에는 '다른 사람들로부터의 위협'이라는 암시는 담겨 있지 않았다.

이후 수세기 동안 이 단어는 거의 사용되지 않았다. 이 단어가 다시 나타난 때는 1763년 프랑스 의사이자 학자인 프랑수아 보이에 드 소바주 드 라크루아François Boissier de Sauvages de Lacroix(1706~67)가 《질병분류학 방법론Nosologia Methodica》을 펴내면서부터였다. 질병을 과학적으로 분류하려는 최초의 시도였다(소바주는 끝없는 수정과 편집 과정을 거치며 무려 30년 동안 《질병분류학》 작업에 매달렸고 마침내 권당 500페이지가 넘는 최종본 10권을 완성했다). 소바주는 상당 부분을 paranoia라는 병에 할애했고, 히포크라테스와 마찬가지로 고열로 인한 정신이상을 설명하려고 이 단어를 사용했지만 범위를 넓혀 치매 증세까지 포함했다. 그런데도 아직까지 paranoia라는 단어는 신체적 원인이 명확한 질병을 의미했다.

19세기에 들어서면서 정신의학이라는 새로운 학문이 등장했고 1811년에는 라이프치히대학교Leipzig University에 이 분야의 첫 학과장이 배치되었다. 첫 재임자인 요한 하인로스Johann Heinroth(1777~1843)가 광범위한 망상적 사고(초자연적 증상과 일종의 과대망상증을 포함)를 설명하는 데 광기Verrücktheit라는 용어와 혼용해 paranoia라는 단어를 사용하기 시작했다. 그러나 아직까지도 '개인적인 위협'이라는 구체적 의미는 없었다. 그러나 하인로스는 망상이 본질적으로 심리적 현상이라고 생각했기 때문에 정신의학 교수가 해야 할 일은 아니라고 보았다. (하인로스는 정신질환이 주로 영혼의 고통이라고 믿었고, 정신과 의사의 치료 임무는 환자가 기독교적 삶의 방식을 받아들이도록 돕는 것이라고 생각했다.)

이후 망상을 설명하기 위해 '편집증'이라는 단어를 사용하는 것이 널리 받아들여졌다. 1911년 스위스의 영향력 있는 정신과 의사 오이겐 블로일러Eugen Bleuler(1857-1939)는 편집증을 다음과 같이 정의했다. 그는 '조현병'과 '자폐증'이라는 용어를 처음으로 사용한 인물이기도 하다.

> 잘못된 전제에서 출발해 논리적으로 전개되고 각 요소가 긴밀히 연결되는, 흔들리지 않는 망상 체계가 형성되는 증상. 단, 환자 자신이 망상 체계임을 전혀 인식하지 못한다는 점을 제외하면, 다른 정신 기능에 영향을 미친다는 입증 가능한 장애도 없고 따라서 악화되는 증상도 없다.

하인로스와 마찬가지로 블로일러도 '편집증'을 비합리적이고 비논리적이며 근거 없는 생각이라고 간주한 것이다. 그리고 다시 말하지만, 이들의 이런 견해는 편집증이 피해와 관련될 수는 있지만 특별히 그에 국한하지 않고 모든 유형의 망상을 포괄하는 개념으로 보았다. 영어권 정신과 의사들은 독일 의사들이 '편집증'이라는 용어를 포괄적으로 사용하는 것을 비판했다. 1892년, 영국의 정신과 의사 대니얼 해크 튜크Daniel Hack Tuke는 다음과 같이 한탄했다. "독일 정신과 의사들은 편집증이라는 말을 그들이 가장 좋아하는 '광기'라는 단어와 동의어로 간주한다. 하지만 이 단어에 관해서는 너무 많은 의견 차이와 변화가 있었다. 정신적 소외를 표현하는 데 있어서 너무나 혼란스럽고 모호했다." 그러나 이런 혼란 속에서도 합의가 나타났다. 하지만 안타깝게도 피해망상을 겪는 이들에게 좋은 소식은 아니었다.

근대 정신의학의 아버지라 하는 독일의 정신과 의사 에밀 크레펠린Emil Kraepelin(1856~1926)의 연구 덕분에 망상이 조현병과 관련 진단의 주요 증상이라는 인식이 점점 높아졌다. (크레펠린은 뮌헨대학교에 정신의학과를 설립했다. 알로이스 알츠하이머Alois Alzheimer도 자신의 이름을 딴 질병인 치매를 조사하면서 그와 함께 연구했다). 하지만 정신과 의사들은 망상을 우울증이나 불안 같은 소위 신경증 질환과 조현병 같은 정신 질환을 구분하는 경계로 생각하는 오류를 범했다. 신경 질환은 삶에서 일어나는 사건들의 심리적 부산물로 간주된 반면, 정신 질환은 생물학적 질병의 결과로 간주된 것이다. 1913년 독일의 철학자 칼 야스퍼스Karl Jaspers(1883-1969)는 대표 저서인 《정신병리학 총론General Psychopathology》에서 다음과 같이 언급했다:

> 정신적 삶에서 가장 근본적인 차이는 의미가 있어 공감이 가능한 것(신경증)과, 말 그대로 이해 불가능하며 광기에 가까운 것(정신병)을 구분하는 데 있는 듯하다.

편집증적 망상은 무의미한 말, 즉 손상되거나 쇠퇴한 뇌에서 나오는 헛소리로 일축되었다. (예를 들어 크레펠린은 그가 '조발 치매dementia praecox'라고 하는 조현병을 신경퇴행성 질환으로 보고 치료법이 없을 수도 있다고 생각했다.) 나를 비롯한 다른 많은 임상의와 마찬가지로 예전의 임상의들도, 누군가가 자신의 의심스러운 생각에 대해 횡설수설하는 것을 매일같이 듣는다는 게 분명히 터무니없는 일이라고 생각했을 것이다. 1969년 말까지만 해도 당시 유력한 교과서인 《임상 정신의학Clinical Psychiatry》 제3판에서는 정신 건강 전문가에게 다음과 같은 조언하고 있다:

> 편집증 환자가 지닌 망상에 대해 당사자인 환자와 논쟁하는 것은 시간 낭비지만, 그 망상을 혼자만 간직하며 최대한 억제하고, 망상을 실행하려는 공격적인 행동을 포기하고, 가능한 존재하지 않는 듯 행동하도록 설득하기란 여전히 가능하다.

실제로, 망상에 대해 이야기하지 않는 환자들은 잠재적으로 치료가 가능하다고 보았다. 심리학자들은 두려움을 밖으로 표현하지 않는 사람들에게 보상을 주면 결국 두려움에 대해 생각하지 않게 되리라 추론했다. '토큰 경제Token Economy'(원하는 목표 반응을 설정하고 그런 행위를 했을 때는 대가로 토큰을 제공하는 행동치료 기법. 토큰을 유무형의 가치와 교환할 수 있게 함으로써 특정 행동을 강화함—옮긴이)로 알려진 이 행동치료기법은 1970년대에 널리 퍼졌다. 예를 들자면, 버몬트의 한 임상 실험에서 '편집증이 있는 조현병' 병동의 환자들에게 '정확하게 말하면' 토큰을 보상으로 제공했다. 이 토큰은 식사, 디저트, 매점 방문, 담배, 병동에서 쉬면서 시간 보내기, TV를 보거나 게임룸에서 시간 보내기, 오전 8시부터 오후 9시까지 침실에서 있기, 방문자 만나기, 책이나 잡지, 레크리에이션, 다른 병동에서 춤추기 등에 사용할 수 있다. 하지만 결과적으로 이 방법은 효과가 없었다. 토큰을 받은 대부분의 환자들은 단지 일시적으로 행동을 수정했을 뿐이었다. 그들은 이 토큰 경제 시스템을 사용하는 방법을 재빨리 알아내고 이용했다. 결국 정신과 의사는 '환자의 망상 체계와 일반적인 정신 상태의 변화'를 감지할 수 없었다.

내가 임상심리학자로 일을 시작했을 때만 해도, 편집증이 단지 조현병 같은 드문 정신 질환의 증상일 뿐이라는 생각이 여전히 지배적이었다. 그래서 편집증은 전문가들 사이에서 거의 관심을 끌지 못했다. 하인로스와 블로일러의 영향력도 여전히 남아 있었다. '편집증'이란 말은 주로 모든 유형의 망상을 특징으로 하는 정신병 유형을 설명하는 데 사용되었을 뿐이다. 영국의 심리학자 리처드 그레고리는 1987년 출판된 저서 《옥스퍼드의 마음 친구Oxford Companion to the Mind》에서 오늘날 망상 장애로 알려진 이 상태에 대해 다음과 같이 설명했다. "다행히도 진짜 편집증은 드물다. 진짜 편집증은 예측하기도 어렵고 마땅한 알려진 치료법도 없다." 임상의와 연구자들은 편집증이 조현병, 망상 장애 같은 질환에서 실제로 나타나는지 여부에 관계없이 일반적으로 망상을 표현하기 위해 '편집증'이라는 용어를 계속 사용했으므로 그 용어는 사라지지 않았다. 몇 년 전 누군가 〈영국 정신의학 저널British Journal of Psychiatry〉에 편지를 보내, 내가 편집증을 '다른 사람들이 당신에게 해를 끼치려고 한다는 근거 없는 두려움'이라고 묘사한 것에 대해 비난했다. '편집증'의 정확한 의미는 '망상'이라는 것이다. 물론 그런 망상에 '피해적' 생각이 포함될 수 있지만, 내가 이 문제에 대해 진지하게 생각하기 시작했을 때만 해도 정확히 무엇 때문에 망상을 '피해적 사고'로 볼 것인지에 대해 합의된 정의가 없었다. 정신의학 교과서에서 적어도 세 가지 다른 정의를 찾을 수 있는데, 모두 약간씩 다른 의미를 내포했다. 사실 그동안 이 용어가 너무 느슨하게 사용되었기 때문에 나는 이 용어를 정의하는 논문을 쓰기로 결정했다. 그러나 모든 사람이 이를 가치 있는 일이라고 생각한 것은 아니었다. 한 평론가는 내 작업을 '핀 머리 위에서 얼마나 많은 천사가 춤을 출 수 있을까?'라는 중세의 신학 논쟁(현대적 의미로 해석하면, '실용적 가치가 없는 문제를 토론하며 시간을 낭비하는 것'을 말함—옮긴이)에 비유했다. 하지만 나는 편집증에 대한 정확한 정의가 필요하다고 생각했다. 우리가 주장하는 내용에 서로 동의하지 않는다면 과학 지식이 어떻게 발전할 수 있단 말인가? 문제의 본질을 명확하게 밝히지 않고 어떻게 효과적인 치료법을 개발할 수 있단 말인가?

그렇다면 전형적인 피해망상의 내용은 무엇일까? 바로 현재 또는 미래에 다른 사람으로부터 의도적인 피해를 입을 것이라는 무서운 두려움이다. 따라서 이런 두려움이 극단적인 불신을 형성한다. 이런 상상적 피해는 다양한 형태로 나타날 수 있다. 물론 일부 사람에게는 그런 위협이 실존적일 수도 있다. 그들의 목숨이 악의적인 음모 세력으로 인해 위험에 처해 있을 수 있기 때문이다. 제임스 틸리 매튜스 같은 극적인 사례가 큰 관심을 끌기도 했다. 하지만 이런 극단적인 위협은 매우 예외적인 경우다. 내가 본 대부분의 환자들은 그런 극단적인 위협보다는 훨씬 더 평범한 문제, 즉 소외되고 조롱당하는 문제를 두려워했다. 심술궂은 이웃에 의해 의도적으로 상처받거나 심지어 소아성애자로 중상모략을 당하기도 한다. 지역 청소년들에게 괴롭힘을 당하거나 강도나 기물 파괴자의 타깃으로 찍히기도 한다. 일반적인 환자들의 편집증을 살펴보면 대게 비슷한 그림이 나타난다. 터무니없는 극단적인 두려움은 매우 드물다. 보통 환자들에게는 친구, 동료, 지인에 대한 고민이 훨씬 더 많다.

지금까지 편집증이라는 이름과 정의에 대해 설명했다. 초기 정신과 의사들이 편집증을 뇌 손상이나 질병으로 인해 발생하는 무작위적 헛소리라고 생각한 것 외에, 심리적으로는 어떤 상태로 보았을까?

방어기제로서의 편집증

편집증의 목적은 자아의 실체를 외부 세계에 투사함으로써 자아와 양립할 수 없는 개념을 차단하는 것이다.

지그문트 프로이트 Sigmund Freud

서양의 정신의학은 거의 100년 동안 지그문트 프로이트의 사상에 의해 지배되어왔다. 정신분석가인 앤서니 스토어 Anthony Storr는 "프로이트의 정신분석이 인간의 성격과 인간관계에 대한 논의에서 지배적인 관용어가 되었다"라고 지적했다. 그렇다면 프로이트는 편집증에 대해서는 어떻게 표현했을까? 1915년에 쓴 기사에서 그는 직장에서 '매우 교양 있고 매력적인 남자'와 가까워진 '아주 매력적이고 미모인' 30세 여성의 이야기를 들려준다. 이 커플의 결혼은 의심할 여지 없는 기정사실 같아 보였다. 그러나 그 남자는 '그들이 갈망해온 명백한 즐길 권리, 즉 그들의 삶을 풍요롭게 해줄 모든 것을 단지 결혼이라는 사회적 관습 때문에 희생하는 것은 무의미한 일'이라고 주장했다. 남자의 주장에 설득된 여자는 그 남자의 아파트에 드나들기 시작했다.

두 번째 방문에서 그와 사랑을 나누고 있는데, 갑자기 창가에 있는 책상 쪽에서 딸깍 하며 노크 소리 비슷한 소음이 났다. 남자는 책상 위 시계에서 나는 소리라며 깜짝 놀란 그녀를 안심시켰다. 그러나 그녀는 남자의 집을 떠나며 계단에서 자신을 보고 수군대는 두 남자를 보았다. 한 사람은 포장된 작은 상자 같은 물건을 들고 있었다. 그녀는 그들을 만난 것이 께름칙했고 집으로 가면서 다음과 같은 생각이 들었다. '그들이 들고 있던 상자는 어쩌면 카메라일 수도 있어. 내가 그의 방에 있는 동안 이들이 커튼 뒤에 숨어서 사진을 찍었을지도 몰라. 아까 들었던 딸깍 소리는 셔터 소리였을 거야. 내가 특정 자세를 취하고 있을 때 사진을 찍었을 거야…'

결국 그 사건은 그들의 관계에 전혀 도움이 되지 못했다. 그 순간부터 그녀는 그 남자에 대한 의심을 지울 수 없었다. 그를 만날 때뿐 아니라 계속 편지를 보내 추궁했고 설명과 확신을 달라며 계속 괴롭혔다. 그가 그녀에 대한 자신의 감정이 진실이며 그녀의 의심은 전혀 근거가 없는 것이라고 설명하며 안심시키려고 노력했지만 허사였다.

프로이트와 그 여성은 상담을 위해 두 번 만났다. 프로이트는 시계 소리나 카메라 셔터 소리, 그 밖의 어떤 소리도 없었다고 결론지었다. 계단에서 두 남자를 만난 것은 전적으로 우연이었다. 그렇다면 그녀는 왜 애인이 자신의 사진을 찍게 했으며 그들의 관계를 더는 지속할 수 없다고 생각했을까? 프로이트는 방어적 본능 때문이라고 주장했다. 그 여성 환자가 편집증적 망상 때문에 남자에 대한 사랑으로부터 자신을 방어하려고 했다는 것이다. 하지만 그녀는 왜 방어하려고 했을까? 여기서 편집증이 어떤 근본적 역할을 했을까? 프로이트에 따르면 여자의 무의식 속에서 싸움이 벌어지고 있었다. 그녀가 어머니에 대한 '동성애적 애착'과 그 애착에서 벗어나고 싶은 욕망 사이에서 갈등을 겪고 있었다는 것이다. 그녀가 남성의 접근을 받아들임으로써 그녀는 어머니에 대한 의존감에 타격을 입혔다. 그러나 어머니로부터 벗어나고 싶은 갈망이 지나치게 큰 게 문제였다. 우연한 상황(계단에서 두 남자를 만난 것)을 교묘하게 활용해(이것의 그녀의 편집증적 망상이다) 남자와의 사랑을 파괴했고 어머니 콤플렉스에서 벗어나려는 목적을 성공적으로 수행한 것이다.

프로이트의 견해에 따르면 이런 망상은 한 번으로 그치지 않는다:

> 이 문제에 대한 나 혼자만의 경험은 신뢰할 수 없었기 때문에, 지난 몇 년 동안 내 친구인 취리히의 C. G. 정 Jung과 부다페스트의 산도르 페렌치 Sándor Ferenczi와 함께, 그동안 관찰된 편집증 장애의 여러 사례를 이 한 가지 관점에 따라 조사했다. 이 조사를 위해 자료를 제공한 병력의 환자 중에는 인종, 직업, 사회적 지위가 다양한 남성과 여성이 모두 포함되었다. 우리

는 이 모든 사례에서, 질병의 원인이 되는 갈등의 중심에서 동성애 욕구에 대한 방어 본능이 명백히 인식될 수 있다는 것과, 그런 방어 본능이 그동안 그들을 슬픔에 빠트렸던 무의식적으로 강화된 동성애의 흐름을 억누르려는 시도라는 사실에 놀라지 않을 수 없었다.

오늘날 우리는 이 이론을 어떻게 해석해야 할까? 20세기 초의 많은 정신과 의사들과는 달리 프로이트가 환자들의 편집증적인 생각에 깊은 관심을 갖고 있었던 것은 사실이다. 그는 편집증을 공허한 헛소리라기보다는 많은 의미가 담긴 표현으로 보았다. 그러나 과학자들은 프로이트의 편집증 모델을 뒷받침하는 증거를 찾기 위해 노력했지만 찾을 수 없었다. 실제로, 현재까지 수행된 온갖 다양한 연구를 종합적으로 살펴본 1975년의 한 검토에 따르면 피해망상을 가진 환자들이 동성애적 생각을 보고할 가능성이 더 높다는 결론을 내렸다. 그러나 공교롭게도 편집증이 방어기제로 기능한다는 생각이 1990년대에 다시 등장했다. 이번에는 정신분석학자가 아닌 임상심리학자에게서 나왔다. 그들은 편집증이 동성애적 욕망에 대한 방어가 아니라 자기 부정적 견해에 대한 방어 역할을 한다고 주장했다. 그러나 이런 주장은 추정하는 위협은 달랐지만, 메커니즘은 이전과 다를 바 없었다. 편집증 환자들은 내부의 심리적 고통을 최소화하기 위해 무의식적으로 감정을 외부화한다는 것이다. 그들은 자존감이 낮을 때 느끼는 고통을 다른 사람에 대한 두려움으로 가리려 한다는 것이다. 문제가 나 때문이 아니라 상대방 탓이라고 여기는 것이다.

에어 룸에서 비행기까지

나는 편집증이 마음속 깊은 곳에 묻혀 있는 두려움에 대한 방어기제라는 이론에 동의하지 않는다. 나는 편집증이 프로이트가 주장하는 무의식보다는 의식적 사고에 훨씬 더 가깝다고 생각한다. 나의 이런 생각은 이 관점에서뿐만 아니라 그 밖의 많은 관점에서, 또 다른 영향력 있는 정신과 의사인 애런 벡Aaron Beck의 생각과 일치한다.

2021년 100세의 나이로 세상을 떠난 벡은 인지 행동 치료의 창시자이자 지난 세기의 가장 중요한 정신과 의사 중 한 사람이었다. 1998년 말에 그에게서 한 통의 이메일을 받은 이후 그는 기꺼이 나의 진정한 멘토가 되어주었다. 사실 나는 그의 이메일이 실수로 잘못 전송되었다고 생각했다. 당시 나는 정신의학연구소에서 임상심리학 박사과정을 밟던 수련생이었다. 벡 같은 저명한 의사가 내 이름을 어떻게 알 수 있었을까? 그가 정신병을 연구하는 인지 심리학자들의 모임에 참석해달라며 나를 필라델피아로 초청했다는 사실이 믿기지 않았다. 참석하고 싶은 마음은 굴뚝같지만 여행 경비가 없다고 내 처지를 설명했다. 그가 특유의 관대한 목소리로 대답했다. "괜찮아요. 우리가 비용을 부담해드리겠습니다." 정말이지 환상적인 경험이었다. 벡이 항공료를 부담해주었고, 돌아오는 길에 난생처음 뉴욕도 방문할 수 있었다. 그때 대학 서점에서 구입한 펜실베이니아 주립대학교 티셔츠는 아직도 잘 맞는다. 하지만 첫 주는 다소 불안하게 시작되었다. 첫날 저녁, 우리 그룹은 오후 6시에 만나기로 했다. 나는 약속 장소인 필라델피아 시내의 한 스포츠 바에 정시에 도착했다. 그러나 바에 들어서자 나보다 먼저 와 있는 단 한 사람이 바로 벡이었다! 나는 겁에 질려 모골이 송연했다. 하지만 걱정할 필요가 없었다. 벡은 상대방으로 하여금 자신이 바로 그가 대화하고 싶었던 사람이라는 느낌을 갖게 만드는 특별한 재능을 가지고 있었다. 그때 결성된 인지 심리학자들의 모임에 벡페스트Beckfest(벡을 축하하는 모임)라는 이름을 붙였는데, 이 모임은 오늘날까지 매년 이어지고 있다.

벡은 1950년대에 필라델피아 정식분석 연구소Philadelphia Psychoanalytic Institute에서 프로이드 심리 치료를 가르쳤는데 그 역할을 마음에 들어하지 않았다. "그저 편안히 앉아서 '아하'라고 말하면 어떻게든 '비밀'을 알게 될 거라고 생각하지만, 그렇게 해서는 오히려 무력감에 지쳐버릴 뿐입니다." 벡은 자신이 진로를 바꾸기로 결정한 순간을 다음과 같이 회상했다. 한 여성 환자가 자신의 성적 관계에 대해 설명하는 것을 듣고 그는 이렇게 물었다. "이 이야기를 하면서 어떤 기분이 들었나요?" 그 여자는 "불안해요"라고 말했다. 벡이 대답했다. "당신이 불안한 건 성적 욕망에 직면해야 하기 때문입니다. 당신은 내가 그런 욕망이 나쁜 거라고 말할까 봐 불안한 거예요." 그러자 여자가 대답했다. "네, 맞아요. 벡 박사님. 내 말에 박사님이 지루해하실까 봐 걱정이 되었어요."

벡은 심리 문제에 대한 설명과 해결 방법이 대개는 무의식적인 '비밀'에 있는 것이 아니라 의식적인 생각에 있다고 가르쳤다. 즉, 무엇을 생각하느냐가 기분을 결정한다는 것이다. 그러므로 벡은 치료사가 오랫동안 마음속에 묻혀 있던 욕망과 기억을 꺼내려고 애쓸 필요가 없으며 그보다는 환자가 자신의 생각, 감정, 경험에 대해 말하는 내용에 주의를 기울이는 편이 낫다고 주장한다. 벡은 프로이트의 이론대로 고통을 갈구하는 마조히즘적 욕구 때문에 사람들이 우울해진다는 이론을 조사한 적이 있다. 그러나 숨겨진 동기는 없었다. "우울증을 느끼는 사람들은 자신을 실패자로 여길 뿐입니다. 그것이 자신을 보는 방식이기 때문이지요."

나는 편집증도 마찬가지라고 생각한다. 편집증은 억압된 동성애 욕망이나 무의식적인 낮은 자존감에 대한 방어기제가 아니다. 오히려 편집증은 개인의 연약함에 뿌리를 두고 있으며 그런 연약한 성격으로 더욱 촉진된다. 그리고 그 연약함은 무의식 깊은 곳에 숨겨진 것이 아니다. 그것을 찾으려면 환자들의 말을 주의 깊게 들어보아야 한다. 벡이 말했듯이, '사람들의 겉모습에는 눈에 보이는 것보다 더 많은 것이 있다.' 그리고 실제로 편집증에 취약한 사람들은 다음과 같은 말에 의존할 가능성이 훨씬 더 높다. '나는 사랑받지 못하고 있다', '나는 가치 없는 존재다', '나는 연약하고 취약하다', '나는 나쁘다', '나는 실패자다'. 그들은 또 다음과 같은 사실을 믿을 가능성이 더 높다. '사람들은 내게 적대적이다', '다른 사람들은 가혹하다', '다른 사람들은 용서하지 않는다', '다른 사람들은 나쁘다', '다른 사람들은 사악하다', '다른 사람들은 불쾌하다'. 그들이 이런 생각을 하는 것은 놀라운 일이 아니다. 자신을 약하고 가치 없는 존재라고 생각하고 다른 사람들을 악하고 잔인하다고 생각한다면, 두려움을 느끼는 것이 당연한 반응 아닐까? 다음 장에서 살펴보겠지만, 이런 두려움은 정신병이 있는 사람들에게만 국한하지 않는다. 정상적이라고 생각하는 사람들에게까지 더 널리 퍼져 있다는 징후가 있다.

04.
가상 지하철

'그들이 나를 모함하려는 것 같아요.'

2000년대 초반(그리고 슬프게도 오늘날에도 여전히) 영국의 많은 정신병원이 그랬던 것처럼, 내가 일했던 모즐리 병원의 대기실은 볼 품 없는 포터캐빈Portakabin(임시 사무실 등으로 쓸 수 있도록 차량에 달고 이동할 수 있는 작은 구조물—옮긴이) 같았다. 마치 큰 직사각형 상자 같은 건물에 플라스틱 의자 수십 개에 음료수 냉장고만 덜렁 놓여 있을 뿐이었다. 한쪽 벽에는 환자들이 호출되면 처방전을 내주는 창구가 설치되어 있었다. 퀴퀴한 담배 냄새가 강하게 풍겼고, 벽에는 환자들이 그린 그림들이 장식용으로 걸려 있었다. 그러나 전투는 번번히 패했다. 방치된 것 같은 그곳의 분위기를 반전시킬 만한 것은 전혀 없었다. 이곳의 직원들은 훌륭했지만 이 방을 보고 누가 불행한 환자들의 기분이 좋아지는 곳이라고 생각하겠는가?

오늘도 나는 보안 문을 통과해 3층으로 올라가는 계단으로 게

일 씨Mr. Gayle를 안내한다. 나는 이제 작은 엘리베이터에 환자들을 태우지 않는다. 탈출구도 없는 엘리베이터 안에서 다른 사람들에게 둘러싸여 있는 환경이 이들 환자들에게 편집증적 생각을 유발하는 전형적인 원인이 되기 때문이다. 게다가 몇 년 전에 엘리베이터가 층 사이에서 갑자기 멈춰버리는 사고가 일어난 적이 있었다. 그 사고가 일어났을 때 엘리베이터 안에는 나와 세 사람의 환자 등 네 명이 꼼짝없이 갇히게 되었는데(마치 붐비는 통근 열차 안과 비슷했다), 극심한 편집증이 있던 이 환자들은 보건국NHS이 고의로 자신들을 화나게 하려고 이런 사고를 일으켰다고 생각했다. 엘리베이터가 멈춘 시간은 고작 1~2분이었지만, 다시는 그 엘리베이터를 타는 위험을 감수하지 않겠다고 결심하기에 충분히 긴 시간이었다.

당시 모즐리의 상담실도 허름하고 초라하기는 아래층 대기실과 다를 바 없었다. 상담실에는 낡은 책상과 의자 두 개만 덩그러니 놓여 있었다. 의자 하나는 책상 뒤에, 하나는 책상 앞에 놓여 있었는데, 앞에 있는 의자가 더 불편했다. 하지만 나는 그렇게 초라하고 비인간적인 시설이래도 환자를 만날 방이 있다는 사실만으로 감사하는 법을 금방 배울 수 있었다. 상담실 방 하나를 얻으려면 여러 절차를 따라야 했는데, 그중 하나가 바로 행정 절차였다. 아래층 접수원에게 가서 장부에 상담 내용을 자세히 기재해야 했다. 그보다 더 중요한 또 다른 절차는 소위 외교적 절차였다. 접수원과 좋은 관계를 유지하기 위해 필요한 모든 일을 다 해야 했다. 물론 그렇게 힘든 일은 아니었지만, 상담실을 얻기 위해 아무런 노력도 하지 않고 그저 운에 맡길 수만은 없었다. 치료사들은 환자를 옆에 데리고 다니면서 빈 상담실을 찾기 위해 필사적으로 방마다 문을 열고 복도를 뒤지는 일이 얼마나 성가신 일인지 잘 알고 있었다. 약삭빠른 임상의들은 한 발 빨리 상담실을 예약했다. 남은 상담실의 수는 놀라운 속도로 줄어들었다. 상담실을 확보하면 무슨 커다란 승리를 거둔 양 느껴졌다.

"누가 당신을 모함하려 한다고 생각하세요?"

키에란 게일Kieran Gayle은 언제나 겸연쩍게 웃는 모습을 하고 있지만, 나는 그의 편집증이 얼마나 심신을 쇠약하게 만드는지 잘 알고 있었다. 사실, 그것이 바로 그가 지금 나와 함께 앉아 있는 이유지만 말이다. 그의 문제는 10년 전, 대학교 2학년이 막 시작될 무렵에 시작되었다. (매우 일반적인 현상이다. 정신병은 청년기에 시작되는 경우가 많다.) 당시 그는 성적에 대한 걱정뿐만 아니라 숙소에서 친구들과 무탈하게 함께 지내는 일, 여자친구와 사이가 벌어진 일 등 여러 스트레스를 겪고 있었다. 대학에 오기 전에 그는 자신감이 매우 높은 사람이었다. 그러나 최근에 일이 잘 안 풀리면서 자신이 너무 빨리 무너진 것 같은 생각이 들어 '사기가 크게 저하'되어 있었다. 그는 불안하고 우울해졌고, 급기야 자신에게는 종교적 힘이 있는데, 주위에 마귀가 씐 사람들이 자신을 염탐하고 있다고 생각하게 되었다. 그는 사람들의 눈을 보면 누가 이런 일을 하는지 알 수 있다고 생각했다. 그런 사람들은 동공이 비정상적으로 커지거나 작아진다는 것이었다. 몇 년 동안 약물 치료를 받은 덕분에 게일 씨는 어느 정도 호전될 수 있었다. 그러나 그의 편집증은 쉽게 없어지지 않고 여전히 문제를 일으켰고, 마침내 우리 전문 클리닉으로 오게 된 것이다. 그는 이제 서른 살이 되었지만 더 젊어 보인다. 빛바랜 청바지 차림에 깨끗하게 닦은 검은 구두를 신고 있다.

그가 어깨를 으쓱하며 말했다. "잘 모르겠어요. 강력한 힘을 가진 사람, 아마도 경찰일 겁니다. 그들은 내 말을 들으려고 도청장치를 사용합니다. 내 모든 생각, 심지어 나쁜 생각까지 들으려 하지요. 그러면 나는 누군가를 때리거나 뭔가를 훔치고 싶어져요." 그는 수줍은 표정으로 나를 쳐다보며 계속 말한다. "터무니없는 소리처럼 들릴 겁니다. 나도 이게 망상이라는 걸 알아요. 그래서 대개는 그런 생각을 별로 믿지 않습니다. 하지만 가끔은 그게 완전히 현실처럼 느껴질 때도 있어요."

내가 묻는다. "그 사람들이 과연 무슨 짓을 하려는 것 같나요?"

그는 잠시 말을 멈추고 한숨을 쉰다. "그 얘기를 하자니 창피하군요." 그가 또 다시 멈칫거리며 깊게 숨을 들이 마신다. 아마도 다음과 같은 말을 쏟아내기 위해 준비하는 것처럼. "나를 감옥에 보내려는 거지요. 나를 그곳으로 끌고 가서 고문한 다음 죽일 겁니다." 그는 의자에 등을 기대고 앉아서 계속 말을 이어갔다. "내가 만만한 사람인 거죠. 누구든지 나를 바보로 만들 수 있다고 생각하니까요. 그들도 그걸 알고 있습니다. 이게 바로 내 모습이란 말입니다."

"하지만 당신은 감옥에 가지 않았어요. 왜 그럴까요?"

"내가 계속 경계하고 있기 때문이지요. 그들도 내가 자신들이 하는 일을 지켜보고 있다는 걸 알고 있으니까요. 그래서 때를 기다리고 있는 겁니다."

"그들이 왜 당신을 염탐하고 있을까요? 뭔가 집히는 게 있나요?"

"그냥 느낌으로 알 수 있지요. 실제로 누가 무슨 짓을 하는 걸 본 적은 없습니다. 하지만 나라도 상대방이 눈치채게 행동하진 않겠지요. 그들은 아마추어가 아닙니다."

"그 느낌이 무엇인지 설명해주실 수 있나요?"

"음." 게일 씨는 손가락으로 머리를 긁으며 말했다. "때로는 내 몸, 내 생각, 내가 있는 곳 등, 나 자신에 대한 인식이 높아진 것 같은 느낌이지요. 약간 불안한 느낌도 있고요. 어떨 때에는 좀 더 극단적인 느낌이 들기도 합니다. 내 머리가 생각으로 가득 차서 생각들이 뇌 주위를 계속 맴돕니다." 게일 씨가 눈을 내리깔고 바닥을 바라보며 말한다. "내가 통제력을 완전히 잃고 있는 것 같은 느낌이지요." 이후 9개월 동안 나는 매주 게일 씨를 만났다.

편집증은 그렇게 드문 증상이 아니다

게일 씨처럼 조현병 진단을 받은 사람들은 대부분 피해망상을 경험한다. 약 50% 정도는 위협적인 목소리도 듣는다. 영국에서는 매년 천 명당 약 7명이 조현병 같은 장애 진단을 받는다. 조현병 진단을 받은 사람의 수는 전 세계적으로 2,400만 명으로 추산된다. 그러나 이러한 수치를 당연하게 여겨서는 안 된다. 심리적 장애의 발병률을 측정하는 것은 비교적 최근에 이루어진 일이다. 그 이전의 오랜 기간 동안 이에 대해 알 수 있는 유일한 데이터는 조현병으로 병원에 입원한 환자의 수뿐이었다. 하지만 진단의 일관성이 그리 크지 않았다. 정신 건강 상태에 대한 표준 분류 시스템이 없었기 때문에 임상의의 재량에 따라 환자의 증상이 각기 다르게 해석되었던 것이다. 임상의들은 환자 개인의 문제가 무엇인지뿐만 아니라 환자에게 문제가 있는지에 관해서도 생각이 달랐다. 데이비드 발로우David Barlow와 V. 마크 듀런드V. Mark Durand는 "1959년 말까지 전 세계적으로 심리적 장애를 분류하는 데 유용하게 사용되는 시스템이 최소한 9가지가 있었다"라고 지적한다. 1980년대에 이르러 두 가지 획기적인 텍스트가 일반적으로 채택되면서 비로소 상황이 크게 바뀌기 시작했다. 미국 정신의학회American Psychiatric Association의 정신 장애 진단 및 통계 매뉴얼DSM과 세계보건기구WHO의 질병 및 건강 관련 문제의 국제 분류ICD가 바로 그것이다. 이 두 가지 테스트가 발전함에 따라 조현병에 대한 접근 방식이 정리되었고 정신 건강 전문가들은 점점 더 같은 진단을 내릴 수 있게 되었다.

진단이 표준화되면서 표준화된 연구도 가능해졌다. 예를 들어, 1980년대 후반까지만 해도 심리적 장애가 병원에 한 번도 오지 않은 수많은 사람에게 얼마나 널리 퍼져 있는지 알 방법이 없었다. 그러나 이제 그것을 알아내는 일이 가능해졌다. 가장 먼저 시도된 것이, 정신병원에 입원해 있는 정신분열증 환자들에게 일반적으로 묻는 질문을 일반 인구에게도 묻는 것이었다. 이런 초기 노력의 결과는 질문지를 작성한 사람들조차 놀라게 했다. 알렌 티엔Allen Tien과 윌리엄 이튼William Eaton은 국립 정신 건강 연구소 National Institute of Mental Health의 전염병 수집 지역ECA 프로그램 데이터를 사용해 미국 5개 도시에서 1만 5000명이 넘는 사람들을 대상으로 정신병 발병률을 분석했다:

이 등록 데이터에서 조현병 발병 비율(병원 입원율)을 정확히 예측하는 것이 무리일 수는 있지만 우리는 ECA 프로그램을 사용해 사회인구학적 패턴의 관점에서 임상 조현병과 유사한 증후군의 발생률을 감지할 수 있다고 생각한다. 추정 발생률은 연간 100명당 0.2건으로 추정되며 그동안 시도된 그 어떤 등록 기반 연구의 추정치보다 훨씬 높은 수치다.

조현병에 대해 우리가 알고 있는 사실을 고려할 때, ECA 조사 대상자 중 상당수가 피해망상을 경험하고 있음을 확실히 알 수 있다. 그러나 조현병 진단 기준에 미치지 못하는 나머지 대다수는 어떨까? 이들은 과연 어떤 심리적 장애 기준에도 미치지 못했을까? 그들은 편집증을 전혀 경험한 적이 없을까? 지금까지는 이에 대해 거의 알지 못했다. 데이터가 거의 없었기 때문이다. 나는 2004년에 1200명의 학생들을 대상으로 대략적으로 준비한 인터넷 설문조사를 실시했다. (그 몇 년 전만 해도 정신의학연구소는 킹스칼리지런던King's College London에 소속되어 있었기 때문에 전체 재학생들에게 이메일을 보내기가 어렵지 않았다.) 그런데 응답자 중 약 3분의 1이 정기적으로 편집증적 생각에 시달리고 있다는 사실에 놀라지 않을 수 없었다. 그리고 50% 이상의 학생들이 적어도 일주일에 한 번(많은 경우 훨씬 더 자주) 다른 사람들을 경계해야 한다고 느끼는 것으로 나타났다. 42%의 학생들은 다른 사람들이 자신에 대해 부정적인 말을 할지 모른다고 의심했다. 또 48%의 학생들이 친구들이나 낯선 사람들 모두 자신을 비판적으로 보고 있다고 믿고 있었다. 34%의 학생들은 사람들이 자신을 비웃을까 봐 걱정된다고 대답했다.

물론 우리가 자체적으로 선택한 비슷한 연령대의 참가자들을 대상으로 온라인 설문조사를 하는 것이 이상적인 것은 아니지만, 이번 조사는 합리적으로 정확한 가이드를 제공하는 것으로 판명되었다. 이후 여러 연구를 통해 편집증이 의심했던 것보다 훨씬 더 널리 퍼져있다는 생각이 확실해졌다. 영국에서 전국민을 대상으로 실시한 2007년 성인 정신병률 조사APMS, Adult Psychiatric Morbidity Survey를 살펴보자. APMS의 목적은 '영국의 개인 가구에 거주하는 16세 이상 성인의 정신 건강에 대한 데이터를 수집하는 것'이다. 당국은 그 범위를 의도적으로 넓혔다. 즉, '치료된 정신 장애와 아예 치료도 받지 않은 정신 장애의 유병률'을 측정하는 것이 이 조사의 의도였다. 많은 평가 질문을 조사하면서 나는 다행히 편집증과 직접적으로 관련이 있는 몇 가지 질문을 발견할 수 있었다. 조사에 참여한 7,000명 이상의 성인 중 18.6%가 지난 12개월 동안 적어도 한 번 이상 다른 사람들이 자신을 적대시한다고 생각한 적이 있다고 나타났다. 8%는 사람들이 자신에게 해를 끼치려고 고의적으로 행동했다고 믿고 있었다. 2%에 가까운 사람들이 특정 집단이 자신에게 심각한 해를 끼칠 음모를 꾸미고 있다고 생각하고 있었다. 8,580명의 영국 성인을 대상으로 한 또 다른 표본 조사에서 사람들에게 지난 12개월 동안의 경험을 되돌아보라고 요청했는데, 21%의 사람들이 다른 사람들이 때때로 자신에게 적대적으로 느껴졌다고 말했다. 9%는 자신의 생각이 조작되고 있다고 의심했고, 1.5%는 누군가 자신에게 심각한 해를 끼칠 음모를 꾸미고 있다며 두려워했다. 맨해튼의 한 지역보건의GP 진료소에 등록된 성인 1,005명을 대상으로 한 설문조사에 따르면, 10.6%가 살면서 자신이 미행당하거나 염탐당하고 있다고 생각한 적이 있는 것으로 나타났다. 무려 7%에 가까운 사람들이 자신이 음모의 희생자라고 믿었으며 약 5%는 자신이 비밀리에 테스트를 받거나 실험을 당하고 있다고 의심했다. 이런 조사 결과들을 전반적으로 검토해보면, 지역사회에서 편집증의 규모가 놀라울 정도로 높다는 사실을 알 수 있다.

정신과 병동에서 입원해 있는 사람뿐만 아니라 심리 문제로 진단받은 적이 없는 사람들 사이에서도 불신이 널리 퍼져 있다는 사실은 편집증에 대한 진실뿐만 아니라, 전반적인 정신 건강에 대해 근본적으로 다르게 생각해야 한다는 의미다. 이런 데이터에 근거해 볼 때, 편집증이 소수의 조현병 환자에게만 국한된다는 생각은 더는 타당하지 않다. 우리는 사회적 동물이다. 다른 사람들과 매우 복잡하고 다양하며 역동적인 관계를 맺으며 살고 있다. 감정을 털어놓는 친구들, 늦은 밤 외출할 때 우리를 태워주는 택시의 운전기사, 식당에서 신용카드를 건네는 웨이터까지 수많은 사람을 만난다. 그 과정에서 수많은 갈림길이 있다. 이에 대해 깊이 생각하는 일이 거의 없지만, 우리의 하루는 다른 사람을 믿을지 말지를 결정하는 일의 연속으로 점철된다. 게다가 우리는 다른 사람이 무슨 생각을 하는지 거의 알지 못하기 때문에 그들의 의도를 잘못 읽기 쉽다. 이러한 관점에서 본다면 편집증이 반드시 질병의 증상이라고만 볼 수는 없다. 오히려 편집증은 연속적인 경험의 연장선상에 있는 표식이라고 할 수 있다. 그 연장선의 양쪽 한 끝에는 편집증을 전혀 경험하지 않은 소수의 사람, 다른 한 쪽 끝에는 지속적인 망상으로 심각한 고통을 겪는 사람들이 있다. 그 연장선에서 정확한 위치는 시간이 지남에 따라 달라질 수 있지만 대부분은 그 사이 어딘가에 있을 뿐이다. 이런 의미에서 불신은 행복, 슬픔, 걱정, 자신감, 두려움 같은 감정과 크게 다르지 않다. 일반적인 정신 건강 문제일 뿐이다. 실제로 정신 건강 문제와 정신 질환 사이에 즉각적이고 엄격한 구분선은 없다. 그것은 '나는 정신적으로 건강하다, 또는 나는 정신적으로 아프다'라고 이분법으로 말할 수 있는 명제가 아니다. 그보다는 연장선상에서 점차적으로 위치가 달라지는 미묘한 차이라고 생각하고, 살아가면서 연장선을 따라 앞뒤로 여행하고 있다고 생각하는 편이 더 좋다.

지금까지 제시한 수많은 증거 수치에도 불구하고 편집증을 측정한다는 것은 여전히 쉬운 일이 아니다. 보고된 위협이 실제인지 아닌지를 어떻게 판단할 수 있단 말인가? 어쩌면 설문조사 데이터는 두려움을 상상하는 증상이 실제로 널리 퍼져 있다기보다는 삶이 얼마나 위험할 수 있는지 알려주는 것에 불과한 것은 아닐까? 어쩌면 다른 사람들이 자신에게 적대적이라고 의심하는 응답자 중 일부만이 옳은 것은 아닐까? 자신이 쇼핑을 하고 있는데 한 남자가 고의로 자신을 복잡한 도로 쪽으로 밀었다고 주장하는 한 여성 환자를 예로 들어보자. 임상심리학자로서 나는 그녀의 설명이 정확한지, 아니면 단지 부주의한 사고에 대한 편집증적 해석인지 알 방법이 없다. 그 장면을 직접 보았다 하더라도 그 남자가 고의로 그녀를 도로 쪽으로 밀었다고 확신할 수 없을 것이다. (그래서 나는 항상 열린 마음을 유지한다. 치료 측면에서 볼 때에도 나는 환자의 미래에 초점을 맞춘다. 실제로 일어났을 수도 있고 일어나지 않았을 수도 있는 과거의 일에 대해서는 그리 중요하게 생각하지 않는다.)

하지만 이제 이런 종류의 데이터를 확증할 수 있는 방법을 가질 수 있게 되었다. 그리고 이 방법이 정확하다는 사실이 밝혀졌다. 2023년에 나는 영국 성인 1만명을 대상으로 설문조사를 실시했는데, 약 40%의 사람들은 다른 사람에 대해 실제 존재하는 위협보다 더 두려움을 느낀다고 응답했다. 다른 사람들이 자신들을 난처하게 만들지 모른다는 과장된 두려움을 보고한 응답자도 거의 비슷한 수준으로 나타났다. 그리고 '다른 사람들을 신뢰하려면 도움이 필요한가'라는 질문에는 38%가 '그런 것 같다'라고 응답했고 17%는 '그렇다'라고 응답했다. 그런데 이들이 다른 사람들로부터의 적대감에 대해서는 보고하지 않고 있음을 주목할 필요가 있다. 그들은 어떤 식으로든 피해를 입었다고 주장하지는 않았다. 그들이 실제로 피해를 입은 것만 보고하는 것 아닌가 하고 궁금해할 필요는 없다. 오히려 그들은 자신들이 얼마나 다른 사람을 불신하게 되었는지 알려주고 있다. 중요한 것은 사람들의 이런 응답이 편집증 설문에 대한 답변과 밀접한 관련이 있다는 것이다. 다른 사람들로부터 해를 입을까 봐 두렵다고 말하는 사람들은 자신의 불안이 과장되었음을 인정할 가능성도 높기 때문이다. 편집증 평가에서도 사람들이 보고하는 것은 실제 위협이 아니라 부적절한 불신이었다.

따라서 다양한 유형의 설문조사 데이터를 상호 참조함으로써 많은 것을 알 수 있다. 하지만 환자들이 말한 내용을 보완하기 위해 내게 정말로 필요했던 것은 편집증에 대한 실험적 테스트였다. 많은 사람에게 동일한 긍정석 경험을 노출하면, 그중 얼마나 많은 사람이 불신하는 방식으로 반응하는지 알 수 있다. 나는 그들이 왜 그렇게 행동했는지 조사하기 시작했다. 위협을 받는 환경이 없었음을 확인할 수 있다면, 그들의 설명이 실제 경험이 아니라 자신의 마음에서 나오는 것이라고 확신할 수 있기 때문이다. 하지만 이런 실험을 어떻게 고안하는 것이 좋을까? 우연히 동굴을 방문했다가 이 문제에 대한 답을 얻을 수 있었다.

동굴 속으로

> 가상현실VR은 우리 시대의 과학, 철학, 기술의 최전선 분야다. 다른 장소, 아마도 기이한 외계 환경에 있거나 인간과는 전혀 다른 신체를 가지고 있는 포괄적인 환상을 만들어내는 수단이다. 가상현실은 또 인지와 지각의 측면에서 인간이 어떤 존재인지 연구하기 위한 가장 광범위한 장치이기도 하다."
> 《가상현실의 탄생Dawn of the New Everything》(2017), 재런 러니어Jaron Lanier

오늘 나는 템스 강 건너편에 있는 지저분한 런던 남부 교외를 지나 조지 왕조 시대의 화려함을 자랑하는 블룸즈베리Bloomsbury로 향했다. 때는 2001년, 나는 나만의 우주여행을 시작하려는 참이었다. 나는 멜 슬레이터Mel Slater 교수의 시연을 보기 위해 유니버시티칼리지런던UCL의 한가운데에 있는 컴퓨터 공학부로 가는 중이다. 나는 멜 교수가 '가상현실'의 선구자라고 들었다. 멜 교수는 최근 BBC 라디오 4BBC Radio 4(뉴스, 시사, 교양 프로그램을 주로 방송하는 BBC의 라디오 방송 중 하나—옮긴이)에 출연해 내 동료

폴 베빙턴과 엘리자베스 카이퍼스의 상상력을 사로잡았다. 오늘의 시연을 준비한 사람들이 바로 진취적 정신을 가진 폴과 엘리자베스였다. 이후 몇 달, 아니 몇 년 동안 나는 멜 교수의 뛰어난 VR 심리학 실험의 맨 앞자리를 지키게 되지만, 지금 당장은 기대에 대한 대략적인 감각만 있었다. 그저 '어디 한번 보자' 하는 마음이었달까.

UCL의 컴퓨터 공학부에 가려면 복도를 여러 개 지나야 한다. 가는 길에 큰 모자, 허름한 옷에 지팡이를 들고 있는 친근해 보이는 신사를 만났다. 전면이 통유리로 되어 있는 커다란 나무 상자 안에 앉아 있는 그 신사는 철학자 제레미 벤담Jeremy Bentham이었다. 자세히 보니 머리와 뼈대 등 그의 유해를 그대로 사용해 만든auto-icon 밀랍 모형이었다. 벤담은 항상 나중에 자신의 실제 머리가 사용되기를 원했으며, 그 머리에서 밖을 내다볼 수 있는 한 쌍의 유리 눈을 주머니에 넣고 다녔다고 한다. 그러나 그의 머리를 미이라로 만드는 데는 성공하지 못했다. 실제 머리를 전시한다는 것이 너무 끔찍해 보여서 밀랍으로 대체되었다고 한다. 벤담은 자신의 시신을 외과 의사 친구인 토마스 사우스우드 스미스Thomas Southwood Smith에게 기증하겠다고 유언장에 명시했다. 그러면서 자신의 시신을, '과학자와 문학가들을 초대하는 강연회에서 인체를 설명하는 도구'로 사용해달라고 제안했다. 그러나 이는 사실 벤담의 정치적 행위였다. 그가 사망한 1832년 당시에는 의학 연구를 목적으로 시신을 보관하는 것은 불법이었기 때문이다. 어쨌든 벤담이 직접 디자인한 이 모형은 1850년 그의 친구 사우스우드 스미스가 시체를 해부한 뒤 남은 유해로 만들었는데, 1850년에 이 모형을 UCL에 기증했다고 한다.

마침내 목적지인 컴퓨터 공학부에 도착했다. 오래된 벤담의 모형과 첨단 과학인 가상 환경을 가르치는 교수의 연구실에서 벌어지는 일들이 극명한 대조를 이루고 있었다.

1962년, 이반 서덜랜드Ivan Sutherland라는 MIT의 젊은 박사과정 학생이 스케치패드Sketchpad를 발명했다. 이 장치를 이용해 사람들은 광 펜light pen으로 컴퓨터 화면에 마음대로 이미지를 그리고 저장할 수 있게 되었다. 혁명적인 기술이었다. 서덜랜드가 세계 최초로 그래픽 사용자 인터페이스GUI를 구축한 것이다. 인간이 힘들게 프로그래밍한 천공 카드와 자기 테이프 릴 대신, 화면을 통해 컴퓨터와 상호 작용하는 것이 가능해진 것이다. 그의 동료이자 VR 개척자인 재런 러니어Jaron Lanier는 다음과 같이 썼다. "스케치패드의 시연은 엄청나게 충격이었다. 역대 최고의 컴퓨터 시연이라고 할 수 있다." 그러나 스케치패드의 발명은 단지 워밍업에 불과했다. 1969년에 서덜랜드는 이른바 '가상 세계'를 볼 수 있는 헤드셋을 만들었다.

서덜랜드의 헤드셋을 '다모클레스의 검'Sword of Damocles이라고 했다. (헤드셋이 너무 무거워서 기둥으로 천장에 매달아놓아야 했는데, 그 모양이 마치 천정에 매달린 검처럼 보인다는 뜻에서 붙은 명칭이었다) 이 거대한 기술은 오늘날의 헤드셋과 비교하면 마치 초기 컴퓨터의 수준이었지만 VR의 필수 구성 요소는 모두 갖추고 있었다. 컴퓨터가 이미지를 생성하면, 디스플레이 시스템이 감각 정보를 제공하고, 추적 자치가 사용자의 위치와 방향을 추적해 이미지를 업데이트한다. 그러면 자연 세계의 데이터가 사용자의 행동에 따라 변화하는 상상의 세계에 대한 정보로 대체되어 헤드셋 착용자에게 보이는 것이다. 메타(페이스북)와 소니처럼 막강한 재정 능력이 있는 회사들의 지원을 받아 가상현실은 오늘날 가전제품 시장의 총아가 되었다. VR 헤드셋이 게임 기술 분야에서 가장 빛나는 새로운 장난감임은 두말할 나위가 없을 것이다. 오늘날 무게가 500g에 불과한 헤드셋은 서덜랜드의 프로토타입과는 비교할 수 없을 정도로 가볍고 편안하다. VR이 제공하는 몰입 경험은 서덜랜드가 발명한 떠다니는 속 빈 상자floating hollow cube에서 수 광년이나 멀리 떨어진 세상처럼 숨이 막힐 정도로 정교하다. 그러나 기술 모델은 본질적으로 다르지 않다. 오늘날 VR 기기에 대한 온갖 미사어구에도 불구하고 기본 원칙에서는 서덜랜드의 아이디어에 큰 변화는 없었다.

가상현실이 얼마나 특별한지 말로 설명하기란 거의 불가능하다. 음악에 대해 글로 쓰는 것은 건축에 대해 춤을 추는 것처럼 부질없는 짓이라는 말이 있는데, VR을 말로 표현하는 것도 마찬가지라고 생각한다. VR의 위력을 이해하려면 실제로 헤드셋을 착용해봐야 한다. VR의 놀라운 점 중 하나는 시나리오가 실제가 아님을 알면서도 마음과 몸이 마치 실제처럼 행동한다는 것이다.

예를 들어, 가상현실 속이라 하더라도 도심 거리 위 수백 미터 높이의 가상 난간 위에 서 있으면 본능적으로 몸이 움츠러든다. 경험이 유발하는 두려움은 인위적인 것과 실제를 구분하지 못한다. 13장에서 더 자세히 살펴보겠지만, 심리학자들에게 이러한 감정적 충실성은 마음이 어떻게 작동하는지 이해하는 데, 그리고 정신 건강 문제를 치료하는 데 무수히 많은 흥미로운 가능성을 제시한다. 하지만 이때만 해도 나는 제대로 인지하지 못했다.

멜 슬레이터 교수의 VR 연구소는 벽이 온통 검은색에다가 두껍고 빛을 흡수하는 커튼까지 쳐져 있고 창문도 없는 지하의 커다란 방이었다. 방 한가운데에는 장방형 공간이 있었는데 바로 이곳에서 마법이 일어났다. 이를 CAVE$^{\text{Cave Automatic Virtual Environment}}$(동굴 가상환경) 라고 하는데 플라톤이 그의 저서 《국가^{Republic}》에서 동굴 벽에 그려진 이미지를 보고 현실을 깨달았다는 구절에서 영감을 받아 따온 이름이라고 한다. VR 동굴에서는 3개의 벽과 바닥에 영상이 투사된다. 입체 안경을 착용한 사용자는 조이스틱을 사용해 선택한 방향으로 이동하면서 가상 환경을 직접 탐험할 수 있다.

멜교수가 미소를 지으며 안경과 조이스틱을 내밀었다. "당신 차례입니다. 아, 그리고 신발을 벗어야 해요." 양말에 구멍이 난 것을 깨닫고 신경이 좀 쓰였지만 CAVE의 벽 안에 자리를 잡고 기다렸다… 무슨 일이 일어날지 전혀 감이 오지 않았다. 갑자기 내가 바닥이 크고 밝은 나무조각으로 만들어진 도서관으로 들어와 있었다. 처음에는 머뭇거렸지만 곧 자신감이 생겨서 새로운 환경을 탐색하기 시작했다. 상자처럼 생긴 파란색 양복에 선명한 빨간색 넥타이를 차고 이상한 직사각형 모양의 검은색 신발을 신은 청년이 나를 향해 걸어왔다. 멜 교수는 이 VR 캐릭터를 '아바타'라고 한다고 설명해주었다. 나중에는 가상의 호프집에 가서 호전적인 아스날 팬들을 만났다. (사실 이 영상은 실제 아스날 서포터 40명을 대상으로 한 흥미로운 사회 심리학 실험의 프로토타입이었다. 멜 교수는 서포터들이 낯선 사람과 동질감을 느낄 때, 그러니까 낯선 사람이 자기들이 응원하는 팀을 응원하는 것을 보았을 때 도와줄 가능성이 더 높은지 여부를 조사하고 있었다. 결론부터 말하자면 '그렇다'였다.) 우리의 느낌에 대해서도 궁금했다. 컴퓨터로 생성된 장면이 잘못된 것은 없었지만, 그렇다 해도 새로운 곳에 와 있다는 느낌이 들었고 뭔가 의미 있는 경험을 했다는 느낌이 들었다. 단순한 빛의 속임수 그 이상이었다.

확실히 멋진 기술이었고 이런 경험은 처음이었다. 심리학자로서 VR을 통해 사회적 상황을 만들고 제어할 수 있는 방식에 흥미를 느끼지 않을 수 없었다. 하지만 멜 교수에게 안경과 조이스틱을 돌려주면서 과연 그렇게 인위적으로 만들어낸 상황이 환자들의 현실적인 반응을 충분히 불러일으킬 수 있는지 궁금하다고 말했다. (사실 내가 그 실험에 빠져 있는 동안 멜, 폼, 엘리자베스가 지켜보고 있었지만, 그들이 내가 몰입감에 빠지도록 어떤 도움을 준 것은 아니었다.) 사용자가 컴퓨터 속의 캐릭터, 즉 아바타를 생각, 의도, 감정을 가진 존재로 볼 수 있을까? 만약 그렇다면, 그동안 불가능하다고 생각했던 것을 할 수 있는 방법이 있으리라는 생각이 갑자기 떠올랐다. 바로 실험실 환경에서 편집증을 관찰하는 것이다.

  이를 알아낼 수 있는 방법이 한 가지 있었다. 우리는 멜 교수의 도서관 공간 영상을 수정해 실험을 설계했다. 책 선반이 벽에 늘어서 있다. 컴퓨터로 생성된 학생들이 두 책상에 앉아 있고, 몇 명은 항상 사용자 뒤에 있도록 배치되었다. 때때로 이 아바타들은 웃거나, 서로를 올려다보거나, 이야기를 나누고 있다. 우리는 그들이 유쾌하게 보이거나 최소한 중립적으로 보이도록 프로그래밍했다. 그런데도 실험 참가자가 그 아바타들을 보고 적대감을 느꼈다면 우리는 그 사람에게 편집증이 있다는 사실을 알 수 있을 것이다. 이 파일럿 연구를 위해 우리는 UCL에서 24명의 학생을 모집했는데, 대부분 컴퓨터 전공자였다. (연구 자금이 없었기 때문에 모든 일을 간단하고 저렴하게 실행해야만 했다.) 그들의 임무는 간단했다. "방을 탐색하고 당신이 그 방에 있는 사람들에 대해 어떻게 생각하는지, 그리고 그들이 당신에 대해 어떻게 생각하는지에 대한 인상을 표출하도록 노력하라." 각 참가자는 VR 도서관에서 5분을 보냈다. 예상한 대로 대부분의 참가자들은 아바타가 친절하고 자신들을 환영하는 경험을 즐겼다. 그러나 소수의 참가자들은 그들이 위협적이라고 인식했다:

"그들은 매우 무지하고 불친절했어요. 때로는 적대적으로 보였고, 때로는 무례하게 보였습니다. 그것은 그들만의 공간이어서 나를 낯선 사람 취급했습니다."

"그들이 내게 나가라고 하더군요."

"어떤 사람은 매우 수줍어했고, 또 어떤 사람은 나를 미워하더군요. 특히 두 명의 여성이 더 위협적으로 보였습니다."

"어떤 사람들은 매우 위협적이더군요."

24명의 자원봉사자 중 9명은 방에 있는 사람 중에는 자신에게 앙심을 품고 있는 사람들도 있었다고 말했다. 13명은 자기 뒤에 있는 사람들이 자신에 대해 이야기하고 있는 것 같다고 생각했다. 이런 사람들은 현실 세계에서도 다른 사람을 의심스럽게 보고 있다고 보고할 가능성이 높다. 가상 도서관을 방문한 참가자들을 인터뷰하면서 나는 많은 것을 깨달았다. 나는 VR이라는 미디어가 얼마나 강력한지 이해하기 시작했다. 사용자들이 컴퓨터가 생성한 캐릭터에 자신의 생각을 정확하게 부여하고, 마치 그 캐릭터들이 실제인 것처럼 감정적으로 반응할 정도로 그것은 매우 매력적이었다. 시각적으로 볼 때 가상 도서관에 있는 아바타들은 꽤 투박해서 포토 리얼리즘과는 거리가 멀었다. 그런데도 이처럼 다양한 반응을 불러일으킬 수 있다는 사실이 놀라울 뿐이었다. 게다가 그런 반응은 우리 모두가 어떤 사건에 대해 주관적으로 해석하고 있다는 사실을 완벽하게 보여주었다. 바로 모든 사람에게 동일한 경험을 제공할 수는 있지만 동일한 반응을 얻을 것이라고 가정할 수는 없는 이유다. 이제 나는 VR이 임상심리학에 가져다줄 수 있는 엄청난 잠재력을 보았다. 이제 나는 VR 신봉자가 되었다. 하지만 한 단계 더 발전해야 할 때가 되었다. 나는 이 주제로 웰컴 트러스트 펠로우십Wellcome Trust Fellowship(생물학, 심리학 등 31개 분야에서 영국 학술기관의 4년제 박사과정을 지원하는 제도―옮긴이)을 신청해 선정되었다. 목표는 VR을 사용해 편집증을 더 잘 알아보려는 것이었다.

가상 지하철

마침내 2006년 여름, 캣 퓨Kat Pugh와 나는 킹스칼리지런던 인근에 사는 사람들을 대상으로 '가상현실에서의 사람들의 반응'에 대한 연구에 참여할 남성과 여성 각 100명씩 모집하는 광고를 냈다. (지난 수년 동안 나는 운 좋게도 매우 재능 있는 심리학 조교들을 뽑을 수 있었는데, 캣은 첫 번째로 합류한 조교였다.) 실제로 이 연구가 편집증에 대한 최초의 대규모 VR 조사가 된 셈이다. 그러나 조현병 등 다른 심각한 정신 장애 병력이 있어 편집증에 대한 취약성이 잠재적으로 높은 사람은 제외했다. 따라서 선정된 사람들은 일반적으로 이 지역의 성인 인구를 대표한다고 볼 수 있었다.

참가자들은 킹스칼리지의 새로운 VR 연구실에 초대되었다. 새 연구실의 크기는 중간 정도였고 벽은 쿠션 처리가 되어 있었다. 머리에 헤드셋을 착용하고 있으면 현재 위치를 잊어버리기 쉽기 때문이다. 우리는 의기양양하게 참가자들에게 최첨단 VR 헤드셋을 착용하는 방법을 보여주었다. 이 헤드셋은 2006년에 새로 나온 최신 제품이었다. 헤드셋과 핸드 한 쌍의 컨트롤러가 있는 오늘날의 VR과는 달리, Virtual Research VR 1280 헤드셋은 고성능 컴퓨터에 케이블이 연결된 기기였다. 사용자의 움직임은 헤드셋에 내장된 카메라(현재는 이 방식이 표준 관행이 되었지만)가 아니라 천장에 설치된 센서들을 통해 추적되었다. 사실 웰컴 트러스트의 지원이 없었다면 이 연구는 불가능했을 것이다. VR 장비 비용만 4만 5,000파운드(약 8,000만 원)가 넘었다. 게다가 VR 컴퓨터 과학자를 충원해야 했다. 하지만 멜 교수가 이번에도 훌륭히 해냈다. 그는 제자 중 한 명인 앵거스 앤틀리Angus Antley에게 우리를 지휘하도록 했다. 앵거스는 VR 소프트웨어를 프로그래밍하고 적합한 하드웨어를 찾았는데, 이 모든 작업에는 상당한 전문 지식이 필요했다. 오늘날에는 불과 몇 백 파운드(몇 십만 원)짜리 헤드셋으로도 동일한(아마도 훨씬 더 뛰어난) 몰입 경험을 얻을 수 있다. 또 컴퓨터에 연결하는 케이블(물론 사용자에게는 보이지 않지만)이 엉킬 걱정도 할 필요가 없게 되었다. 연결 케이블이 있으면 걸려 넘어질 위험이 있다. 케이블이 연결된 VR에서는 사용자와 실험을 감녹하는 사람이 케이블에 걸려 넘어지는 것을 피하기 위해 어색한 춤을 추는 듯한 동작이 나오기도 한다.

  이 실험의 시나리오로 모든 참가자가 익숙할 듯한 상황, 즉 런던 지하철을 타고 있는 상황을 선택하기로 했다. 편집증이 만연한 사회적 상호작용을 충분히 반영할 수 있는 시나리오였다. 그리고 모즐리 병원의 엘리베이터처럼 답답하거나 갇힌 듯한 느낌을 줄 수도 있다. 그런 상황에서는 편집증을 더 자주 유발할 수 있다. (우연히도 우리가 다음에 설계한 VR 시나리오는 엘리베이터 안이었다.) 런던 지하철은 매일 약 200만 명이 이용하는 대중 교통수단이다. 270개의 역과 250마일의 선로, 출퇴근 시간에 500량이 넘는 열차가 운행되는 이 지하철은 세계에서 가장 바쁜 지하철 시스템 중 하나다. 실험의 참가자들은 북적거리는 빅토리아 노선 Victoria line의 두 정거장 사이를 VR로 4분 동안 타는 경험을 했다. 가상 열차에는 컴퓨터로 생성된 승객 몇 명이 타고 있었다. 이전 실험에서와 마찬가지로 이 가상 승객들이 중립적인 행동을 하도록 프로그래밍했다. 참가자들이 일정 시간 동안 이들 아바타를 바라보면 일부는 참가자의 방향을 바라보며 반응하고 일부는 때때로 미소를 짓기도 했다. 그러나 우리는 그 누구도 적대적으로 보이지 않도록 최선을 다했다.

실험이 끝나고 헤드셋을 벗은 후, 참가자들에게 함께 탔던 승객들에 대해 어떻게 생각하는지 물었다. 많은 사람이 아바타 승객들을 그렇게 특별하게 여기지 않았다:

"일반 열차처럼 느껴졌어요. 사람들은 단지 자신이 가고 싶은 곳으로 가고 있을 뿐입니다."

"누구도 나에 대해 관심 있는 것 같지 않았어요. 모두 자신의 일만 하고 있었을 뿐이죠. 아무도 나를 의식하지 않는 것 같았어요."

"그냥 지하철에 탄 사람들일 뿐이지요. 어떤 사람은 웃고 있었고 어떤 사람은 내게 아무런 관심도 주지 않았어요. 모두 자기 일에만 열중하고 있었습니다."

전혀 놀랄 일이 아니었다. 비로 그런 식으로 행동하도록 아바타를 프로그래밍했기 때문이다. 다른 참가자들은 아바타들을 오히려 매력적이라고 생각했다:

"아주 멋진 경험이었습니다. 실제 경험보다 더 좋았어요. 실제 상황에서는 사람들이 자신의 감정을 그렇게 솔직하게 표현하지 않아요. 꽤 친하다고 생각했는데도 말입니다."

"사람들이 대체적으로 매우 친절했어요."

"한 남자가 나를 흥미롭게 보더군요. 괜히 으쓱해졌습니다."

"사람들이 나를 보고 웃어서 기분이 좋았습니다."

"분홍색 점퍼를 입은 남자가 나한테 말을 걸었을 수도 있었는데."

그러나 상당수 참가자늘에게 아바타 승색들은 중립적이거나 우호적이지 않게 보였다. 그들은 승객들이 불쾌하고 위협적으로 보였다:

"남자 두 명은 거만하고 불쾌하게 보였어요. 또 내가 지나갈 때 앉아 있던 아주머니가 나를 비웃었습니다."

"공격적인 사람이 한 명 있었어요. 나를 위협하고 불안하게 만들려는 의도로 보였습니다."

"한 남자는 화난 표정을 지었고, 또 한 남자는 내게 손가락질을 한 것 같아요."

"나를 빤히 쳐다보려는 남자가 있더군요. 하지만 내가 어떤 빌미도 주지 않았어요. 아마도 내게 시비를 걸려고 그랬던 것 같아요."

"한 남자가 아주 수상했어요. 마치 누군가를 폭행하거나, 폭탄을 설치하나, 내게 나쁜 말을 하고 공격적으로 행동하려는 것 같았어요."

200명의 참가자가 모두 같은 것을 보고 들었지만, 그들의 반응은 매우 다양했다. 그렇다면 상황에 반응하는 방식은 사건에 대한 주관적 해석에 따라 결정된다는 것이 분명해 보인다. 우리의 세계와 그 의미를 구성하는 것은 우리 자신이라는 것이다. 하지만 다른 사람의 행동을 해석하는 것은 어려운 일이다. 그들의 의도를 판단할 수 있는 확실한 방법이 없다. 다만 보는 것과 이전 경험을 바탕으로 다른 사람들이 생각하고 느끼는 것을 추측할 수 있을 뿐이다. 그러다 보니 오해하기 쉽다.

우리 실험의 결과가 영국의 〈더 선The Sun〉에 실렸는데, 내용이 매우 참신했다. 이 신문은 '영국인 중 3분의 1은 편집증 환자입니다(걱정하지 마세요. 당신에 대해 말하는 것이 아닙니다)'라고 썼다. 우리의 가상 지하철 타기 실험은 실제로 참가자 중 3분의 1에 해당하는 사람들에게 편집증적 생각을 촉발했다. 그러나 우리는 아바타 때문에 그런 결과가 나온 것이 아니라는 사실을 잘 알고 있었다. 의도적으로 그렇게 하지 않도록 아바타를 프로그래밍했기 때문이다. 실험 결과는 아바타 때문이 아니라 불신이 얼마나 널리 퍼져 있는지를 보여주는 것이다. 아마도 우리 중 대다수는 기본적으로 누군가를 의심하도록 설정되어 있는 듯하다. 위협에 극도로 민감하며, 피해를 예상하고 끊임없이 경계한다. 우리 중 많은 사람이 이런 괴로움에 시달리고 있는 것이다.

 우리 VR 시나리오에 뭔가 특별한 것이 있었던 것일까? 실제 지하철 객차에서라면 사람들은 다르게 반응했을까? 그럴 것 같지 않다. 수십 년간의 연구에 따르면 사람들은 VR환경에서도 실제 생활과 비슷하게 행동하는 것으로 나타났다. 이에 대해 보다 확실하게 짚고 넘어가기 위해 실제 일상생활에서 편집증을 호소한 사람들과 그렇지 않은 사람들의 반응을 VR 환경에서 비교해보았다. 일상생활에서 편집증을 호소한 사람들이 VR 상황에서도 피해망상적 경험을 더 많이 하는 것으로 나타났다.

 나는 우리 실험에서 편집증적 생각을 경험한 사람들에게 또 다른 특징이 있는지 알고 싶었다. 이를 알아보기 위해 VR 실험에 앞서 참가자들에게 90분 분량의 심리 평가를 수행하도록 요청했다. 결과는 편집증에 걸리기 쉬운 사람들이 불안과 우울증에도 더 취약한 것으로 나타났다. 그들은 걱정을 몸에 달고 살았다. 그들은 다른 사람과 비교했을 때 자신이 부적절하고 열등하며 스스로를 약한 존재로 간주하는 경향(이를 전문 용어로 대인관계 민감성interpersonal sensitivity이라고 한다)에서 높은 점수를 받았다. 그들은 자존감도 낮았다. 또 다른 사람들을 부정적으로 생각할 가능성이 훨씬 더 높았다. 예를 들어, 다른 사람들을 사악하고 용서할 수 없으며 불쾌한 존재라고 생각한다. 그들은 또 사고의 유연성이 낮고, 대개 선택지를 고려하거나 상황에 적응하는 능력이나 의지가 떨어졌다. 또 심리학자들이 '지각 이상perceptual anomalies'이라고 하는 것을 경험할 가능성이 더 높았다. 예를 들어 그들은 소리, 빛 또는 냄새에 매우 민감하게 반응하며, 이상한 신체감각을 경험하거나 다른 사람들이 보지 못하는 것을 듣고 보기도 한다. 그들은 또 가족 관계에서도 문제를 겪는 경우가 많다. 하지만 이 모든 특징이 편집증을 이해하려고 노력하는 과정에서 큰 진전을 이루었다. 이 특징들은 내가 점차적으로 구성하려던 심리 모델의 중요한 요소들이다. 이제 편집증에 대한 정의와, 실험실과 지역사회 규모에서 이를 측정할 수 있는 수단이 마련되었으므로, 원인을 이해하기 위해 가속도를 내야 할 때가 되었다.

05.
사람은 믿을 수 없다

2015년 파리 테러는 나와는 상관없는 이야기다. 나는 사랑하는 사람을 잃은 적도 없고, 내 앞에서 총에 맞아 죽는 사람을 본 적도 없다. 하지만 그들이 우리를 위해 오는지 알지도 못하면서 그렇다고 확신하며 바타클랑 근처 술집에 갇혀 보낸 그 시간들이 내 상태를 다시 한번 일깨웠다고만 말해두자.

그래서 나는 필연적으로 광장공포증을 갖게 되었고 대중교통을 타지 않게 되었다. 나는 비행기를 타면 하강할 때 산소를 공급받으며 통로에 누워 있는다. 나는 레스토랑이나 바에 거의 가지 않는다. (그런 곳에 가면 창가에서 떨어진 자리에 앉고 대체로 불안해하며 주의가 산만해진다.) 나는 쇼핑몰, 영화관, 기차역, 광장 같은 곳에도 가지 않는다. 회사에 갈 때는 택시를 타고 앙복하며, 그들이 언제 우리를 주이러 올지 궁금해하며 신문사 사무실에서 온종일 시간을 보낸다. 가끔씩 화재경보기가 울리면, 온몸을 떨면서 건물 밖으로 걸어 나와 집으로 가서 흐느껴 울다가 몇 시간 동안 잠을 자기도 한다. 나는 운이 좋다. 편집자가 이런 나를 아주 잘 이해해주기 때문이다.

나를 두렵게 만드는 또 다른 것들이 있다. 바로 모터 자전거를 탄 사람들, 사람들이 탄 채로 주차되어 있는 자동차, 주인이 없어 보이는 여행가방들, 품이 큰 코트를 입은 사람들이다. 나는 또 머리 위의 비행기를 올려다보면 그것이 하늘에서 떨어질 거라는 생각이 강하게 든다. 크리스마스에는 낮게 나는 헬리콥터 때문에 전신이 마비되는 공포에 사로잡혀 화장실에 꼭 갇혀 있었다.'

작가 리아논 루시 코슬렛Rhiannon Lucy Cosslett은 2010년에 심한 폭행을 당했다. 그 충격으로 그녀는 누군가 어디에서 가해자가 시작한 일을 끝낼 것이라는 두려움에 빠졌다. 코슬렛은 끊임없이 불안에 떨며 악몽에 시달렸고 생생한 폭행 기억으로 고통을 겪었다. 다행히 그녀의 트라우마에 초점을 맞춘 CBT는 그녀의 회복에 큰 도움이 되었다. 하지만 2015년 11월 130명이 숨지고 400명이 넘는 사람들이 부상을 당한 파리 테러 이후, 그녀는 '세상이 나를 죽이려고 음모를 꾸미고 있다'라고 믿게 되었다. 두려움은 잠시도 끊이지 않았다. "깨어 있는 순간마다 거의 죽을 것 같은 느낌이 듭니다."

편집증과 트라우마

안타깝게도 리아논 루시 코슬렛이 겪은 이야기는 너무 흔하다. 보고에 따르면 영국 성인 중 거의 3분의 1이 적어도 한 번 이상 충격적인 사건, 즉 자신이나 가까운 사람이 죽거나 심각한 부상의 위험에 빠지는 사건을 경험한 것으로 나타났다. 어떤 사람들은 그런 경험을 한 후 외상후 스트레스 장애PTSD가 생기기도 한다. PTSD 상태에서는 위험한 상황에서 살아남는 데 도움을 주었던 두려움(이른바 '투쟁-도피 반응fight or flight' response', 위급한 상황이 닥쳤을 때 맞서 투쟁할 것인지 도피할 것인지를 결정한 뒤 그 결정을 이행하기 위한 준비 과정—옮긴이)이 상황이 끝난 후에도 오랫동안 지속된다. 경보음이 계속 울리며 비상 상황이 끝나지 않았다고 생각하는 것이다. PTSD를 겪는 사람들은 과거의 충격적인 사건을 떠올리게 하는 것은 무엇이든 피하려고 노력하지만, 되살아나는 기억에 계속 시달린다. 현재 영국에서는 약 20명 중 1명 꼴로 PTSD를 앓고 있으며, 특히 16세에서 24세 사이의 여성은 거의 13%에 달하는 것으로 보고되고 있다.

과연 과거의 충격적인 사건이 편집증을 유발할 수 있을까? 나는 그 여부가 궁금했다. 그럴 가능성은 매우 높아 보였다. 다른 사람이 의도적으로 가한 트라우마(물론 그렇지 않은 경우도 있지만)가 우리 자신과 다른 사람에 대해 느끼는 방식을 변화시켜 우리를 더 취약하게 만들거나 누군가가 이를 악용할지도 모른다는 불안감을 키울 수 있다고 생각하기 쉽다. 그 질문에 답하기 위해 나는 그 첫 단계로, 가상 지하철 실험에 참여한 200명의 참가자들에게 기존 테스트 외에 트라우마 평가를 추가했다. 놀랍게도 이들 중 70%가 살아오는 동안 적어도 한 번은 충격적인 사건을 경험했다고 응답했다. 이들 중 4분의 1은 어린 시절 신체적 또는 성적 학대를 겪었다고 보고했다. 7.5%는 심각한 아동 성적 학대 피해자였다. 정신병에 대한 CBT의 선구자이자 트라우마와의 연관성을 강조한 최초의 연구원 중 한 명인 임상심리학자 데이비드 파울러와 함께 연구하면서, 트라우마 경험과 편집증적 사고 사이에 매우 명확한 연관성이 있음을 발견했다. 실제로 트라우마를 겪지 않은 사람들보다 트라우마를 경험한 사람들이 피해망상을 보고할 가능성이 2.5배 더 높았다. 하지만 이것은 단면 연구cross-sectional study에 불과했다. 대부분은 몇 년 전에 발생한 일에 대한 참가자의 기억에 의존하는 일회성 스냅샷이었다. 그래서 이 결과만으로는 트라우마가 편집증을 유발하는지 확신할 수 없었다. 그러나 이 데이터는 트라우마에서 편집증으로 이어지는 인과 경로가 있다면 그 경로가 불안감일 수 있다고 생각하기에 충분한 뒷받침이 되었다. 과거의 끔찍한 사건을 겪고 불안해하며 악의를 가진 사람들이 우리에게 해를 가하려 한다는 지속적인 두려움을 유발할 수 있음을 확인할 수 있었다.

그러나 나의 가상 지하철 실험은 2007년 성인 정신병률 조사 APMS에 비하면 그 표본 규모가 너무 작았다. APMS는 영국 일반

인구를 대표하는 7,000명 이상의 사람들을 대상으로 인터뷰를 했다. 4장에서 살펴본 것처럼, APMS 데이터를 분석한 결과 편집증이 널리 퍼져 있음을 확인할 수 있었다. "지난 1년 동안 사람들이 당신에게 적대감을 느낀다고 생각한 적이 있었나요?"라는 질문에는 18.6%가 긍정적으로 답했다. 8%는 다른 사람들이 고의적으로 자신에게 해를 끼치려는 행동을 하고 있다고 느낀 적이 있다고 말했다. 약 2%는 특정 집단이 자신에게 심각한 피해나 부상을 입히려는 음모를 꾸미고 있다고 생각했다고 답했다. APMS의 트라우마 데이터를 살펴보더라도 편집증과의 연관성은 명백했다. 실제로 잠재적인 PTSD 진단을 받은 사람들이 심각한 편집증을 보고할 확률은 그런 진단을 받지 않은 사람들에 비해 27배나 높았다.

폭행에 대한 반응

매년 수천 명이 폭행을 당한 후 응급실에 들어옵니다. 이 연구는 향후 6개월 동안 폭행을 당하는 사람들의 반응을 조사하기 위한 것입니다. 얼마나 많은 사람이 폭행 사고를 당하고 그에 대처하는 데 어려움을 겪는지(예를 들면 그 사건으로 이후에도 계속 고통스러워하는지), 또 얼마나 많은 사람이 상대적으로 그 사건의 고통에서 벗어났는지(예를 들면 더는 그 사건을 거의 생각하지 않고 있는지)를 알고자 합니다. 중요한 것은 그런

다양한 반응을 일으킬 수 있는 요인이 무엇인지 확인하는 것입니다.'

연구 참가자를 위한 지침

트라우마와 편집증이 밀접하게 연관되어 있다는 것은 분명하다. 그러나 트라우마가 정말로 편집증을 유발하는지는 입증하기가 쉽지 않다. 그것을 입증하기 위해 의도적으로 어떤 사람들에게는 실험적으로 트라우마적인 사건을 겪게 하고 또 다른 사람들에게는 겪지 않게 할 수는 없다. 그럼에도 APMS 조사 결과와 가상 지하철 연구 데이터는 확실한 인과관계를 제시해주었다. 즉, 트라우마를 경험한 사람이 편집증이 발생할 가능성이 확실히 더 높았다. 하지만 그 이유가 무엇일까? 나는 트라우마에 대한 심리적 반응이 그 이유일 것이라고 추정했다. 하지만 이를 입증하려면 단면 연구만으로는 부족할 것이다. 따라서 사람들의 생각과 감정이 어떻게 전개되었는지를 알아보기 위해 수개월에 걸쳐 사람들을 추적하는 종단적 접근 방식longitudinal approach을 취하기로 했다. 우리는 2010년에 PTSD 연구 및 치료 분야의 세계적 리더 가운데 한 사람인 앙케 에흘러스Anke Ehlers와 팀을 이루고, 지난 4주 동안 폭행 사건을 당하고 런던 킹스칼리지 병원 응급실에 입원한 성인 106명을 모집했다.

참가자들이 들려준 이야기들은 정말 심각했다. 많은 사람이 다양한 형태의 대치 상태에서 공격을 받았다. 예를 들어, 싸움을 말리려다가 되려 폭행을 당하기도 했다. 약 4분의 1은 무작위 공격의 피해자였다. 예를 들면 백주 대낮에 번화한 거리를 걷다가 한 무리의 소년들에게 뒤에서 습격당한 사람도 있었다. 22명은 폭력배를 만나 가진 것을 빼앗기기도 했다(한 여성은 가방을 빼앗으려는 강도에게 가방을 내주지 않으려고 버티다가 주먹 세례를 당했다). 19명은 친구나 가족과의 일회성 다툼에 휘말렸고, 8명은 직장에서 공격을 당했다. 심지어 자신이 돌보던 소년에게 폭행을 당한 자원봉사자도 있었다. 이들은 이러한 공격으로 꽤 심각한 부상을 입었으며, 106명 중 4명만이 경미한 상처와 타박상만 입고 그 상황에서 벗어날 수 있었다. 심한 구타를 당해 의식을 잃은 사람도 7명이나 되었으며 4명은 내부 장기까지 손상되기도 했다. 폭행을 당한 사람들의 4분의 1 이상은 뼈가 부러졌고, 3분의 1은 머리 부상을 당했으며, 71명은 큰 상처와 타박상을 입었다. 놀라운 사실은 이런 사건의 대부분이 당시 내가 살던 곳 근처에서 일어났다는 점이다. 그들의 이야기를 들으면서 런던 생활을 낙천적으로 바라보았던 나의 태도는 크게 훼손되었다. 예컨대 나는 그때부터 외출할 때마다 수시로 뒤를 확인해야 했으며 해가 저물면 공원에도 나가지 않았다. 과잉 반응일까, 아니면 위험에 합리적으로 대응한 걸까? 응급실 환자를 대상으로 한 우리 연구에 매우 밀접한 관련이 있는 질문이다. 그러니까 '편집증'이라는 용어를 폭행을 당한 사람과 관련해 사용하는 것이 타당한가? 그들이 다른 사람을 두려워하는 것은 너무나 당연한 것 아닌가? 더 이상의 피해를 막기 위한 합리적인 전략이 아닐까? 상황에 따라 다르다. 우리가 알고 싶은 것은 그런 두려움이 어떻게 상시적으로 일반화되느냐 하는 것이었다. 즉 그런 특별한 상황에서 만일을 대비하려는 일시적 불안감이 어떻게 해서 우리를 쇠약하게 만드는 만성적 두려움으로 확대되는지 그 과정을 알고 싶었다. (코슬렛의 경우, 또 다른 공격에 대한 두려움이 전 세계가 자신을 죽이려 한다는 확신으로 커진 것을 보라.)

정당한 두려움과 지나친 불신을 구별하는 것은 평상시에도 어렵지만, 트라우마를 겪은 사람들과 함께 일할 때는 더욱 어려울 수 있다. 우리는 연구 조교 클레어 톰슨Claire Thompson과 나타샤 보론트소바Natasha Vorontsova의 도움을 받아 편집증에 대한 가장 포괄적인 평가를 수행했다. 우리는 환자들이 응급실에 들어온 지 4주가 경과한 뒤 참가자들을 처음 만났다. 그들의 PTSD와 편집증을 평가했고, 3개월 후와 6개월 후에 각각 이를 다시 평가했다. 편집증 평가에는 표준 설문지가 사용되었는데, 참가자들에게 자신을 폭행한 사람에 대한 생각이나 감정을 개입시키지 말라고 주의를 주었다. 우리는 또 그들에게 가상 지하철 시험을 수행했다. 4장에서 설명한 것처럼 가상 열차에 중립적으로 행동하도록 프로그래밍된 컴퓨터 생성 캐릭터를 탑승시켰다. 즉, 그 캐릭터들은 우호적이거나 공격성을 보이지 않고 단지 무표정한 무관심을 나타내도록 프로그래밍되었다. 누군가가 이 아바타로부터 적대감을 느졌다고 보고하면 우리는 그 사람이 편집증을 갖고 있다는 것을 알 수 있었다. 하지만 이것만이 평가의 목적이 아니었다. 우리는 참가자들과 이야기를 나누며 그들이 두려움에서 벗어났다고 믿는지 확인하기 위해 많은 시간을 보냈다. 예를 들어, 그들이 지금도 모든 남성을 두려워하는지, 집 밖에 나가는 것을 여전히 두려워하는지 여부를 확인했다. 그들의 보고에만 의존하기보다는 이런 인터뷰를 통해 그들의 편집증 상태를 평가했다. 그렇게 함으로써 그들이 폭행 가해자들에게 지닌 두려움을 제거했다고 확신했다.

이 실험을 통해 무엇을 배웠을까? 폭행을 당한 지 4주 후에 참가자의 3분의 1이 PTSD 진단과 일치하는 증상을 보였지만, 6개월 후에는 그 수치가 16%로 감소했다. 공격을 받은 지 시간이 경과했으므로 충분히 예상할 수 있는 수치다. 하지만 편집증은 여전히 높게 나타났다. 예를 들어, 4주가 지났을 때 참가자의 80%가 다른 사람을 지나치게 두려워한다고 보고했지만 임상적 수준의 편집증을 보인 사람은 약 10%였다. 우리는 편집증에 대해 다양한 척도를 사용했다. 그들의 이야기가 매우 비슷했기 때문이다. 수 개월의 시간이 경과한 후 처음의 높은 불신은 줄어들었지만 그 폭은 그다지 크지 않았다. 연구가 끝난 후에도 3분의 2에 해당하는 사람들이 여전히 편집증적 생각을 나타냈다. 물론 이들 중 폭행을 당하기 전부터 심각한 편집증을 겪었을 가능성도 있다. 그렇지 않다 해도 참가자들은 폭행 사건 이후 의심이 더욱 커졌다고 생각했다. 여기서 우리가 보고자 하는 것은 트라우마가 신뢰에 얼마나 지속적으로 영향을 미치느냐 하는 것이다. 참가자들은 단순히 또 다른 폭행이 있을까 봐 걱정하는 게 아니었다. 그들은 특별한 이유 없이 일반적으로 다른 사람, 특히 남성을 두려워하게 되었다. 어느 개인이 폭행에 대해 심리적으로 반응하는 방식은, PTSD 유무만을 예측하는 것이 아니라 편집증과도 밀접한 관련이 있다. 이제 우리 반응이 트라우마에서 PTSD로, 신뢰에서 편집증으로 바뀌는 과정을 살펴보도록 하자.

'사람은 믿을 수 없다'

폭행을 당했다고 해서 모든 사람이 PTSD를 겪는 것은 아니다. 그리고 모든 사람이 다른 사람을 항상 불신하게 되는 것도 아니다. 왜 그럴까? 무엇 때문에 그런 차이가 생기는 것일까?

예상했겠지만 중요한 것은 트라우마의 본질이 무엇이냐 하는 것이다. 트라우마가 심각하고, 오래 지속되거나 예측할 수 없고, 다른 사람 때문에 고통을 받은 경우, PTSD가 발생할 가능성이 더 높다. 편집증의 경우, 응급실 실험에 따르면 어떤 공격은 사건이 일어났을 때에는 그리 심하지 않았지만 나중에 편집증이 심하게 나타났다. 우리는 처음에, 집을 떠나 외출해 있을 때 낯선 사람의 공격을 받으면 상시적인 불신이 생길 가능성이 가장 높다는 가설을 세웠다. 그러면 그들에게는 거의 모든 사람과 장소가 위협적으로 보일 것이기 때문이다. 그러나 실제로는 그 반대였다. 집 근처에서 공격을 받거나 아는 사람에게 공격을 받았을 때, 편집증을 유발할 가능성이 더 높았다. 아마도 이런 종류의 사건이 안전에 대한 기대를 급격하게 무너뜨렸기 때문일 것이다. 대부분은 아는 사람과 함께 있을 때나 집에 있을 때는 안전하다고 믿는다. 그런 상황에서 폭행을 당하면 안전에 대한 믿음이 완전히 깨질 수 있다.

하지만 문제는 그렇게 간단하지는 않다. 폭행 사건 자체뿐만 아니라 그것을 어떻게 이해하는지도 중요하기 때문이다. 가장 고통스러운 상황이라 하더라도 그 심리적 영향은 적어도 부분적으로는 반응, 즉 충격적인 사건이 일어났을 때와 그 이후에 어떻게 생각하고 느끼고 행동하는지에 따라 결정된다. (그러나 심리 문제가 우리 잘못이라는 의미가 아니다. 특정 상황에서 지금처럼 반응하는 데에는 거의 항상 그럴 만한 이유가 있게 마련이라는 의미다.)

앙케 에흘러와 데이비드 클라크David Clark의 선구적인 연구 덕분에, 우리는 어떤 종류의 반응이 PTSD로 발전할 가능성이 가장 높은지 알게 되었다. 에흘러와 클라크는 PTSD가, 비록 충격적인 사건은 끝났지만 우리가 여전히 위험에 처해 있다는 믿음에 뿌리를 두고 있다고 주장한다. 왜 이런 일이 발생할까? 여기에는 두 가지 주된 이유가 있다. 하나는 기억과 관련된 것이고, 다른 하나는 자신과 주변 세계를 보는 방식에서 비롯된다. 기억에 대해 먼저 이야기해보자. PTSD는 완전히 잊히지 않은 사건에 대한 기억에서 비롯된다. 마치 '많은 물건을 급하게 뒤죽박죽 밀어 넣어 문도 닫히지 않고 언제든 물건이 떨어질 듯한 찬장'과 같다. 즉, 기억을 제대로 처리하지 않았기 때문에 그 기억이 언제든 다시 침입할 가능성이 있다는 것이다. 색상, 냄새, 대략 비슷한 것 등 트라우마를 상기시키는 작은 감각적 알림만으로도 아픈 기억이 되살아나는 것이다. 그렇게 되면 과거와 현재의 구분이 사라지고 과거의 충격적인 상황으로 다시 이동한다. 리아논 루시 코슬렛의 말을 들어보자. "무언가가 뒤집히더니 나는 다시 그때로 되돌아갔습니다. 그 도로 위에서 그의 손이 내 목을 조르고 있고 나는 비명을 질렀지요." 우리는 무슨 일이 일어났는지 이해할 수도 없고 과거의 사건에 대한 기억을 통제할 수도 없다. 그래서 정상적인 삶을 계속 이어갈 수도 없다. 응급실 실험 참가자들에게 원치 않는 과거의 기억은 PTSD만을 유발할 뿐만 아니라, 지속적인 편집증과도 분명한 관련이 있었다.

그렇다면 기억하고 싶지 않은 괴로운 기억을 어떻게 처리해야 할까? PTSD가 있는 사람들은 어떻게든 찬장 문을 닫고 싶어한다. 그들은 고통에 관해 생각하고 싶지도 않고 그것에 대해 이야기하고 싶지도 않다. 그들은 그 기억을 없애고 싶다. 기억이 너무 고통스러우니 이해할 수 있다. 하지만 그런 노력은 거의 효과가 없다. 더 나쁜 것은 그런 기억이 없어지기는커녕 자꾸 되살아나려고 한다는 것이다. 믿기지 않는다면 지금부터 몇 분 동안 커다란 노란 코끼리만 **빼고** 무엇이든 좋아하는 것을 생각해보라. 어려올 것이다. 계속 노란 코끼리가 생각날 것이다. 고통스러운 기억이 존재하지 않는 척한다고 해서 그 기억과 화해할 수 없다. 생각을 억제할수록 그 기억은 바로 되돌아올 뿐이다. 응급실 실험 참가자들의 경우, 폭행에 대한 기억이 계속 반복적으로 떠오르면서 다른 사람들에 대한 두려움도 강화되었다.

기억 외에 PTSD와 편집증을 유발하는 또 다른 중요한 요인은 트라우마 때문에 자신과 주변 사람들을 바라보는 우리의 관점이 손상을 입었다는 것이다. 다음은 응급실 실험 참가자들이 자체적으로 보고한 진술 중 일부다:

'나는 모자란 존재야.'
'내게 나쁜 일이 일어나는 것을 막을 수 없어.'
'지금의 나쁜 일이 영원히 내게 영향을 미칠 거야.'
'사람들을 믿을 수 없어.'
'누가 언제든 해를 끼칠지 몰라.'
'세상은 위험한 곳이야.'

물론 매우 단정적 진술이다. 두려움과 자책이 단순한 이분법적 명제로 일반화되었다. '나는 허약하고 취약한 존재인 반면 다른 사람들은 강력하고 잔인하다'는 것이다. 이런 측면에서 보면 불신이 그렇게 비합리적인 것만은 아닌 듯 보인다. 사실, 불신은 우리와 더 많은 트라우마 사이에 있는 유일한 것처럼 느껴질 수 있다. 그래서 24시간 내내 보호가 필요하다고 생각하기 쉽다. 누가 언제 해를 끼칠지 모르기 때문에 결코 경계심을 늦출 수 없다. 항상 그런 위협을 피할 수 있는 조치를 취할 준비가 되어 있어야 한다.

실험에 참가한 사람 중 일부는 폭행을 당하기 전에도 이런 비관적인 생각을 했을 수도 있다. 그러나 대부분은 충격적인 사건을 겪고 나서 이런 감정을 느낄 가능성이 많다. 여기서 중요한 것은 개인적 패배감이다. "나는 더는 인간이라는 생각이 들지 않았어요. 정신적으로 완전히 포기한 상태였죠. 한마디로 패배자라는 생각이 들었습니다." 에흘러와 클라크는 이렇게 말한다. "정신적 패배를 경험한 환자는 다른 사람들보다 자신이 겪은 트라우마를 자신에 대한 부정적인 견해(예를 들어 스트레스에 대처할 수 없다거나 가치 있는 사람이 아니라는 생각)의 증거로 해석할 가능성이 더 높습니다. 그들은 트라우마로 인해 피해가 영원히 계속될 것이라고 생각하지요." 신체적으로, 심리적으로, 감정적으로 완전히 패배했다는 느낌을 갖게 되면 극도의 개인적 취약성으로 발전하게 되리라고 추정하기는 어렵지 않다. 자신을 방어할 수 없다면, 끔찍한 일이 재발하는 것을 막을 수 있는 가능성이 없단 말인가?

트라우마는 기억과 우리 자신 그리고 다른 사람에 대해 생각하는 방식을 바꿀 뿐만 아니라 행동 방식도 결정할 수 있다. 트라우마가 있는 사람들은 대개 괴로운 기억을 불러일으키는 장소나 사람을 멀리하는 성향을 보인다. 그러나 이런 태도가 주변에 위험 징후가 있는지 지속적으로 모니터링하는 일종의 과잉 경계를 촉발할 수도 있다. 예를 들어, 응급실 실험 참가자들은 대개 이런 말을 했다. "무슨 일이 일어나고 있는지 항상 볼 수 있어야 마음이 놓입니다", "도움을 요청할 수 있는 전화가 근처에 있는지 꼭 확인합니다", "주변에 의심스러운 사람들이 보이는지 확인합니다", "주변이 안전한지 확인하기 위해 더 신경을 씁니다" 등등. 그들의 이런 전략을 '방어'라고 하는데, PTSD, 불안 장애, 편집증에서 매우 흔히 나타나는 증상이다. (1장에서 로버트가 정부의 감시를 피하기 위해 항상 집 뒤쪽에 숨어 있던 것을 기억하라.)

편집증을 보이는 폭행 피해자들은 자신이 겪은 고통을 상기하는 어떤 것도 피하고 싶었을 것이다. 다시는 그 기억을 떠올리고 싶지 않았을 것이다. 하지만 그 기억이 여전히 그들을 갉아먹고 있다. 자신의 의지와 상관없이 기억이 떠올랐든, 자신이 의식적으로 기억했든 간에, 그들의 마음은 그들을 킹스칼리지 병원으로 오게 만든 그 사건으로 계속해서 되돌아가곤 했다. 과거에 일어난 일에 대한 기억이 계속 되살아나고 앞으로 일어날 일에 대해 끊임없이 걱정하는 것이 바로 PTSD의 전형적인 증상이다. 어떻게 했다면 그 끔찍한 상황을 피할 수 있었을까? 그러기 위해서 어떻게 다르게 행동해야 했을까? 이 모든 일을 다시 겪어야 한다면 이떻게 대치할 것인가? 이런 걱정과 기억이 그들을 트라우마의 순간으로 다시 데려가 고통, 두려움, 절망의 감정을 다시 불러일으키고 과거와 미래에 대한 걱정으로 가득 채운다. 폭행의 순간을 기억할수록 그들은 '자신은 취약한 존재이고 다른 사람은 잔인하다'라고 정의하는 세계에 빠지게 된다. 이런 사고 패턴이 PTSD만을 촉진하는 것이 아니라, 편집증까지 불러일으키는 것이다.

해로운 환경

"내가 좋아하는 밴드의 인스타그램 페이지를 만들었더니 비슷한 관심사를 가진 친구들을 온라인으로 사귈 수 있었어요. 하지만 학교 친구들이 그 페이지를 발견하고 나서부터는 슬픔에 빠지고 말았습니다. 학교 친구들은 내가 나 자신을 표현하는 방식이 자기들과는 다르다고 생각하며 좋아하지 않았을 뿐만 아니라, 내가 자기들과 어울리지 않은 걸 놓고 온갖 욕설을 해댔지요. 나는 왕따처럼 느꼈고 학교에는 늘 나를 놀리는 사람들만 있다는 생각이 들었습니다. 학교가 해로운 환경처럼 보였지요. 남학생들이 떼 지어 지나가는 것을 보면 나의 괴로웠던 학창 시절이 떠오르고 그들이 내게 무슨 나쁜 말을 걸까 봐 걱정이 됩니다."

"나는 직장 상사에게 괴롭힘을 당했어요. 그녀는 늘 내 동료와 쑥덕거리며 함께 점심 먹으러 나가면서 한 번도 나를 함께 데려가지 않았습니다. 자기들끼리 농담하며 웃다가도 내가 끼려고 하면 나를 이상한 사람 보듯 멍하니 쳐다보기만 했지요. 이 모든 사소한 일들이 나를 작아지게 만들고 내가 바보 같다는 생각이 들게 만들더군요. 그녀는 사적으로 만나는 자리에서도 내 성격이나 능력, 업무 성과를 비난하곤 했습니다. 심지어는 내게 어떤 일을 하라고 지시해놓고도 그런 지시를 한 적이 없다며 왜 내게 그 일을 했느냐고 비난하기도 했지요. 나는 극도로 불안에 시달렸고, 퇴근을 하면서도 아침에 다시 출근할 생각을 하면 두려웠습니다."

아마도 학창 시절 따돌림에 대한 기억은 몇 년이 지나도 잊히지 않을 것이다. 당신이 마주치지 않으려고 최선을 다해 피했던 아이들. 만만한 애들을 찾아서 괴롭히며 그들의 삶을 비참하게 만들던 아이들. 이런 기억들은 좀처럼 기억에서 사라지지 않는다. 조사에 따르면 약 3분의 1의 사람들이 학교에서 괴롭힘을 당한 것으로 나타났다. 어떤 사람들은 그 아픈 경험을 절대 잊지 못한다. 문제는 그런 괴롭힘이 학창시절에만 국한되지 않는다는 것이다. 전 세계적으로 적어도 10명 중 1명은 직장에서 괴롭힘을 당하고 있으며, 심지어 5명 중 1명꼴이 되는 곳도 있다.

괴롭힘은 대개는 조잡하고 잔인한 권력 관계에서 일어난다. 그런 관계에서 피해자는 불가항력적인 가해자에 의해 굴욕감을 느낄 수밖에 없다. 그것이 정신 건강에 미치는 영향이 얼마나 파괴적일지 추정하는 것은 어렵지 않다. 불안, 우울증, 자살 충동, PTSD 등은 모두 괴롭힘과 연관된다. 물론 편집증에도 괴롭힘이 중요한 요인인 깃으로 밝혀졌다. 나폴리대학교University of Naples의 게나로 케이톤Gennaro Catone이 주도한 연구에서, 우리는 2000년과 2007년에 1만 6,000명을 대상으로 실시한 영국 성인 정신병률 조사APMS의 데이터를 분석했다. 두 조사 모두에서, 어렸을 때든 성인이 되어서든 괴롭힘을 당했던 사람들은 정신병에서 흔히 볼 수 있는 심각한 피해망상을 경험할 가능성이 더 높았다. 앞서 살펴본 것처럼, APMS같은 스냅샷 설문조사는 일반적으로 인과관계를 탐지하도록 설계되어 있지 않다. APMS가 수행하는 작업은 연관성을 포착하는 것뿐이다. 그러나 2000년 APMS에서는 원래 표본의 일부에 대해 18개월 간의 추적 조사가 포함되었다. 그 후속 데이터에 따르면 괴롭힘과 편집증 사이의 관계는 단순히 연관성에 그치는 것이 아니라 괴롭힘이 있었으면 편집증이 생길 것임을 예측할 수 있을 정도였다. 실제로 괴롭힘을 당했을 경우 편집증이 생길 위험이 두 배나 높았다. 피해자의 취약성을 고려하면 놀라운 일이 아니다. 그 사람이 나에게 그렇게 잔인하게 행동할 수 있다면, 누군가 다른 사람이 그렇게 하지 못하게 하려면 어떻게 해야 할지 궁금해하는 것은 당연하지 않겠는가?

표면적으로 볼 때, 괴롭힘은 무작위적인 악의가 자신과 타인에 대한 감각을 왜곡해 행복을 파괴할 수 있음을 보여주는 완벽한 예다. 그러나 실제로 우연적 행위는 생각보다 영향력이 적다. 적어도 어떤 경우에는 그렇다. 버벡대학교Birkbeck, University of London 뇌 인지 발달 센터Centre for Brain and Cognitive Development의 안젤리카(겔리) 로널드Angelica('Geli') Ronald가 주도한 연구에 따르면, 괴롭힘과 이로 인해 발생할 수 있는 편집증은 부분적으로 유전의 결과일 수도 있다고 한다. 겔리는 1994년부터 1996년 사이에 영국과 웨일스에서 태어난 쌍둥이들을 대상으로 한 쌍둥이 조기 발달 연구TEDS에서 약 5000명에 달하는 쌍둥이들에 대한 데이터를 분석했다.

이 같은 쌍둥이 연구는 이란성(다형성) 쌍둥이와 일란성(단형성) 쌍둥이의 차이점 덕분에, 유전적 영향력을 측정할 수 있는 강력한 방법이다. 이란성 쌍둥이는 분리된 정자에 의해 수정된 분리된 난자에서 발생한다. 모든 형제자매들이 그런 것처럼, 이란성 쌍둥이도 유전자의 50%를 공유한다. 그러나 일란성 쌍둥이는 정확히 동일한 DNA를 가지고 있다. 즉, 단일 난자가 단일 정자에 의해 수정되어 둘로 나뉜 결과다. 정신 질환 발병률이 이란성 쌍둥이보다 일란성 쌍둥이에서 더 유사하게 나타난다면 그 질환이 그들의 유전자에 달려 있다고 합리적으로 확신할 수 있다.

겔리는 TEDS 데이터를 살펴보면서, 어린 시절의 괴롭힘과 그에 따른 편집증 사이에 어느 정도 연관성이 있음을 발견했다. 즉, 어린 시절 괴롭힘을 경험했다면 편집증이 생길 가능성이 더 높았다. 놀랄 일이 아니다. 그러나 그의 연구에서 더 주목할 만한 점은, 괴롭힘을 당할 가능성과 그에 따른 편집증에 유전자가 얼마나 영향을 미쳤느냐 하는 것이었다. 괴롭힘의 경우 유전 가능성은 35%였다. 편집증의 경우에는 유전 가능성이 무려 52%에 달했다. 가장 흥미로운 점은 괴롭힘을 당하는 것과 이후의 편집증 사이의 연관성이 공유하는 유전적 영향에 의해 거의 설명이 가능하다는 것이다. 즉, 괴롭힘을 당하고 편집증적인 생각을 가질 위험을 높이는 유전적 소인이 있다는 것이다.

　이 유전 가능성 수치가 의미하는 것은 무엇일까? 괴롭힘에 대한 그 사람의 감수성의 35%가 유전자의 결과라는 의미가 아니다. 인구 전반에 걸쳐 그런 감수성이 나타난 것의 35%가 아마도 유전적 원인일 가능성이 있음을 말하는 것일 뿐이다. 예를 들어 어느 나라 성인 인구의 키가 5~6피트(152~183cm)이고 키에 대한 유전율이 10%라고 가정해보자. 이 나라는 사람의 키를 결정하는 데 유전자가 사실상 아무런 역할을 하지 않는 나라는 아니지만, 유전율이 10%에 불과하다면 사람들의 키가 유전보다는 주로 환경적인 원인에 의해 달라진다는 것을 보여주는 것이다. 유전 가능성과 관련해 명심해야 할 또 다른 것이 있는데, 이 나라 총리의 키가 5피트 11인치(180cm)이고 총리 부인의 키가 정확히 5피트(152cm)라면, 두 사람의 키 차이 11인치(28cm) 중 몇 퍼센트가 유전적 요인에 기인한다고 볼 수 있을까? 알 방법이 없다. 전부일 수도 있고 전혀 아닐 수도 있고, 그 중간의 어떤 지점일 수도 있다. 유전율 수치는 개인에 대해 아무것도 알려주지 않는다. 단지 인구 전반에 걸친 패턴을 말해줄 뿐이다.

　어쨌든 이것이 하나의 연구일 뿐이지만, 어떤 어린이는 다른 어린이보다 괴롭힘을 당할 가능성이 더 높고 그 후에도 계속해서 편집증이 나타날 가능성이 있는데, 그 이유 중 일부는 유전적이라는 것이다. 삶의 경험이 유전적 요인의 영향도 받는다는 이런 이론을 '유전자-환경 상관관계'라고 한다. 그렇다면 괴롭힘에는 어떤 유전 요인이 작용하는 것일까? 성격일 수도 있다. 우리 대부분은 성격이 꽤 안정적이다. 그리고 성격은 적어도 성인이 될 때까지 크게 변하지 않는 경향이 있다. 그렇다면 그 안정성 중 어느 정도가 유전자에 의한 것일까? 일부 과학자들은 성격이 본질적으로 DNA에 의해 결정되는 생물학적 요인의 산물이라고 주장해왔다. 예를 들어, 한스 아이젠크Hans Eysenck같은 심리학자는 사람의 외향성 수준이 신경계의 기능이라고 주장한다. 실제로 외향적인 사람들이 생리적으로 비교적 둔감하다는 증거가 있다. 그래서 외향적인 사람들은 파티, 경쟁적인 스포츠, 등산 등과 같은, 보다 강력한 감각 자극을 추구하는 경향이 있다는 것이다(연구에 따르면 프로 운동선수나 등산가들은 모두 외향성이 높다고 한다). 반면 내향성 점수가 높은 사람들은 자극이 그렇게 필요하지 않으므로 모험적인 활동을 그다지 추구하지 않는다. 물론 모든 사람에게 이런 생리적 설명이 적용되는 것은 아니다. 그러나 현재 가장 인정되는 추측은 성격의 유전 가능성이 약 40~50%라는 것이다. 따라서 유전적 요소가 상당히 작용하고 있는 것만은 분명하다. 내성적이고 불안해하며 자신에 대해 확신이 없는 어린이가 특히 괴롭힘에 더 노출될 가능성이 높다. 공교롭게도 이러한 성격에서 편집증이 더 많이 나타나는 경향이 있다.

물론 사람이 괴롭힘에 취약하게 되는 것은 단지 유전자로 인한 성격 탓만은 아니다. 유엔아동기금UNICEF는 2016년에 전 세계 18개국의 청소년 10만 명을 대상으로 설문조사를 실시했는데 응답자의 3분의 2가 자신이 괴롭힘의 피해자였다고 보고했다. 그중 4분의 1은 외모 때문에 차별을 받았다고 말했다(외모가 괴롭힘의 가장 큰 요인이라고 발표한 연구도 있다). 또 다른 4분의 1은 괴롭힘의 원인이 민족이나 국적 때문이라고 대답했다. (실제로 이민자 어린이들이 괴롭힘에 특히 취약하다.) 또 다른 4분의 1은 성별이나 성적 취향이 때문이라고 대답했다. 성소수자LGBT 어린이들은 특히 심한 괴롭힘을 당하는 경우가 많다. 뉴질랜드의 한 연구에 따르면 LGBT 학생 중 레즈비언, 게이, 양성애자들은 이성애자 청소년보다 괴롭힘을 당할 가능성이 3배, 트랜스젠더 학생은 5배 더 높은 것으로 나타났다. 어떤 경우든 괴롭힘은 '자신들과 다르다고 생각하는 것'에 대한 처벌이라고 볼 수 있다. 그리고 이런 차별을 당한 사람들에게서 편집증이 더 높게 나타난다는 다른 증거와도 일치한다. 예를 들어 신체적 외모나 민족, 성적 취향에 대한 정확한 유전적 영향은 서로 다르겠지만 일반적으로 중요한 영향을 미친다는 점에는 의심의 여지가 없다.

임상심리학자(당시 나의 박사과정 학생이었음) 제시카 버드Jessica Bird는 연구에서 괴롭힘과 편집증 사이의 연관성에 대한 더 많은 증거를 제시했다. 제시카는 2019년에, 그녀가 다녔던 레스터셔Leicestershire의 중학교로 돌아와 11세에서 15세 사이 학생 800명에게서 데이터를 수집했다. 이 조사에서도 편집증이 꽤 널리 퍼져 있는 것으로 나타났다. 예를 들어, 32%의 학생들이 낯선 사람이 자신에게 무슨 짓을 할지 모른다는 걱정을 수시로 한다고 응답했다. 30%는 적어도 일주일에 두 번은 다른 사람들이 고의로 자신에게 거짓말을 하고 있다고 생각했다. 4분의 1은 학교 친구들이 자신을 환영받지 못하는 존재로 느끼게 만든다는 의심을 자주 한다고 나타났다. 23%는 자신이 언제든지 공격을 받을지 모른다고 믿었고, 5명 중 1명은 어디를 가든 안전하지 않다고 말했다. 이들에 대한 조사는 적어도 우리가 아는 한, 다른 조사와 크게 다르지 않았다. 영국의 어느 다른 학교도 레스터셔 중학교와 크게 다르지 않을 것이며 어떤 다른 학생들을 조사했어도 비슷한 결과가 나왔을 것이다.

편집증을 보고한 십 대들은 자신이 괴롭힘을 당했다고 말할 가능성이 더 높았다. 그러나 괴롭힘으로 인한 피해의식은 편집증과 관련한 수많은 불행한 경험 중 하나에 불과했다. 편집증을 겪는 학생들은 제대로 자지 못했다. 자신의 신체 이미지에 관해 많이 걱정했으며 친구들과 우정을 쌓는 데도 애를 먹었다. 기본적으로 그들은 어느 정도 우울하고 불안한 증세를 보였다. 어린 학생들이 편집증을 비롯한 여러 어려움에 취약하게 된 것은 바로 이런 정서적 문제 때문이었다. 물론 어른들에게서도 이런 현상을 많이 봐왔다. 기분이 좋지 않으면 불신도 커지게 마련이다 (이에 대한 자세한 내용은 8장에서 다룰 것이다.) 자신감이 흔들리면 두려움도 커진다. 세상이 온통 암울하고 위험한 곳으로 보이기 시작한다. 반면 회복력은 종이처럼 얇게 느껴진다.

성인의 경우 전반적인 편집증 비율은 남성과 여성이 비슷하지만 어느 정도 차이는 있다. 심각하게 의심을 하는 편집증 증상은 여성보다 남성에게서 상대적으로 더 높게 나타나는 경향이 있다. (예를 들어 '지난 1년 동안 사람들이 당신에게 심각한 해를 끼치거나 해를 입히려는 음모를 꾸미고 있다고 생각한 적이 있는가?' 하는 질문에 대한 답변에서). 반면 가벼운 편집증의 경우는 여성이 상대적으로 더 높게 나타난다. ('지난 1년 동안 사람들이 당신에게 적대감을 갖고 있다고 생각한 적이있는가?'라는 질문에 대한 답변에서). 그러나 레스터셔 중학교의 십 대 중에서는 소녀들에게서 편집증이 더 심각한 것으로 나타났다. 하지만 놀라운 일이 아니다. 일반적으로 남학생보다 여학생이 사회적으로 더 불안하고, 소외될까 봐 더 걱정하고, 다른 사람을 신뢰하지 않는 경향을 보이기 때문이다. 삶에서 청소년기보다 사회적 관계가 더 중요하게 여겨지고, 탐색하기가 더 어려워 보이는 때는 없을 것이다. 일반적으로, 불안과 우울증의 비율은 청소년기 남성보다 청소년기 여성에서 훨씬 더 높게 나타난다. 심지어 두 배 이상 높다고 보고한 연구도 있다.

특히 여성이 일상적으로 겪는 괴롭힘과 폭력 문제가 있다. 유감스럽지만 이 주제에 관한 대규모 데이터 몇 가지를 예로 들자면 다음과 같다. 2021년 UN 여성에 대한 영국의 초당적 그룹 APPG에 따르면 영국 여성의 71%가 어떤 형태로든 공공 장소에서 성희롱을 경험했다고 보고하고 있다. 18~24세 사이에서는 그 비율이 86%에 달했다. 이 연령층에서 어떤 식으로든 괴롭힘을 당한 적이 없다고 답한 여성은 3퍼센트에 불과했다. 미국에서는 여성 5명 중 1명 이상이 일생 동안 강간을 당했거나 강간하려는 시도를 경험한 적이 있다고 보고했다. 그중 80%는 25세 이전에 발생한 것으로 나타났다. 또 여성의 43%는 강간, 성적 강요 또는 원치 않는 성적 접촉으로 정의되는 '성폭력'을 경험한 적이 있다고 나타났다. 이런 통계들을 고려하면, 레스터셔 중학교의 10대들 소녀들이 사이에서 가장 흔한 편집증적 공포가 낯선 사람이 그들에게 성폭행을 가할지도 모른다는 두려움임을 이해하는 것은 어렵지 않다.

'그들이 나를 죽일 거예요'

제시카가 지역 NHS의 정신 건강 서비스에 참여한 11~17세 청소년 12명과 나눈 대화에서, 고질적인 성희롱과 폭력이 젊은 여성의 세계관에 어떤 영향을 미칠 수 있는지는 충분히 입증되었다. 제시카는 300명을 평가 대상으로 삼았던 더 큰 규모의 연구에서 심한 편집증을 보인 12명(남학생 3명, 여학생 9명)을 선정했다.

처음에 300명의 젊은이들이 불안과 우울증 때문에 실험에 참석했는데, 그중에서 심한 편집증을 보인 비율이 꽤 높았다. 다른 사람들이 고의로 자신에게 거짓말을 하고 있다고 느끼는 학생이 절반이 넘었고, 40% 이상은 낯선 사람을 두려워했다. 또 35%는 주변 어디에서나 안전하지 않다고 느꼈다. 이 비율은 전반적으로, 레스터셔 중학교 학생들보다 두 배나 높은 수치였다. 그러나 편집증은 이들의 임상 기록에 문제로 기재되지 않았으며, 치료사와 두려움에 대해 논의한 참가자는 한 명뿐이었다. 이른바 정신건강 전문가들 사이에서도 과도한 불신이 얼마나 흔한 증상인지, 다른 심리 문제와 어떤 관련이 있는지 아직 제대로 파악하지 못했다는 점을 보여주는 또 하나의 사례였다.

옥스퍼드셔에서도 편집증은 남학생보다 여학생에게서 훨씬 더 흔하게 나타났다. 41%는 편집증이 다소 높아졌다고 보고했지만 남학생의 경우 다소 높아졌다고 보고한 학생들은 24%에 그쳤다. 이번에도 개인의 안전에 대한 두려움이 큰 것으로 나타났다. 실제로 우리가 인터뷰한 12명의 청소년들 모두 다른 사람들, 특히 낯선 사람들이 자신에게 신체적 해를 끼칠까 봐 걱정하고 있었다. 심지어 10명은 납치될지 모른다고 두려워했다. 9명의 여학생 중 5명이 남성에게 성폭행을 당할까 봐 두렵다고 대답했다:

그런 두려움이 생길 수밖에 없잖아요. 뉴스에 늘 나올 뿐만 아니라 요즘 그런 일이 너무 많이 일어나고 있으니 말이에요. 엄마나 할머니도 항상 조심하라고 말씀하세요. 특히 내가 여자이다 보니 나는 성차별주의자는 아니지만 여자들이 폭행의 대상이 되는 경우가 더 많은 것 같아요. (클로에, 14세)

나는 남자를 믿지 않아요… 그들이 내게 너무 가까이 다가오면 '오, 이런. 그들이 날 데려가려 하네. 나를 납치하려고 하나? 어쩌면 나를 공격하거나 죽일지도 몰라' 하는 생각이 들어요. (케이티, 16세)

성폭력의 대상이 여성인 것이 일반적이지만, 신체적 공격의 경우 젊은 남성도 위험에 처할 수 있다는 점을 명심해야 한다. 남학생들 사이에서 편집증은 그렇게 높지는 않지만 여전히 걱정스러운 수준이다. 예를 들어 2022년 3월 영국 통계청 발표 자료에 따르면, 남성이 여성보다 폭력 범죄의 피해자가 될 가능성이 더 높다고 보고하고 있다(남성은 2.2%, 여성의 1.6%). 아마도 가정 폭력이 크게 축소 보고되었기 때문일 것이다. 또 노인들보다 젊은 사람들이 폭력 위험에 더 크게 노출되는 경향을 보였다. 조사에 따르면 18~24세의 경우 3%, 25~34세의 경우 2.9%가 폭력 범죄를 경험한 것으로 나타났는데, 65~74세의 0.6%에 비해 크게 높은 수치다.

우리는 어른이 되면서 이 세상이 어렸을 때 보았던 것만큼 항상 온정적인 곳이 아니라는 사실을 깨닫는다. 16세의 소피는 이렇게 말한다. "그러니까 우리는 성장할 수 있는 세상에 살지만 안진힌 곳은 이닌 것 같아요. 나 자신도 지킬 수 없는 세상이기 때문에 늘 조심해야 하니까요. 지리면서 점점 각자 상황에 마주치게 될 텐데 실제로 그런 상황에 어떻게 대처해야 할지 모르니 더 무서워집니다." 클로에의 말대로, 우리가 가족, 친구, 미디어로부터 배우는 교훈 가운데 하나는 남자는 변덕스럽고 불쾌하며 신체적으로 위험한 존재이고, 여자가 특히 취약하다는 것이다. 16세인 메건Megan도 "내게 남자들이 접근하면 기분이 나빠져요. 마치 내가 문란한 여자처럼 느껴지거든요"라고 말한다. 특히 여자아이들은 어디를 가야 하고 누구와 함께 가야 하는지, 그런 상황에서 어떻게 행동해야 하는지(심지어 어떤 옷을 입어야 하는지까지) 등, 상황에 맞게 행동을 고쳐야 한다는 사실을 이해하게 된다. 늘 경계를 늦추지 않으며 다른 사람을 의심하고 조심한다.

옥스퍼드셔에서 제시카 버드가 인터뷰한 청소년들은 과도한 두려움이 어떤 피해를 초래하는지를 너무나 잘 알고 있었다:

친구들과 같이 밖에 나가 즐거운 시간을 보낼 수 있어야 한다고 생각해요. 납치나 살해 같은 걱정을 할 필요도 없어야 하고요. 나는 겨우 15살이고 어린 나이이기 때문에 그런 걱정거리를 안고 살아서는 안 된다고 생각합니다. 할 수 있을 때 인생을 즐길 수 있어야 하니까요. (홀리, 15세)

소셜 미디어에서 사람들이 친구들의 파티에 가거나 그저 함께 어울려 지내는 것을 보면 안심이 되지는 않아요. 사람들이 그런 행동을 해도 된다는 믿음이 없기 때문이지요. 하지만 집에만 있으면 정말 슬퍼집니다. 그래서 나가고 싶은 마음에 전전긍긍하다가 더는 그런 불안에 대해 신경 쓰지 않기로 했어

요. (에밀리, 16세)

청소년들로 하여금 안전을 지키는 데 필요한 기술을 개발하도록 돕는 동시에 그들이 선택한 삶을 영위할 수 있도록 힘을 불어넣어주는 것은 정말 어려운 문제다. 더욱 중요한 것은 수많은 청소년과 성인들을 위험에 빠뜨리는 남성의 행동을 어떻게 억제할 수 있느냐 하는 것이다.

리아논 루시 코슬렛의 말로 이 장을 마치고자 한다. 몇 달 간의 인지 행동 치료와 약물 치료를 받은 끝에 코슬렛의 편집증과 PTSD는 말끔히 사라졌다:

나는 다시 밖으로 나간다. 비행기도 탄다. 햇볕이 잘 드는 광장에 나가 앉는다. 바에 가서 식사도 한다. 출퇴근 시간에는 지하철도 탄다. 더는 죽음을 두려워하면서 동시에 영원히 없어질 것 같지 않은 두려움을 멈추기 위해 다가오는 차량 앞에 몸을 던지려는 모순을 안고 살지 않는다. 이 모든 것이 기적 같다.

06.
편집증은 타고나는 것일까?

"모든 사람들, 특히 십 대들은 나를 좋아하지 않아요. 그들은 나를 놀리려고만 한답니다."

마이클 앨런Michael Allen은 보험 회사에서 파트타임으로 일하고 있는 60세 노인으로, 결혼해서 낳은 여러 명의 자녀는 모두 성인이 되었다. 우리는 런던 남부 크로이든Croydon에 있는 주간 NHS 진료소에서 그를 만났다(당시 나는 정신의학연구소에 근무하고 있었다). 대화를 나누는 동안에도 그의 눈은 마치 당장 무슨 문제라도 생길 것을 예상이라도 하듯 탈출구를 찾는 것처럼 초조하게 상담실 주변을 이리저리 살피고 있었다.

"그들이 당신을 어떻게 놀리려 하던가요?"

"나를 보고 소리를 지릅니다. 비웃기도 하고요. 가끔 길에서 저랑 마주칠 때도 있어요."

"생각나는 최근 사례가 있으면 말씀해주세요."

"오늘 아침에도 그랬어요. 선생님을 만나러 오는 버스에서요."

"무슨 일이 있었나요?"

'나는 버스 아래층 앞자리에 앉아 있었지요. 나는 혼자서 위층에 올라가거나 버스 뒷자리에 앉는 걸 싫어하니까요. 그런데 이 아이들이 내게 달려드는 소리가 들리더군요. 뭐가 그렇게 재미있는지 모르겠지만, 낄낄 웃으면서 이런저런 말을 했지요. 그러는 게 한두 번도 아니기 때문에 그러려니 하지만 속상한 건 어쩔 수 없었어요."

"무엇 때문에 그들이 당신을 비웃고 있다고 생각하시나요? 달리 생각할 수도 있지 않을까요?"

"비웃고 있다는 생각이 드니까요." 그는 소심해 보이긴 했지만 단호한 미소를 지으며 말했다. "하지만 알아요. 그렇다는 걸 금방 알 수 있어요."

"청소년들이 왜 유독 당신에게만 그런다고 생각하시나요?"

그는 잠시 말을 멈추더니 다시 한번 방을 둘러보았다.

"모르겠어요. 내가 만만하게 보였나 보지요. 아니면 누군가가 내게 저주를 걸었는지도 몰라요. 내가 어려서부터 까탈스러운 데가 있었어요. 좀 반항적이기도 했고요. 때로는 남에게 불친절하게 굴기도 했습니다. 아마도 그 때문에 벌을 받고 있는 건지도 모르겠어요."

니기 알렌 씨를 처음 만났을 때 그는 30년 동안 편집증을 겪고 있었다. 요즘 그의 불신은 지역 청소년들에게 집중되는 경향을 보인다. 뿐만 아니라 그는 이웃들이 그를 괴롭히기 위해 자신의 집에 감시 장비를 설치했다고 생각하고 있었다. 하지만 그의 아내와 가족들은 그가 착각하고 있다고 생각했다. 그의 의심을 뒷받침할 어떤 증거도 찾지 못했기 때문이다. 그럼에도 알렌 씨는 자신이 괴롭힘을 당하고 있다고 확신하고 있었다. 첫 만남에서 나는 그에게 자신의 생각이 얼마나 확고한지 0에서 100까지 점수를 매겨달라고 요청했다. 그는 전혀 망설임 없이 힘차게 고개를 끄덕이며 대답했습니다. "100%입니다."

알렌 씨는 밤낮을 두려움에 빠져 살았다. 두려움은 단 한시도 그를 떠나지 않고 그를 사로잡고 있었다. "아무 이유도 없이 두려움이 머릿속에서 솟아오릅니다. TV를 보거나, 요리를 하거나, 잠자리에 들려는데 갑자기 두려움이 일어나지요. 내가 두려움을 통제하지 못하니 두려움이 나를 통제한답니다."

"그런 생각이 당신을 기분 나쁘게 만들 것 같은데요?"

"끔찍하지요. 배도 아프고, 슬프기도 합니다. 울고 싶기도 하고요."

그래도 집에서는 안전하다고 느꼈기 때문에 알렌 씨는 아내 없이 집을 떠나는 것을 점점 꺼려했다. 그는 내게 "마치 포로가 된 듯한 느낌이에요. 하지만 내가 달리 무엇을 할 수 있겠어요?"라고 말했다. 직장에 가는 것도 그에게는 어려운 일이 되었다. 그리고 어떤 때에는 일을 할 수도 없었다. 그래서 직장을 잃을지 모른다는 걱정거리가 하나 더 생겼다. "직장까지 잃어버리면 어떻게 될까요? 내 나이와 이력을 보면 다시는 일하지 못할 것 같습니다." 그는 사회적으로도 사람들을 거의 만나지 못했다. "외출을 많이 하지 않으니 곧 잊히겠지요. 친구들은 계속 앞으로 나아가는데. 물론 그들을 비난하지는 않아요. 아무도 내 문제를 다루고 싶어하지 않습니다." 무엇보다도 그는 아내가 자신의 문제로 인해 수년 동안 '부담'을 짊어져야 했던 것에 대한 죄책감에 시달렸다. "아내에게는 너무 힘든 일이지요. 아내는 정상적인 삶을 누릴 자격이 있어요. 그래서 내 마음이 더 아픕니다."

알렌 씨가 말하고 있는 이른바 '외로움'은 정신병을 앓는 사람들에게 흔히 나타나는 증상이다. 게다가 내가 만나는 환자 중 상당수는 미혼이다. 그들은 이루고 있는 관계는 기껏해야 작은 소셜 네트워크(대개는 가족들로만 구성되어 있지만) 뿐이다. 정신병 증상을 처음 겪는 사람들도 크게 다르지 않다. 독일 킬대학교 University of Kiel 교수이자 심리학자인 올리버 순더만Oliver Sündermann이 런던 남부 지역에서 첫 정신병 증상으로 치료를 받은 사람들을 대상으로 실시한 연구에 따르면, 3분의 1이 자신의 생각과 감정을 공유할 사람이 없다고 대답한 것으로 나타났다. 다시 말하지만, 드문 일이 아니다. 다른 연구에서도 처음 정신병 진단을 받은 사람들이라 하더라도 보통 일반인들에 비해 친구가 부족할 가능성이 7배 더 높은 것으로 나타났다. 순더만의 연구에 참여한 사람들(주로 젊은 남성들임)은 친구나 가족을 일주일에 4번 만나는 것으로 조사되었다. 물론 모든 사람들이 많은 사회적 접촉을 필요로 하는 것은 아니며 양보다 질이 더 중요하긴 하지만, 순더만의 연구에 참여한 사람들은 수시로 외로움을 느꼈고, 외로움을 느낄수록 더 많은 정신적 문제를 경험하는 것으로 나타났다.

알렌 씨는 아내에 대한 걱정을 이야기하면서 정신병이 가져오는 또 다른 전형적인 결과, 즉 간병인에게 가해지는 희생을 강조했다. 안드레스 에스트라데Andrés Estradé와 줄리아나 온우메르Juliana Onwumere가 주도한 연구와, 테렌스 맥켄Terence McCann과 그의 동료들이 진행한 호주 프로젝트에서도 이런 목소리를 들을 수 있다. 대부분은 가까운 친척, 주로 부모 또는 배우자가 이들의 간병을 맡는다. 하지만 다음과 같은 충격적 진단에 대비되어 있는 사람은 아무도 없다. "평범하고 행복하게 자라던 아이가 조현병으로 어떻게 그렇게 완전히 무능력해질 수 있는지, 우리는 그런 충격과 절망감에 전혀 대비할 수 없었습니다. 처음부터 우리가 조현병에 대해 알았더라면 어떤 쓸모 없는 일이라도 다 했을 텐데 말입니다(지푸라기라도 잡았을 텐데 말입니다)" 사랑하는 사람에게 무슨 일이 일어나고 있는지 이해하려는 필사적인 시도를 하는 간병인은 이런 죄책감에 시달릴 수 있다. "나 자신을 책망했습니다. 누군가는 이 잘못을 책임져야 한다고 생각했으니까요." 마치 낯선 사람과 함께 사는 듯한 느낌이 들 수도 있다. "그렇게 매력적이고 자신감 있고 친절하고 분별력 있고 인기가 많았던 그녀가 편집증 때문에 사회적으로 은둔자가 되고, 무뚝뚝한 사람이 되고, '혼자 중얼거리는 사람'이 되었습니다." 상실감도 극도로 커질 수 있다. "죽은 사람에 대한 슬픔은 고통스럽더라도 궁극적으로 어느 정도의 평화와 수용이 가능합니다. 그러나 곁에 있으면서도 다가갈 수 없는, 살아 있는 사랑하는 사람에 대한 슬픔은 이루 말할 수 없이 고통스러운 외로움과 비현실적인 특성을 가지고 있습니다." 내가 알던 그 사람은 도대체 어디로 갔단 말인가? 언제나 다시 돌아올 수 있단 말인가? "나는 신디Cindy가 나를 보고 내 드레스가 예쁘다며 내가 너무 아름답다고 말하던 그 순간을 잊을 수 없습니다. 그게 바로 신디가 '실제로' 한 말이니까요. 그 애는 사랑스럽고 너그럽고 재미있고 총명한 내 딸이었습니다."

정신병 환자뿐만 아니라 간병인도 자신의 세계가 극적으로 축소되는 것을 발견한다. "가장 크게 변한 것이 사회생활입니다. 언젠가부터 우리가 친구나 친척들과 함께 있는 장소에서도 남편은 그들이 자신에 대해 음모를 꾸미는 것을 들었다는, 말도 안 되는 말을 하기 시작했지요[…] 결국 우리 친구들 대부분은 점차 멀어졌습니다." 세상에 자기 혼자 뿐이라는 생각이 들 수도 있다. "가족 중에 정신병을 앓는 사람이 생긴 새로운 상황에서, 사랑도 지원도 없었을뿐더러 어디서 도움을 받아야 할지도 몰랐습니다. 이 부담을 함께 나눌 수 있는 사람이 없었지요. 정신병 때문에 생긴 모든 변화가 낯설고, 예측이 불가능하고, 무서웠습니다." 뿐만 아니라 간병은 사람을 지치게 만든다. "간병은 육체적으로, 정서적으로, 정신적으로 매우 힘든 일이지요. 그로 인한 스트레스가 너무 큽니다."

정신병이 있는 사람들이 의료 서비스로부터 필요한 도움을 받지 못한다는 인식은 상황을 더욱 어렵게 만든다. "[나는] 그 모든 것에 좌절했고 완전히 지쳤죠. 하지만 누군가를 비난하고 싶지는 않습니다. 전체적인 시스템이 문제라고 생각하니까요[…]. 뭔가를 하기도 전에 안 될 것이 뻔하다는 생각이 들어서는 안 된다고 생각해요." 결국 역시 '안 되는 일이구나'하는 생각이 들면 간병인은 사회에서 완전히 외톨이가 되었다고 느낄 수 있다. "마치 내가 투명 인간이라도 된 느낌이었어요. 아무도 내게 신경을 쓰지 않았으니까요." 그들이 원하는 것은 누군가 내 이야기에 귀를 기울여주고 내가 사랑하는 사람의 치료를 도울 수 있는 전문가의 안내를 받는 것이다. "하나씩 하나씩 알아가야 했던 그 길고 고통스러운 과정을 겪지 않고도 남편의 병이 무엇인지 이해할 수 있도록 누군가가 도와주는 사람이 있었다면, 피할 수 없는 악순환에 빠지기 전에 남편의 병에 대해 내가 몰랐던 것을 알려주었더라면, 많은 고통을 피할 수 있었을 것이라고 확신합니다."

나는 거의 매일 간병인으로부터 자신과 사랑하는 사람 모두를 위해 도움을 받을 수 있는 방법을 묻는 질문을 받는다. 그들은 또 가족 구성원이 간병을 할 수 없을 때 어디로 문의해야 하는지도 알고 싶어 한다. 때로는 간병인이 편집증 환자에게 보호자가 아니라 위협이 될 수 있기 때문에 상황은 더욱 심각하다. 사랑하는 사람이 등을 돌린 것처럼 보일 때 당신은 어떻게 하겠는가? 사랑하는 사람이 당신을 의심한다면? 자신을 염탐하고 있다거나 비방한다거나 몰래 음식에 약을 첨가하고 있다고 의심한다면? 물론 그런데도 간병인이 사랑과 믿음으로 환자를 대한다면 환자에게 큰 변화를 일으킬 수 있다는 것은 의심할 여지가 없을 것이다. "내 직계가족이야말로 내가 가진 가장 큰 자산이자 내 삶의 가장 중요한 부분입니다. 그들은 내가 누구인지 알뿐만 아니라 내 모든 것을 받아들입니다. 그들은 투병 기간 내내 나를 지지해주었고, 앞으로도 내가 다시 일어서서 '정상적인 삶'을 살게 될 때까지 나를 지지해줄 것입니다."

불신도 유전일까?

알렌 씨는 어려운 어린 시절을 견뎌내며 자랐다. 그는 부모님이 턱없이 부족한 수입으로 여섯 자녀를 키우느라 많은 고생을 했다고 회상했다. "그들은 정말 힘든 삶을 살았습니다. 항상 여러 가지 일을 하곤 했지요. 두 분 모두가 그랬습니다. 하지만 우리는 좋았어요. 형제들은 서로를 잘 보살펴주었지요. 우리가 남과 다르다고 생각하지도 않았고, 힘들다고 해서 누구를 비난하지도 않았지요. 그렇게 살 수밖에 없었으니까요. 불평도 하지 않았습니다." 하지만 상황이 항상 그렇게 좋은 것은 아니었다. 알렌 씨는 늘 부모님의 관심이 부족했다고 회상했다. "부모님이 주로 밖에서 일하셨기 때문에 우리는 부모님을 자주 뵙지 못했습니다. 일을 마치고 집에 돌아오면 부모님은 완전히 지쳐 있었지요. 그러다 보니 대화도 거의 하지 못했습니다. 그냥 그렇게 살았지요."

나는 알렌 씨가 틀림없이, 자신의 운명에는 아무도 관심을 갖지 않는 세상에 던져진 버림받은 존재라고 느꼈으리라 생각한다. 이런 유년 시절의 역경이 인생 후반에 생긴 편집증의 원인이 되었을까? 아니면 유전자를 통해 부모에게서 물려받은 취약성이 있었다고 봐야 할까? 만약 그럴 가능성이 조금이라도 있다면, 유전이 불신에서 어떤 역할을 하는 것일까? 아니면 편집증은 단지 삶의 경험에서 나온 것일까?

심각한 정신 건강 장애는 주로 생물학적인 것, 즉 뇌 결함이나 손상 또는 질병 때문이라는 견해는 수백 년 전부터 있었다. 이것이 정신 건강에 대한 생각을 지배해온 주장이었으며, 오늘날에도 여전히 큰 영향력을 미치고 있다. DNA가 발견되기 훨씬 오래전부터 '뇌질환'이 부모에게서 아이에게 전달될 수 있다고 주장하는 사람들이 있었다. 19세기 후반, 이런 생각은 우생학적인 관점을 분명하게 가지고 있었다:

> 부모의 정신이상으로 아이가 물려받은 정신이상 신경증은 확실히 육체적 본성의 결함이며, 간질 신경증도 마찬가지다. 어떤 사람은 아무리 많은 훈련과 교육을 받아도 동물 수준밖에 안 될 만큼 선천적으로 정신이 결핍된 상태로 태어난다. 논쟁의 여지가 없는 분명한 사실이다. 나는 또, 어떤 사람들은 악한 조상의 영향을 받아 천성적인 결함이나 비뚤어진 마음을 가지고 태어나기 때문에 세상이 아무리 그들을 보살피더라도

악한 사람이 되거나 범죄를 저지르거나 미치는 것을 막을 수 없다는 것도 그에 못지 않게 사실이라고 생각한다. 그 누구도 그가 태어난 유기체의 폭정에서 벗어날 수 없으며, 그 누구도 타고난 운명을 피할 수 없다…

이 글은 영국의 대표적인 정신과 의사인 헨리 모즐리Henry Maudsley가 1873년에 쓴 것이다. (모즐리는 런던 카운티 의회에 3만 파운드를 기부하면서 정신 질환의 조기 치료를 위한 병원 건립을 추진했다. 내가 오랫동안 일했던 바로 그 병원은 모즐리가 런던 카운티 의회에 처음 기부금을 낸 지 16년 만인 1923년에 마침내 문을 열었다. 그가 세상을 떠나고 5년이 지난 후였다. 모즐리는 수많은 영향력 있는 책을 출판했고, 정신병 분야를 필수 의학 학위에 포함시키기 위해 많은 노력을 기울였으며, 정신과 간호사를 위한 국가 훈련 계획을 도입하는 등, 정신 건강 치료를 열정적으로 옹호했다. 그러나 정신병 치료에 대한 접근성을 높이려는 그의 결심에도 불구하고 당시에는 정신 건강 문제의 원인에 대한 암울한 관점이 완고하게 자리잡고 있었다. 특히 빅토리아 시대 사회에서 그런 암울한 관점이 만연했다. 럭비 스쿨Rugby School(잉글랜드 워릭셔주의 럭비 마을에 있는 사립학교로 럭비 경기가 처음 시작된 곳—옮긴이)의 교장이었던 토마스 아놀드Thomas Arnold는 마치 성경에 나오는 선지자처럼 다음과 같이 선언했다. "아버지의 죄 때문에 그 종족의 타락의 대가로 자녀에게 벌이 내려지는 것은 우리가 바꿀 수 없는 하나님의 섭리다." 그러나 모즐리는

'정신 질환 천성'을 물려받은 사람도 의사의 치료를 받을 수 있고, 배우자를 신중하게 선택하면 자녀들이 같은 운명을 겪게 될 가능성을 줄일 수 있다고 주장했다. 다만 정신 질환과 관련된 천성이 가족 전체에 지속된다면 결국 자연이 개입해 후손들을 불임이 되게 만듦으로써 '인종의 영구적인 타락'을 막아줄 것이라고 생각했다.

심각한 심리 문제가 생물학적 원인에서 초래되는 경우가 많다는 사실은 근래에 시작된 정신의학의 근본적 신조였다. 정신의학은 앞서 3장에서 살펴본 것처럼 신경증(예를 들어 불안과 우울증)과 정신병을 체계적으로 구분했다. 신경증은 삶의 경험으로 인해 발생하는 심리 문제로 간주했고, 정신병은 생물학적 질병의 결과로 이해했다. 1913년에 칼 야스퍼스Karl Jaspers는 정신과 의사들에게 이 두 가지를 혼동하지 말라고 경고했다:

> 병리학적 증상은 양파처럼 층층이 쌓이지만, 퇴행성 증상은 가장 바깥쪽 층을 형성한 다음 안쪽에 있는 과정적 증상(조현병)으로 이동하며 마지막으로 기본적 증상을 유기적으로 포괄하는 가장 깊숙한 층을 형성한다. 개별 환자를 조사하는 과정에서는 가장 깊숙한 층이 중요하다. 처음에는 히스테리로 보였던 것이 다발성 경화증으로 밝혀졌고, 신경쇠약으로 의심되었던 것은 실제로는 마비였고, 전형적 우울증은 [생물학적] 과정이었다.

앞서 말했듯이 그동안 우리는 편집증을 정신병적 증상, 즉 신체적 질병의 결과로 간주해왔다.

그러나 편집증을 심리적 현상으로 보고 생물학적 해석을 하려는 열정은 결코 사라지지 않았다. 하지만 그런 열정이 꽃피기 시작한 것은 현대 유전과학이 출현(그리고 1970년대 뇌 스캐너의 개발)한 이후였다. 2003년에야 비로소 인간 게놈 지도 작성이 완성되면서 신체적 질병과 관련된 수백 개의 유전자가 확인되었다. 그러나 심리적 장애의 경우 그 발전 속도가 훨씬 느렸다. 예를 들어 아직까지도 우울증이나 불안을 유발하는 몇 가지 별개의 유전자가 있다고 믿는 사람은 그렇게 많지 않다. 상황이 훨씬 더 복잡해진 것이다. 그러나 대부분의 심리적 특징에서와 마찬가지로 정신 장애에서도 유전자가 어느 정도 역할을 한다는 것은 분명하다. 예를 들어 우울증의 경우 유전 가능성은 약 40%로 추정된다. 이 수치는 불안 장애와 유사하다. 섭식 장애의 경우 유전 가능성은 약 50%다. 알코올 장애는 60%까지 올라간다. 하지만 우울증의 유전 가능성이 40%란 말은 개인 우울증의 40%가 반드시 유전적 원인이라는 의미가 아니라는 점을 유념해야 한다. 단지 영국 전역에 걸쳐 우울증 환자의 40%가 아마도 유전적일 가능성이 있다는 의미일 뿐이다. 다시 말하지만 유전율은 개인에 대해 아무것도 말해주지 않는다. 인구 전반의 패턴을 나타내는 수치일 뿐이다.

몇 년 전 나는 대학 위원회 회의에서 저명한 행동 유전학자인 로버트 플로민Robert Plomin 옆에 앉게 되었다. 회의가 잠시 중단되어 막간의 시간이 났을 때, 나는 그에게 유전자가 편집증에 영향을 미치는지 알고 싶다고 말했다. 수년에 걸쳐 조현병에 대해 많은 유전적 연구가 수행되었지만, 나는 구체적으로 편집증에 대해 알고 싶었다. 과연 불신도 '타고난' 것일까? 사실 내 질문은 그와의 연구 협력을 타진해보려는 속 보이는 시도의 일환이었다. 다행히 로버트는 천성적으로 호기심이 많은 사람이었다. 그는 "함께 알아봅시다"라고 대답하면서, 전에 그의 박사과정 학생 중 한 명이었던 젤리 로널드와 연락할 수 있도록 도움을 주었다. 젤리는 당시 버벡대학교의 뇌 인지 발달 센터의 떠오르는 스타였다.

젤리가 주도하는 연구에서 우리는 로버트의 '쌍둥이들의 조기 발달 연구'에 참여한 잉글랜드와 웨일스 출신의 5059쌍의 청소년 쌍둥이의 정신병적 경험을 분석했다. 이 분석에서 편집증의 유전 가능성 수치가 50%라는 것을 발견했다. 조현병의 유전율 80%보다는 훨씬 낮은 수치였지만, 불안 장애의 유전율과는 비슷했다. (편집증과 불안 사이의 유사성을 고려하면 우연이 아닐 수도 있다.) 놀랍게도 TEDS 연구에서는 심각한 편집증은 유전 가능성과 아무런 관련이 없다고 보고한 바 있다. 하지만 임상 수준의 피해망상을 불러일으킨 동일한 유전자가 일상적인 불신에도 작용했을 가능성이 높았다. 다른 정신병과 마찬가지로 편집증도 연속적인 경험의 연장선에 존재한다는 생각을 더 뒷받침한다. 조현병 진단을 받은 사람들이 경험하는 편집증은 일상적인 불신이 연장선의 극단에 달한 예일 뿐이다. 원인과 이를 지속시키는 요인은 본질적으로 다른 정신병과 동일하다.

겔리는 몇 가지 잠재적인 유전자를 식별했지만, 어떤 유전자가 편집증을 유발하는지는 아직 밝히지 못했다. 그러나 다른 심리적 장애와 마찬가지로, 몇 가지만 명확해지면 많은 유전자가 관련되어 있음을 발견하게 될 것이다. 물론 개별적인 유전자는 영향력이 작을 수 있다. 그러나 여러 유전자의 영향이 결합되면 전체적으로 결정적인 유전 요인이 될 수 있다. 하지만 편집증 정도의 50%가 유전자에 의한 것이라면 나머지 50%는 어디서 오는 것일까? 가장 단순한 대답은 환경적 요인의 결과일 수 있다는 것이다. 이런 맥락에서 볼 때, 환경이란 태아가 착상된 순간부터 닥치는 모든 것을 포괄하는 매우 광범위한 용어다. 그러나 편집증의 경우는 특정 유형의 경험(특정한 환경)이 특히 중요한 영향을 미치는 것으로 보인다. 스톡홀름 카롤린스카 연구소Karolinska Institute의 마크 테일러Mark Taylor의 연구에서 우리는 TEDS 데이터로 되돌아가 특히 다섯 가지의 영향을 주의 깊게 살펴보았다. 바로 괴롭힘, 대마초, 흡연, 비정상적인 특정 사건(관계 붕괴, 범죄 피해 등), 저체중 출산 등이다. 앞 장에서 살펴본 바와 같이, 괴롭힘이나 폭력 범죄의 영향에 대해서는 익히 잘 알게 되었을 것이다. 괴롭힘이나 폭력 범죄를 포함해, 이 다섯 가지 삶의 경험이 모두 편집증을 유발하는 데에는 유전자보다 더 큰 영향을 미치는 것으로 밝혀졌다. (대마초와 담배에 대해서는 뒤에 더 논의하겠지만, 저체

중 출산의 경우는 산과적 합병증obstetric complications이 편집증과 어떤 관련이 있을 수 있는 것으로 보인다. 산과적 합병증은 저체중 아기를 출산할 뿐만 아니라 뇌 발달에도 영향을 미칠 수 있다.) 스웨덴의 아동 및 청소년 쌍둥이 연구에서 수행한 6,435쌍의 쌍둥이에 대한 데이터를 면밀히 조사했을 때도 같은 현상이 발견되었다. 결국 우리 중 누군가는 유전적으로 편집증에 취약할 수 있다는 말이다. 그러나 그렇다 하더라도 위에 언급한, 편집증을 촉발하는 다섯 가지 삶의 경험이 없다면 유전적 성향은 잠복되어 있을 수 있다(이를 유전자-환경 상호작용이라고 한다). 물론 유전적 요인이 없는 사람들이라도 해로운 삶의 경험만으로 충분할 편집증이 나타날 수 있다. 예를 들어, 어린 시절 내내 괴롭힘을 당했다면 편집증에 걸리기 쉽다. 다시 말하지만 유전자 구성은 해로운 환경보다 상대적으로 중요하지 않다는 얘기다.

고무 뱀 실험

처음 태어난 아기는 사람을 구별할 수 없고, 실제로 사람과 사물도 거의 구분하지 못한다. 그러나 첫 번째 생일이 지나면 아기는 이미 사람을 평가할 수 있는 능력을 갖추게 된다. 친숙한 사람과 낯선 사람을 빠르게 구별할 뿐만 아니라, 친숙한 사람 중에서도 가장 좋아하는 한두 사람을 즐겨 찾는다. 그리고 그런 사람들을 기쁘게 맞이하고 그들이 떠나면 따라다니고 눈에 보이지 않으면 찾는다. 그들이 갑자기 없어지면 불안과 괴로움을 겪다가 다시 나타나면 언제 그랬냐는 듯이 위안을 얻고 안정감을 회복한다. 이런 것들을 바탕으로 아기의 정서적 삶이 구축되는 것으로 보인다…"

존 볼비 John Bowlby, 정신과 의사이자 심리학자

우리는 아이들이 부모에게서 두려움을 배운다는 것을 알고 있다. 실제로 아이들은 어른들이 어느 특정 상황에서 어떻게 대응하는지를 보고 따른다. 프리데리케 게룰Friederike Gerull과 로널드 라피Ronald Rapee는 호주의 어린이 30명을 대상으로 실시한 녹색 고무 뱀(입을 벌리고 송곳니를 드러낸 모양을 한 90센티미터 길이의 뱀 모형)과 검은색, 녹색, 보라색 고무 거미 실험에서 이를 깔끔하게 입증했다. 게룰과 라피는 아이들의 엄마들에게 이런 물건들이 든 상자를 보여주며 상자 안에 있는 물건을 만져보고 느낌(두려움, 혐오감, 행복감 등)을 표현해달라고 요청했다(상자 안에 있는 물건 알아맞히기 게임). 그다음에는 아이들에게 똑같이 요청했다. 물론 엄마들이 아이들의 반응에 간섭하지 않도록 했다. 아이들이 어떻게 반응할지 예측하는 것은 너무 쉬운 일이었다. 아이들은 엄마들이 앞서 보였던 반응과 똑같은 반응을 보였다. 그들의 엄마가 낙천적이고 격려적인 반응을 보이면 그 아이도 그런 반응을 보였고, 엄마가 두려움이나 혐오감을 보이면 아이들도 그 장난감을 만지려 하지 않았다.

아이들이 부모가 하는 행동을 얼마나 능숙하게 따라 하는지를 보면, 불신(결국 불신도 불안이나 두려움의 한 형태로 생각할 수 있다)도 학습될 수 있다는 것은 매우 설득력이 있다. 이런 교훈은 아이들에게 그렇게 행동하도록 의도적으로 말로 전달할 수도 있고, 아니면 아이들의 관찰을 통해 의도치 않게 전달될 수도 있다. 그러나 암묵적이든 명시적이든, 어렸을 때부터 다른 사람들은 신뢰할 수 없고 사악하며 위험한 존재라고 배운다면 성장하며 그런 세계관을 떨쳐버리기가 어렵다. 실제로 우리 중 상당수가 그런 관점을 가지고 성장하게 된다는 징후도 있다.

1997년 한 덴마크 여성이 맨해튼에서 체포되었다. 죄목이 무엇이었을까? 바로 남편과 술을 마시려고 들른 식당 밖에 14개월 된 아이를 유모차에 낮잠을 재운 채 그대로 방치했다는 것이었다. 아네트 쇠렌센Anette Sørensen은 식당 창문을 통해 딸의 모습을 계속 확인했다고 말했다. 그러나 경찰이 출동했고 부모 모두 아동 학대 혐의로 기소되었다. 쇠렌센은 알몸 수색을 받고 감옥에서 36시간을 보내야 했다. 미국에서는 이런 쇠렌센이 분별력이 없고 태만한 어머니로 보도되었지만, 정작 덴마크 언론들은 쇠렌센이 오히려 희생자라고 보도했다. 쇠렌센은 언론에 다음과 같이 말했다. "내가 학교 다닐 때부터 뉴욕에 살았다면 도시 어느 곳에서든 유모차를 함부로 둘 수 없다는 것을 알았을 겁니다. 하지만… 나는 코펜하겐에 살았고 딸아이도 코펜하겐에서 낳았어요. 나는 덴마크에서 자란 사람입니다… 덴마크에서는 보통 그렇게 하니까요. [미국에서는] 사람들이 두려움 속에 살고 있어요. 아이들도 놀이터에서 혼자 놀 수 없게 되어 있죠."

물론 그 말이 일리가 있을 수도 있다. 2021년 영국의 연구원들은 영국에서 부모들이 대개 11살이 될 때까지는 어린이들을 보호자 없이 밖에서 놀게 하지 않는다는 사실을 발견했다. 반면 부모들은 아이들이 9살이 될 때까지만 그렇게 해왔다고 보고했다. 이 연구를 이끈 레딩대학교University of Reading 아동심리학과 헬렌 도드Helen Dodd 교수는 "이전 세대보다 지금 세대의 아이들이 더 심하게 보호받고 자유가 덜 허용되는 경향이 있다는 사실을 분명히 알 수 있었다"라고 말했다. 아이들이 이전 세대만큼 밖에 나가 놀지 않는 것이 무슨 문제가 될까? 영국 NHS 건강 조사에 따르면 2021/22년 기준, 입학 연령 아동(만 4~5세)의 10.1퍼센트가 비만이었고, 12.1%는 과체중이었다. 10~11세 연령에서는 23.4%가 비만이었고 14.3%가 과체중이었다. 게다가 이런 추세는 계속 상승세에 있다. 여기에는 많은 요인이 작용하겠지만, 밖에서 놀지 않고 보다 많은 시간을 집 안에서 앉아서 생활하는 생활 방식이 그중 하나일 가능성이 높다.

또 밖에서 노는 것은 신체 건강에만 중요한 것이 아니다. 헬렌 도드는 다음과 같이 말한다. "아이들이 스스로 위험을 평가하고 관리할 수 있는 능력을 개발할 충분한 기회를 갖지 못한 채 초등학교를 마치는 것을 봅니다. 이는 이 아이들이 자라서 청소년이 되었을 때에도 나쁜 영향을 미칠 수 있습니다." 그런 아이들은 과장된 위험의식을 갖고 자라기 때문에 불신이 반사적으로 반응하게 될 가능성이 훨씬 더 높다. 실제로 2022년 영국에서 실시한 조사에서 다른 사람을 신뢰할 수 있다고 대답한 비율은 절반도 되지 않았고(46%), 미국에서는 40%에도 미치지 못했다. 물론 두려움을 나타내는 이런 수치는 환경에 따라 매우 다르게 나타난다. 예를 들어 스웨덴에서는 거의 3분의 2가 대부분의 사람들을 신뢰할 수 있다고 느꼈고, 노르웨이에서는 거의 4분의 3이 사람들을 신뢰할 수 있다고 대답했다. (최근에 실시된 세계 신뢰도 조사 World Trust Survey에서 가장 낮은 순위를 차지한 국가는, 사람들을 신뢰할 수 있다고 생각한 응답자가 2%에 불과한 짐바브웨였다.)

또 범죄율에 대한 인식을 생각해보자. 2016년(데이터를 사용할 수 있는 가장 최근 연도)에는 영국 성인의 60%가 지난 12개월 동안 범죄가 증가했다고 생각했다. 하지만 실제로는 6% 감소했다. 미국의 갤럽 연례 조사에서도 대부분의 미국인은 매년 범죄가 증가하고 있다고 믿고 있었다(실제로는 감소하는 추세다). 2022년 조사에서도 응답자의 78%가 전국적으로 범죄가 증가했다고 생각했다. (아직 실제 수치는 발표되지 않았다. 미국의 범죄 수치가 실제로 증가했을 가능성이 있지만, 범죄에 대한 사람들의 인식이 실제 현실과 거리가 꽤 멀다는 점을 고려하면 이번에도 그런 인식은 틀렸을 가능성이 높다.) 우리는 국가 범죄율을 과대평가하는 경향이 있을 뿐만 아니라 개인적 취약성에 대해서도 과장된 감각을 가지고 있다. 예를 들어, 영국 성인의 9%가 강도를 만날까 봐 걱정을 많이 한다고 대답했다. 실제 발생한 범죄율보다 무려 30배나 높은 수치다(2016년 3월까지의 회계연도에 강도 피해 범죄율은 0.3%에 불과했다.) 미국의 2022년 조사에서도 미국인의 56%는 자신이 살고 있는 지역에서 이전 12개월보다 범죄가 더 많이 발생했다고 믿는 것으로 나타났는데, 1972년 이후 가장 높은 수치다. 40%는 강도를 만날까 봐 걱정했고(전년보다 7% 증가) 36%는 운전 중 공격을 받을까 봐 두려워했고(역시 7% 증가) 29%는 살해당할지 모른다는 불안감을 느끼고 있었다(이전 조사에서는 22%였음).

부모가 다른 사람들에 대해 이처럼 비관적인 생각을 갖고 있으면 그런 생각에 따라 자녀를 양육할 가능성이 높다. 게롤과 라피의 실험에 등장한 엄마들처럼 그들은 무의식적으로 자신의 불안감을 표시할 수 있다. 그러면서 과잉보호라고 생각될 수 있는 양육 스타일을 추구할 수 있다. 그렇다면 부모의 경계심이 이처럼 높을 경우, 편집증이 있는 아이가 태어날 수 있을까? 옥스퍼드대학교의 뛰어난 박사과정 학생인 포피 브라운Poppy Brown은 이 질문의 답을 찾기 위해 1만 명이 넘는 미국 청소년을 대상으로 2010년 대규모 전국 청소년 동반 장애 조사National Comorbidity Survey - Adolescents를 실시하고 설문 결과를 분석했다. 이 조사의 설문이 너무 광범위해서 인터뷰하는 데 평균 2시간 30분이 걸렸지만, 설문에는 편집증에 대한 매우 간단한 척도가 포함되어 있었다. 브라운은 참가자들에게 '사람들이 가끔 뒤에서 나를 놀린다'라는 설문에 동의하는지 물었다. (이 한 가지 질문이 별것 아닌 것 같고 그래서 질문이 더 많으면 좋아 보일 수 있지만, 사실 이 질문은 편집증 정도를 측정하는 합리적이고 효과적인 수단이다.) 브라운은 그다음에 영국 옥스퍼드셔의 성인 1286명을 대상으로 같은 설문조사를 실시하고 그 결과를 확인했다.

미국 청소년 참가자 중 23%, 영국 옥스퍼드셔 성인 참가자 중 18%가 편집증적인 생각을 갖고 있다고 보고했다. 이런 종류의 생각이 일반 대중에게 얼마나 널리 퍼져 있는지를 다시 한번 상기시키는 계기가 되었다. 물론, 특히 미국 청소년들의 경우, 이렇게 응답한 사람들은 자신들의 부모가 지나치게 보호적이었다고 보고한 비율이 더 높았다. 그렇다면 여기에 인과관계(상관관계)가 있는 것일까? 하지만 이 데이터에서는 그것을 알 수 있는 방법이 없다. 사실 이 연구는 첫 번째 단계에 불과하다. 그러나 과잉보호에 가까운 양육이 아이에게 취약성을 심어줄 수 있다는 것은 어느 정도 설득력이 있는 것 같다. 내가 그렇게 무기력하지 않거나 세상이 그렇게 위험하지 않다면, 엄마 아빠가 나를 그렇게 걱정하지는 않으셨을 텐데….

물론 편집증에는 이 외에 다른 형태의 양육 방식이 더 큰 영향을 미쳤을 수도 있다. 심리적 문제는 거의 항상 다양한 요인의 산물이기 때문에 한 가지 양육 방식만으로는 충분하지 않다. 그리고 실제로 과도한 불신을 경험하는 많은 사람이 문제없는 양육을 받았을 가능성도 있다. 그런데도 영국과 미국의 설문조사에서는 알렌 씨처럼 차갑고 무관심하고 학대적인 양육을 견뎌왔다고 보고한 사람들이 편집증적 생각을 갖고 있다고 보고할 가능성이 더 높았다. 신뢰 측면에서 가장 해로운 것은 어머니의 무관심과 아버지의 학대(언어적 또는 신체적)였다. 예를 들어, 아버지로부터 많은 언어 학대(모욕, 욕설, 고함, 비명, 때리겠다고 위협 등)를 경험한 사람들은 그렇지 않은 사람들에 비해 편집증을 보고할 확률이 4배 이상 높았다. 다시 말하지만, 그렇다고 해서 포피 브라운의 연구가 이런 양육이 아이들에게 편집증을 일으킨다는 것을 증명한 것은 아니다. 포피의 연구는 전체 영화가 아닌 스냅샷을 제공한 것이며, 스냅샷은 사진 속 여러 요소 간 관계를 측정하는 좋은 방법이 아니다. 하지만 사실일 가능성은 있다.

문제는 이런 종류의 부모 행동이 우리가 생각하는 것보다 더 흔해 보인다는 점이다. (~처럼 보인다고 말하는 이유는 설문조사 참가자들이 보고한 내용을 계속 더 지켜봐야 하기 때문이다. 아직까지는 그들이 응답한 내용을 확증하지 못했다.) 미국 청소년 참가자의 29%와 영국 성인 참가자의 18%가 어머니에게서 과잉보호적인 양육을 받았다고 보고했다. 또 미국 청소년 참가자의 15%, 영국 성인 참가자의 25%가 아버지로부터 가끔 또는 빈번하게 언어 폭력을 당했다고 보고했다. 또 영국 참가자의 16%(미국 청소년 참가자의 경우는 4%에 불과했다)가 아버지가 '밀거나, 멱살을 잡거나, 밀치거나, 무언가를 던지거나, 때리는' 경우가 가끔 또는 자주 있었다고 보고했다.

음모론(남이 자신을 해하려는 음모를 꾀하고 있다고 생각하는 것)

에 대해서도, 미국의 어느 대규모 조사에서 양육이 영향을 미친다는 추가 증거가 제시되었다. 셰필드대학교University of Sheffield의 저명한 편집증 연구자인 리처드 벤톨Richard Bentall의 도움을 받아, 전국 동반 장애 후속 조사National Comorbidity Survey - Replication의 일환으로 2001~2002년에 미국인 5645명을 상대로 실시한 인터뷰 내용을 분석했다. 참가자 중 4분의 1 이상이 "세상의 많은 일 뒤에는 음모가 있다고 확신한다"라는 설문에 동의했다. (물론 트럼프 대통령과 큐어넌QAnon 이 등장하기 훨씬 이전의 일이다.)(큐어넌 - 딥 스테이트deep state라는 비밀 조직이 미국과 세계의 경제, 정치, 통치권을 장악하고 국가 전복을 노리는 음모를 꾸미고 있으며 트럼프만이 이를 해결할 수 있다고 주장하는 미국의 극우 단체—옮긴이)

이런 사람들은 어린 시절부터 친부모와 함께 살지 않았거나 장기간 집을 떠나 사는 등 잠재적으로 파괴적인 양육 경험을 보고하는 경우가 많았다. 이들은 또 부모가 자주 때리거나, 밀쳤거나, 멱살을 잡았거나, 무언가를 던졌다고 응답하는 비율이 더 높았다. 다시 말하지만, 아이들은 이런 경험들로부터 어른들은 신뢰할 수 없다는 것을 배운다. 그런 부모들은 자녀의 행복보다는 자신의 욕망을 우선시한다. 심지어 아이들을 해칠 수도 있다.

이런 경험들이 주는 교훈은 암울하다. 아이들은 스스로를 취약한 존재라고 생각하며, 심지어 가장 가까운 사람들조차도 기꺼이 자신의 취약성을 이용한다고 생각한다. 그렇다면 이런 양육을 받은 아이들에게 불신이 나타나는 것이 당연하지 않겠는가?

07.
피곤하면 모든 게 더 나빠져요

…새벽 3시, 잊어버리고 보내지 않은 소포 꾸러미는 사형 선고를 받은 것만큼이나 비극적이고 치료법은 효과가 없다…
영혼의 어두운 밤은 매일같이 항상 새벽 3시다.

《신경쇠약》The Crack-Up(1945), F. 스콧 피츠제럴드 F. Scott Fitzgerald.

"잘 주무셨나요? 대체로 밤에 잠은 잘 주무시나요?"
앤드류는 볼을 불룩하게 부풀리며 말했다.
"솔직히 말하면 아니에요. 전혀 좋지 않아요."
사실 놀라운 일이 아니다. 앤드류는 지쳐 보였다. 우리는 다른 사람에게 해를 입을까 두려워하는 그를 상담하기 위해 왔지만, 눈 밑의 다크 서클을 보면 해결해야 할 또 다른 문제가 있는 것이 분명하다.
"보통 몇 시간 정도 주무시는데요?"
그가 쓴웃음을 지으며 말했다.

"많이 부족하지요. 대개 잠드는 데 시간이 꽤 걸립니다. 밤에도 깨어 있을 때가 많으니까요. 이런저런 걱정으로 마음이 싱숭생숭 하거든요."

"그럼 낮에는 좀 주무세요?"

앤드류가 고개를 끄덕였다. "네, 하지만 낮에 자고 싶지는 않아요. 하루를 망치니까요. 뭐 하나 제대로 할 수가 없어요. 삶이 완전히 망가졌습니다."

"우리가 잘 자도록 도와드릴까요?"

그는 즉석에서 단호하게 대답했다. "물론이에요. 제발 그렇게 해주세요." 앤드류가 활짝 웃었다. "언제 시작할 수 있나요?"

내가 진료소에서 보는 대부분 환자들은 앤드류와 똑같다. 그들은 편집증 때문에 나를 찾았지만 잠을 제대로, 그리고 충분히 자지 못한다. 모두 아는 바처럼, 잠을 제대로 자지 못하면 그 피해가 이만저만 큰 게 아니다. 며칠 동안만 잠을 설쳐도 기분이 곤두박질할 것이다. 뿐만 아니라 불안해지고 스트레스를 받아 울적해질 것이다. 일상적인 집안일이 불가능한 도전으로 바뀔 수도 있다. 환자들은 잠이 부족하면 행복에도 피해를 준다는 사실을 잘 알고 있는데도(바로 우리의 안심 프로그램에 수면 개선 모듈이 포함되어 있는 이유다), 정작 대부분의 정신 건강 전문가들은 이 자명한 사실을 받아들이는 데 이상하리만큼 시간이 많이 걸렸다. 뿌리 깊은 문제다.

수면 습관을 깨뜨릴 수 있다고?

1933년 1월, 뉴욕 주립 정신의학연구소New York State Psychiatric Institute의 임상의 지그프리드 카츠Siegfried Katz와 카니 랜디스Carney Landis는 특이한 제안을 받았다. 어느 날 한 24세의 남자(카츠와 랜디스는 그를 Z라고 불렀음)가 찾아와 잠은 단지 습관일 뿐이며 언제든 깨뜨릴 수 있다고 주장했다. Z는 카츠와 랜디스가 직접 지켜보는 앞에서 일주일 이상 잠을 자지 않고 지내는 실험을 하자고 제안했다. Z는 일주일 동안 잠을 자지 않은 후에 어느 시점에서 '두 번째 호흡'을 할 것이며 그 이후로는 어떤 어려움이나 노력 없이 하루 24시간 깨어 있을 수 있다고 주장했다. 그러면서 그는 이것이 '인류에게 유익할 것'이라고 덧붙였다. 자신의 이론을 따르면 사람들이 잠 자는 습관을 깨뜨림으로써 활동 수명이 적어도 3분의 1은 더 늘어날 것이라는 것이다. 약간 걱정스럽긴 했지만 카츠와 랜디스는 이 제안을 받아들였고, Z는 긴 시간 동안 잠을 자지 않는 여정에 들어갔다.

카츠와 랜디스는 Z가 깨어 있는지 확인하기 위해 '경비원 순회 시계와 열쇠'를 지급했다. Z는 10분마다 열쇠를 돌려 시계의 종이 띠에 타임 스탬프를 찍도록 했다. 카츠와 랜디스는 10일간의 실험 기간 동안 정기적으로 다양한 생리학적, 심리적 테스트를 수행했다(이 기간 동안 Z는 단 5시간 25분간 낮잠을 잤다). 테스트 중 일부는 도중에 중단되었다. Z의 타이핑 능력 평가는 5일째에 더는 지속할 수 없었다. 눈의 통증이 너무 심해서 시계의 종이에 집중할 수 없었기 때문이다.

카츠와 랜디스에 따르면, Z는 결코 피곤하다고 불평하지는 않았지만 셋째 날이 되자 해변가의 별장, 욕조에 있는 노인, 고래 같은 환각을 경험하기 시작했다. 여섯째 날에는 방향감각을 상실했다. 예를 들어 책상을 식수대로 착각했고 자신이 어디에 있는지도 몰랐다. Z는 점점 짜증을 내기 시작했고 논쟁적이 되었으며 편집 증세도 보였다. 사실, 이 실험이 231시간 후에 종료된 것도 그의 편집증 때문이었다:

> 밤새 자지 않는 실험이 진행되는 동안 Z는 실험자 중 한 명이 자신에게 가해를 하려 한다며 피해망상 징조를 보이기 시작했다. 그는 이 실험자가 자신의 삶을 불쾌하게 만들고 있으며, 자신의 행동을 병리학적 정신 메커니즘의 관점에서 해석한다고 확신하게 되었다. 실험의 마지막 이틀 동안 이런 증상이 너무 뚜렷해져서 우리가 실험을 중단하기로 결정할 수밖에 없었다. 실험자의 동기와 행동에 대한 오해가 커지면서 그의 항의가 심해지자 그를 다루기가 점점 더 어려워졌고, 실험에 참여한 모든 관계자의 시간과 관심을 더 소모하게 만들었다. 실험이 끝난 지 6개월이 지난 후에도 Z는 실험자들이 자신에게 가해하려 한다는 환상에서 벗어나지 못했다.

카츠와 갠디스가 이 실험에 나선 것은 장기간의 불면증이 정신적, 육체적 손상을 초래한다는 생각을 테스트해볼 기회라고 생각했기 때문이다. 실제로 의학 문헌에는 장기간의 불면이 정신병이나 죽음을 초래한다는 것을 명확하게 증명하는 사례가 없었다. 그런데 '다소 괴팍한' Z가 자원해서 그들의 실험동물이 되어준 것이다. 실험 결과, 이 이론과 그 이론의 기초가 된 입증되지 않은 증거가 잘못되었음을 시사하는 것처럼 보였다. 카츠와 갠디스는 실험 결과 Z의 '정신 생활 체계와 합성 작용이라는 고등 기능이 다소 영향을 받은 것'으로 보이며, Z가 실험이 끝난 지 6개월이 지난 후에도 여전히 편집증을 보이고 있음을 지적하면서도, 다음과 같이 선언했다:

> 이 실험에서 그동안 알려진 생리학적 결과를 초래하지도 않고 성격이나 정신 기능의 영구적인 변화 없이, 대략 10일 동안 거의 잠을 자지 않고 지낼 수 있다는 것이 입증되었다… 우리가 언급한 [Z의] 모든 변화는 실험 대상자 Z의 일반적인 성격과 특성을 바탕으로 볼 때 합리적이라고 볼 수 있다.

물론 이런 결론에 도달하려면 어느 정도 무시해야 할 부분이 있었다. Z의 편집증이 얼마나 오랫동안 지속되었는지는 알 수 없지만, 나는 그것이 정신 기능의 중대한 변화라고 분명히 말하고 싶다. 카츠와 랜디스가 당시 Z의 편집증에 집착한 나머지 정신 기능의 중요성이나 부족함을 우리에게 말해주지 않았을 가능성도 있다. 아니면 아마도 Z가 줄곧 편집증에 걸리기 쉬운 사람이라고 생각했을 가능성도 있다(이것이 사실이라 하더라도 그들은 그렇게 말하지 않았다).

오늘날 우리는 수면이 얼마나 중요한지, 그리고 수면을 충분히 취하지 않으면 어떤 나쁜 결과가 생기는지에 대해 예전보다 훨씬 더 많은 것을 알고 있다. 그렇기 때문에 카츠와 랜디스가 한 실험은 오늘날 더는 허용되지 않는다. 캘리포니아의 고등학생 랜디 가드너Randy Gardner가 1964년에 세운 265시간 동안 잠을 자지 않은 세계 기록을 어느 날 누군가가 깨뜨릴 수도 있다. 하지만 그들의 이름이 기네스북에 등재되지는 않을 것이다. 장기간 잠을 자지 않는 것은 결코 권할 수 없을 만큼 너무나 위험하다. 잠이 부족하면 신체적으로 뇌졸중, 알츠하이머병, 만성 통증, 암, 당뇨병, 심장마비, 불임, 체중 증가, 비만, 면역 반응 감소 등의 위험이 높아질 수 있다. 그러나 수면이 심리적 안정에도 중요한 영향을 미친다는 사실에 대해서는, 환자들뿐만 아니라 정신 건강 전문가들마저도 여전히 과소평가하고 있는 실정이다. 수면 문제가 다른 심리적 문제와 함께 발생하면, 수면 부족을 그런 심리적 문제 때문이라고 보는 경향이 있다. 그래서 수면 문제 자체로는 특별히 치료받을 필요가 없다고 간주하고, 우울증, 불안, 정신병과 같은 '일차적' 질환을 치료하면 환자가 다시 아기처럼 잠을 잘 잘 수 있다고 생각하는 것이다. (미국 정신의학회가 '이차적' 문제인 수면 문제를 독립적인 장애로 진단하고 치료해야 한다고 권장한 것은 한참 후인 2013년 진단 및 통계 매뉴얼DSM 제5판이 출판되고 나서부터였다.)

스코틀랜드 글래스고Glasgow의 알리야 레흐만Aliyah Rehman, 앤드류 구믈리Andrew Gumley 가 이끄는 팀과 협력해 글래스고와 옥스퍼드셔에서 정신병 환자를 치료하는 직원을 대상으로 설문조사를 실시하면서, 우리는 수면에 대한 임상적 태도에 대해 흥미로운 통찰력을 얻었다. 이 조사에는 111명이 참가했는데, 정신과 의사와 간호사뿐 아니라 심리학자, 작업치료사, 사회복지사도 포함되었다. 모든 사람이 자신들이 치료하고 있는 환자의 수면 문제를 보고했는데, 대부분은 불면증(좀처럼 잠들지 못하고 깨어 있는 것)과 수면과다증(오랫동안 자는 것)이었다. 그들은 환자들이 이런 문제로 인해 낮 동안 효과적으로 기능하지 못한다는 점을 잘 알고 있었다. 그리고 놀랍게도, 거의 모든 참가자가 수면 부족이 정신병으로 인한 후속 증상이라기보다는 서로 영향을 미치는 관계라고 생각했다.

그러나 수면 문제를 독립적으로 평가하고 치료하기 위한 상황은 그리 좋은 편이 아니었다. 수면 문제에 대해 공식적인 평가 방법을 사용하는 임상의는 거의 없었다. 그들이 할 수 있는 일은 대개 환자들에게 잘 자고 있는지 묻는 것뿐이었다. 물론 그런 질문은 수면 문제 접근법에 대한 완벽하게 좋은 출발점이다. 하지만 환자들에게 무슨 일이 일어나고 있는지 정확히 찾아내거나 상황이 어떻게 변할지 측정할 수 있는 가장 효과적인 방법은 아니다. (사실 그동안에는 정신병 환자들이 잠을 못 자서 밤을 꼬박 새운다고 불평하는 것을 과장이라고 일축해왔지만 그런 사실이 제대로 알려지지 않았다. 그러나 활동 모니터가 등장하면서 환자들의 그런 설명이 완전히 정확하다는 사실이 입증되었다.) 대부분의 임상의들이 수면 문제를 치료하기 위해 약물을 사용하거나 소위 '수면 위생 sleep hygiene'(수면 건강을 위해서는 지켜야 할 생활 습관—옮긴이)에 대해 조언하고 있었다. 그러나 수면 위생 기술(예를 들어 침실을 조용하고 편안하게 만들고 가급적 주간에 낮잠을 자지 않는 것 등)이 많은 사람에게 유용할 수 있지만 그 자체로는 불면증 치료에 그리 효과적이지는 않다. 안타깝게도 국립보건임상연구원NICE, National Institute for Health and Care Excellence이 권장하는 '수면 장애에 매우 효과적인 인지 행동 치료법'을 제공한 임상의는 거의 없었다.

'나 여기서 그냥 자고 싶어요'

잠을 자려고 침대에 누웠지만 몇 시간째 잠들지 못하고 이런저런 생각이 머릿속에 맴돕니다. 한밤중에 깨기 일쑤고 아침에도 새벽에 눈을 뜨곤 하지요.

2008년, 내가 수면과 편집증 사이의 관계를 처음 조사하기 시작했을 때만 해도 주위에서는 다소 이상한 시선으로 나를 바라보았다. 실제로 정신의학연구소의 한 선임 동료는 그것이 내 경력의 방향을 확실하게 결정하는 단계가 될 수는 있겠지만 그리 긍정적인 방향은 아니라고 우려했다. 또 '그렇게 불특정한 과제는 수행하지 않는 게 좋을 것'이라는 조언도 들었다. 그러니까 다양한 장애를 다루면서 정작 아무것도 정의하지 못하는 난관을 겪지 말고 특정 장애에 초점을 맞추라는 뜻이었다. 사실 나는 수면 문제에 대해 거의 아는 것이 없었다. 오늘날에도 임상 훈련 프로그램에서는 수면에 대한 관심이 그렇게 크지 않다. 하지만 그동안 너무 많은 환자들이 내게 수면 장애에 관해 호소해왔기 때문에, 이 '불특정한' 과제가 다른 어떤 것보다 내게는 훨씬 더 중요해 보였다.

나는 잠을 제대로 못 자면 그 자체로 큰 고통일 뿐만 아니라 다른 심리적 문제까지 악화된다는 사실을 믿어 의심치 않았다. 잠을 못 자는 환자들은 극심한 피로감을 호소했다. "내 삶이 완전 망가졌어요." 한 환자는 너무 지쳐서, 상담 도중인데도 "그냥 여기서 자고 싶어요"라고 말할 정도였다. 불면증은 그들의 기분을 망쳐놓고 있었다. "잠을 못 자면 신경이 더 곤두서고 걱정이 더 많아집니다." "항상 짜증이 나는 상태가 되죠", "이 2, 3일 동안 잠을 못 자면 불안이 극에 달합니다." 뿐만 아니라 잠을 자지 못하면 정상적인 활동마저 제대로 할 수 없었다. "하루 종일 자느라 시간을 낭비했으니 짜증만 날 뿐입니다", "낮 시간에 내가 원하는 것을 할 시간이 항상 부족하지요", "수면 부족이 내 사회생활에 엄청 큰 영향을 미쳤지요. 한마디로, 잠을 자지 못해 피곤하면 모든 게 더 나빠집니다."

 나는 진료소에서 들은 환자들의 이런 호소들이 정말로 수면 부족의 대표적이고 일반적인 증상인지 확인하는 것부터 시작했다. 피해망상이 있는 사람들에게 수면 문제는 일반적으로 나타나는 증상인가? 그에 비해 피해망상 증상이 없는 보통 사람은 어떠한가? 불면증과 일상적인 편집증 사이에는 어떤 연관성이 있는가? 이를 알아보기 위해 나는 모즐리 병원에서 치료를 받고 있는 환자 30명과 정신 건강 장애 병력이 없는 지역 성인 300명을 대상으로 실험을 하기로 했다. 모든 연구의 초기 단계에서 흔히 그렇듯 자금 지원이 없었다. 그래서 나는 이 실험을 다른 연구와 결부해 이 실험을 계속할지를 결정하는 데 도움이 되는 추가 데이터를 수집했다. 환자들의 대다수(83%)가 수면이 부족하다는 사실을 알아낸 것은 놀라운 일이 아니었다. 50% 이상이 임상적 수준의 불면증을 보고했으며, 그중 절반 이상은 최고 수준의 심각한 수면 부족 상태에 있었다. 그렇다면 정신 건강 장애 병력이 없는 지역 성인의 조사 결과는 어땠을까? 약 30%가 불면증 증상을 보였고 약 10%가 임상적 수준의 불면증을 보였다. 게다가 수면 문제와 편집증 사이의 연관성이 더욱 확실해졌다. 예를 들어 불신의 정도(편집증)가 가장 높은 사람들의 60%가 임상적 수준의 불면증 기준을 넘었다. 반면 편집증 점수가 가장 낮은 사람 중에는 심각한 수면 문제를 보고한 사람이 거의 없었다(약 8%). 불면증 수준이 높을수록 편집증 수준도 높게 나타났다. 수면 문제가 그들의 기분에 부정적인 영향을 미쳤기 때문일 것이다.

　이런 결과는 2007년 영국 성인 정신병률 설문조사APMS의 데이터를 분석했을 때 매우 유사했다. 4장에서 살펴본 것처럼 APMS는 정신 건강 문제가 있는 사람들에게 초점을 맞추지 않고 영국 일반 국민 8,580명을 대표 표본으로 한 조사다. 이 조사에서도 불면증이 있는 사람에게서 편집증이 발생할 가능성이 최소 두 배 더 높다고 나타났다. 불면증이 심할수록 편집증도 심해졌다. 예를 들어, 만성 불면증이 있는 6.6%의 특정 집단은 누군가가 자신에게 심각한 해를 끼칠 음모를 꾸미고 있다고 믿었던 적이 있다고 응답한 비율이 5배 더 높았다. 국제적으로도 마찬가지다. 2002년부터 2004년 사이에 실시된 세계보건기구WHO의 대규모 조사에는 인도에서부터 코트디부아르, 덴마크, 도미니카 공화국에 이르기까지 전 세계 70개국의 성인 26만 명이 포함되었다. 수면 문제가 있는 사람들은 편집증적인 생각을 보고하는 비율이 평균적으로 두 배나 더 높게 나타났다.

　물론 이런 일회성 연구로 수면과 편집증 사이의 관계를 확신할 수는 없지만, 나는 우연이 아니라고 생각했다. 수면 문제가 실제로 불신을 유발할 수 있다는 직감은 첫 번째 APMS에 대한 응답을 살펴보면서 더욱 커졌다. 해당 설문조사의 첫 번째 인터뷰는 2000년에 이루어졌고, 18개월 후에 이 중 2,382명의 참가자로 하위 집단을 구성해 다시 평가했다. 이를 통해 상황이 어떻게 변했는지 확인하고, 가정이 아닌 확실한 데이터를 기반으로 그러한 변화 뒤에 무엇이 있었는지 추론할 수 있었다. 결국 불면증은 이후 편집증(11장에서 다룰 '근심'과 더불어)으로 이어질 수 있는 가장 강력한 예측 인자임이 입증되었다. 실제로, 첫 번째 평가에서 불면증을 보고한 사람들은 그렇지 않은 사람들에 비해 나중에 편집증이 발생할 가능성이 3.5배 더 높았다.

APMS 작업은 편집증과 불면증에 대한 최초의 종단 연구였다. 즉, 시간 경과에 따른 발생률과 관계에 대해 최초로 분석을 시도한 것이다. 이 연구의 결과가 편집증과 불면증이 인과관계가 있다는 증거가 되지는 못했지만, 환자의 수면 문제를 도우려면 편집증(그리고 실제로 그들이 겪고 있는 다른 심리적 문제)을 해결하는 것이 훨씬 더 쉬울 것이라는 확신은 더욱 강해졌다. 우리는 환자들이 이처럼 '불특정한' 문제에 대해 말하는 것을 듣고 그에 따른 조치를 취하는 것이 마땅하다고 생각했다.

BEST에서 OASIS까지

수면 문제는 매우 흔히 나타나는 증상이다. 언제 조사를 하든 세 명 중 한 명은 수면 문제로 고통을 겪고 있을 것이다. 성인의 약 10%가 지난 12개월 동안 임상 수준의 불면증을 경험한 것으로 나타났다. 2023년 영국 성인 1만 명을 대상으로 한 설문조사에서는 약 20~25%의 사람들이 지난 2주 동안 심각한 수면 문제를 경험했다고 보고했다. (현재 시점에 다시 조사하면 이 그룹이 불신에 더 취약한 것으로 나타날 가능성이 매우 높다.) 좋은 소식은 이에 대해 매우 효과적인 치료법이 있다는 것이다. 바로 불면증에 대한 인지 행동 치료CBT-I다. 하지만 나쁜 소식은 앞서 살펴본 것처럼, 피해망상을 갖고 있는 사람 중 CBT-I을 제공받는 사람이 거의 없다는 것이다. 최근 2015년까지만 해도 누구도 정신병 환자에 대해 CBT-I을 제대로 테스트하지 않았기 때문에 상황은 더 나빠졌다.

하지만 이제 그 문제에 대해 뭔가를 해야 할 때가 되었다. 우리는 오랫동안 불면증과 피해망상을 겪는 사람들 50명을 대상으로 실험을 했다. 우리는 이를 '향상된 수면을 위한 실험'Better Sleep Trial이라고 한다(과학자들은 약어로 BEST라고 부르기를 좋아한다). 모든 진단명이 으레 그렇듯이, 불면증이라는 용어도 그 실험에 참여한 사람들이 경험한 문제의 복잡성, 다양성, 비참함을 암시한다. 어떤 환자들은 저녁 일찍 잠자리에 들었다가 몇 시간 동안 잠들지 못하고 뒤척거린다. 또 어떤 환자들은 뜬눈으로 밤을 하얗게 지새고 이른 새벽이 다 되어야 잠든다. 또 과거의 트라우마 때문에 잠 못 드는 사람도 있다. 심지어 아예 전혀 잠을 자지 못하는 사람도 있다. 그런 환자들은 밤새도록 깨어 서성거린다. 어떤 환자의 경우는, 불면증을 치료하기 위해 처방된 최면제가 상황을 더욱 악화하기도 한다. 그들은 하루 종일 계속 졸거나 낮잠을 잔다. 이런 사람들의 수면의 질이 좋을 리 없다.

실험 참가자 중 절반(대조군)에 대해 표준 치료를 계속했다. 여기에는 항정신병 약물과 임상의와의 접촉 등이 포함되었지만, 수면 문제를 직접 겨냥한 것은 거의 또는 전혀 없었다. 나머지 절반에게는 표준 치료와 함께 임상심리학자와의 여덟 차례에 걸친 일대일 상담을 통해 제공되는 수면 요법이 추가로 제공되었다. 개별 환자의 필요에 따라 수면 요법의 치료 내용을 조정했지만, 다음 네 가지 기능이 핵심이었다. 첫째는 환자의 생물학 주기를 조절함으로써 하루 일과를 재정렬하는 것이었다. 그러니까 환자들이 점차적으로 제시간에 잠자리에 들고 일어나며 규칙적인 식사를 하도록 권장하는 것이다. 둘째는 자극 조절로, 침대가 TV 시청, 식사, 일하는 자리가 아니라 잠자는 곳이라고 연상하게 하는 것이다. 따라서 잠이 오지 않을 때에는 침대에서 벗어나도록 했다. 셋째는 야간 불안과 각성을 줄이는 것이었다. 이를 위해 일상 생활에서 단계적으로 긴장을 풀고, 오후 시간에는 카페인 섭취를 줄이도록 했다. 마지막으로 넷째는 낮 동안 활동 수준을 높여 밤이 되면 잠이 더 잘 올 수 있도록 유도했다.

이런 치료 요법이 1회 한 시간씩 총 8시간 동안 치료사와의 상담을 통해 제공된다. 이것만으로도 많은 환자가 훨씬 더 나은 수면을 경험할 수 있었다. 수면 치료를 시작한 뒤 12주가 지나고 확인한 결과, 25명 중 9명(41%)은 더는 불면증을 겪지 않았다. 24주가 지난 후에 환자를 평가했을 때 환자들의 피로감이 훨씬 줄어들고 심리적 안정감도 훨씬 좋아졌다. 하지만 이 치료법으로 수면은 임상적으로 크게 개선되었지만, 편집증에는 어떤 영향을 미쳤을까? 확실히 잠을 더 잘 자면 불신도 어느 정도 감소하는 듯 보였지만 확신하기에는 그 효과가 너무 미미했다. 더 큰 규모의 연구가 필요했다. 나는 영국 전역의 임상심리학자들을 불러 모았다. 그리고 생물학적 주기 리듬에 관한 신경생물학의 선구자이자 런던 과학 박물관의 이사인 러셀 포스터Russell Foster 교수가 주도해서 신설한 옥스퍼드 수면 및 생체 신경과학 연구소Oxford Sleep and Circadian Neurosciences Institute의 전문 지식을 바탕으로 실험 계획을 작성했다. 이로써 정신 건강 문제에 대한 심리적 개입에 대해 역대 최대 규모의 무작위 대조 실험을 함께 수행하게 되었다.

우리는 2015년 3월부터 영국 26개 대학에서 불면증을 앓고 있는 학생 3,755명을 모집했다. 이 중 절반의 사람들은 슬리피오Sleepio(임상심리학자 콜린 에스피Colin Espie가 창안해낸 아이디어)라는 디지털 CBT 수면 치료 프로그램에 무작위로 할당되었다. 슬리피오는 6주에 걸쳐 매주 웹 기반 치료를 받는 세션으로 구성되어 있는데, 각 세션은 평균 20분 지속된다. 나머지 절반의 사람들은 일반적인 치료를 받았는데, 사실상 불면증 치료가 거의 또는 전혀 이루어지지 않았음을 의미한다. 우리는 이 프로그램을 '옥스퍼드 학생 수면 개선 연구Oxford Access for Students Improving Sleep Study'라고 했는데, 역시 과학자들이 OASIS라는 이름을 붙였다. 우리는 22주 동안 이 학생들을 추적했다. 그리고 불면증을 치료하면 수면 개선은 물론 편집증의 정도도 크게 감소한다는 사실을 발견했다. 비록 감소 폭이 그리 크진 않았지만 그 효과는 상당 기간 지속되었다. 또 수면 요법은 환각, 악몽, 우울증, 불안의 사례를 줄이고 전반적인 심리적 안정감도 향상시켰다. 우리는 OASIS 실험을 통해 수면 부족이 단지 정신 건강 문제의 부산물일 뿐이라는 생각을 확고하게 굳혔다. 반대로 말하자면, 수면 부족이 그런 정신 건강 문제를 일으키는 데 중요한 역할을 한다는 의미이기도 하다. 게다가 이 둘은 서로 더욱 악영향을 미친다. 결국, 이번의 OASIS와 그 이전의 BEST는 환자가 어떤 다른 심리적 어려움을 겪고 있더라도 수면 문제를 먼저 진지하게 치료하면 얼마나 유익한지를 잘 보여주는 실험이었다.

우선, 환자가 정신병원에서 보내는 시간을 줄일 수 있다. 분명히 환자에게도 바람직하지만 공공 재정에도 도움이 된다. 정신병으로 입원한 환자의 치료비는 영국 성인 정신 건강 예산에서 거의 20%를 차지하는 실정이며, 이런 막대한 예산 지출에도 불구하고 병상에 대한 압박은 갈수록 심각해져 정신병 입원환자 수는 항상 수용 능력을 초과한다. 환자가 집에서 멀리 떨어진 병원에 입원해야 하는 경우가 많다는 의미다. 우리는 입원 환자의 경우, 수면 문제와 입원 기간 사이에 상관관계가 있다는 사실을 잘 알고 있다. 이번 장에서 수면과 정신 건강의 관계에 대해 살펴보았듯이, 놀라운 일이 아니다. 안타깝게도 정신과 병동은 숙면에 도움이 되지 않는 경향이 있다. 정신과 병동은 대개 시끄럽기 때문이다. 또 병원 직원이 환자를 관찰할 수 있도록 밤에 주기적으로 조명을 켜야 하는 경우도 많다. 게다가 자연광이 부족해 이미 불안정해진 환자의 신체 시계가 더욱 방해를 받을 수도 있다.

언젠가 옥스퍼드의 입원 병동을 관할하는 훌륭한 정신과 의사 알바로 바레라Alvaro Barrera가 내게 그의 환자들을 위해 심리 치료를 제공할 수 있는지 문의해왔다. 그가 병동을 안내해주었는데, 나는 환자와 직원 모두가 그를 따뜻하게 맞이하는 모습을 보고 놀라지 않을 수 없었다. 우리의 수면 연구가 입원 환자에게 얼마나 도움이 될 수 있는지 연구하는 데 이보다 더 좋은 곳은 없을 것 같았다. 마침내 우리 팀의 브리오니 쉬브스Bryony Sheaves가 루이스 이샴Louise Isham과 조시 맥클너니Josie McInerney(우리 팀의 상주 미식축구 선수)의 지원을 받아 일을 시작했다. 우리는 성인 남성 병동에 새로 입원한 환자들을 대상으로 불면증에 대한 2주간의 CBT 치료를 시범적으로 진행했다. 대부분의 환자들은 정신병이나 양극성 장애의 급성 발병으로 입원했으며 각자 독실을 쓰고 있었다. 치료는 세 가지 주요 전략을 중심으로 구성되었다. 첫째, 환자들을 낮 동안 더 활동하게 해서 밤에 잘 시간이 되면 더 피곤하게 만들었다. 둘째, 가능한 제시간에 잠자리에 들게 하도록 노력했다. 정신병동에 막 입원해서 고통스러운 심리 변화를 겪고 있는 환자들이 차분한 상태로 잠드는 것은 쉬운 일이 아니기 때문이다. 셋째, 침대를 잠자는 곳으로 생각하도록 침대와 수면 간의 심리적 연관성을 강화하려고 노력했다.

그러나 이를 준비하려면 창의적인 사고가 필요했다. 예를 들어, 환자에게 다른 개인적 공간이 없기 때문에 침대를 잘 때만 사용하기가 사실상 어려웠고, 피해망상 환자들에게는 병동의 공용 공간이 출입금지 구역으로 느껴질 수 있었다. 또 직원이나 다른 사람을 두려워하지 않는 환자들에게도 밝은 조명이 켜진 떠들썩한 병동은 편안한 밤 시간을 보내기에는 적합하지 않았다. 그래서 우리는 병실에 빈백 소파beanbag를 마련해주었다. 사소한 조치 같아 보이나 환자들이 편안하고 조용하게 시간을 보낼 수 있는 공간이 되었다. 또 침대는 오직 잘 때만 사용하는 곳이라고 생각하게 하는 데 도움이 되었다. 우리는 또 안대를 제공하거나 조명을 가릴 수 있는 커튼을 설치했으며, 긴장을 푸는 운동을 하는 것을 녹화하고 USB에 편안한 음악을 다운로드해서 재생할 수 있는 배터리 작동 라디오(케이블이 달린 라디오는 사람을 묶는 데 케이블을 사용할 수 있으므로 배제했다)를 비치하는 등, 편안한 환경을 조성하기 위해 많은 노력을 기울였다. 또 환자들이 낮 동안 정신을 차리고 더 활동적으로 지낼 수 있도록 병원 직원과 협력해 병원 정원이나 지역 공원을 산책하도록 일정을 짰다. 그동안 환자들은 일상을 지루해하거나 병 치료와 약물 복용으로 피곤을 느꼈기 때문에 낮잠을 자고 싶다는 유혹에 쉽게 빠졌지만, 낮잠은 야간 수면을 방해하는 주요 요인이므로, 우리는 그들이 이런 유혹을 느낄 수 있는 시간에 산책을 하도록 계획표를 만들었다. 몸이 너무 쇠약해져 병동을 떠날 수 없거나 병동을 떠나는 것이 허용되지 않는 사람들을 위해서는 한 번에 30분 동안 1만 럭스의 빛을 쬘 수 있는 라이트 박스light boxes를 공급해주었다. (1만 럭스는 자연광과 동일하며 수면-각성 주기에 매우 중요하다. 환자가 일반적으로 시간을 보내는 인공 조명은 약 100~300럭스에 불과하다.) 우리는 점차로 산책하는 걸음 수를 늘려나갔으며, 진행 상황을 측정하기 위해 활동 추적 시계도 제공했다.

정신 병동이 연구에 적합한 환경은 아니지만, 이 치료법은 환자의 불면증 치료에 매우 효과적인 방법으로 입증되었으며, 이 치료를 받은 환자는 이 치료를 받지 않은 환자보다 평균 8일 반 일찍 퇴원하는 것으로 나타났다. 하지만 엄청나게 고무적인 이 결과를 일반화할 수 있을까? 아직 더 두고 봐야 할 것이다. 병원 병동에서 대규모 치료를 테스트하기 위한 자금을 아직 확보하지 못했기 때문이다.

수면 문제를 치료하면 정신병 발병을 예방하는 데에도 도움이 될 수 있다. 대부분의 정신병은 일반적으로 청소년기에 '정신병과 유사한 경험'을 하면서 시작된다. 정신병과 유사한 경험이란, 고유의 정신병에서 나타나는 편집증을 포함해 그보다는 덜 강렬하거나 발생 빈도가 적은 증상을 말한다. 이런 경험은 가끔 수면 부족이 발생한 후에 발생하며, 이런 경험이 지속되면 임상 장애로 발전할 가능성이 더 높아진다. 따라서 이런 경험을 하는 청소년들은 수면 문제를 보다 심각하게 받아들여야 한다. 하지만 이에 대한 연구는 매우 드물었다. 실제로, 우리 팀인 조나단 브래들리Jonathan Bradley와 펠리시티 웨이트Felicity Waite가 2017년에 이 연구를 수행하기 전까지는 이에 대한 치료를 시도하는 사람은 아무도 없었다. 우리의 시범 연구에는 15세에서 22세 사이의 청소년 11명이 참여했다. 이들 모두 정신 건강에 대한 치료를 받고 있었으며 심각한 정신 건강 문제를 겪을 위험이 매우 높다고 추정되었다. (이 범주에 속하는 청소년 중 약 20%가 실제로 정신병에 걸리는 것으로 조사되었다.) 이 젊은이들의 정신 건강 문제가 어디에서 시작했는지 주목할 필요가 있다:

"나는 낮 동안 계속 잠을 잤는데 그 탓에 내 사회생활뿐만 아니라 기분, 정신 건강에 엄청난 압박을 받았습니다. 그것이 내 인생을 완전히 거꾸로 돌려놓은 것 같아서 밤에 수시로 잠에서 깨곤 했지요. 밤에 잠을 자지 못하니 낮에 잠을 잤고, 그러다 보니 밖에 나가서 사람들을 만나지도 않게 되었습니다. 그런 생활이… 건강에도 매우 해롭다는 생각이 들더군요."

"잠 드는 것이 너무 어려웠고, 숙면을 취할 수도 없었어요. 그러다 보니 낮에 너무 피곤해서 아무것도 할 수 없었지요. 그것이 내 기분에 정말로 큰 영향을 미쳤습니다."

이처럼 열악한 상태에 있던 청소년들이 여덟 차례의 치료를 받고 난 뒤 수면이 고무적으로 개선되는 것이 관찰되었다. 이 중 6명은 더는 임상적 불면증 기준에 미치지 못했고, 9명은 처음 실험에 참가했을 때 측정된 수준 이하로 떨어졌다. 불안과 우울증

수준도 감소했으며, 참가 인원 전체가 편집증이나 기타 정신병적 경험이 크게 감소했다고 보고했다:

> "…예전에는 몸이 너무 피곤해서 하지 못했던 일을 이제는 할 수 있는 에너지가 생겼고, 해야 할 일을 마치니 기분도 훨씬 나아졌어요. 이제는 더는 하고 싶은 일을 하지 못해서 스트레스를 받는 일은 없어졌습니다. 당연히 기분도 더 좋아졌고요."
>
> "… 우울증이 크게 나아졌습니다. 정말 편해졌어요. 예전과는 전혀 다른 느낌이에요."
>
> "이 치료가 불안감을 없애주는 데에도 많이 도움되었다고 생각합니다. 상황에 훨씬 더 잘 대처하게 되었고 어느 정도 통제력도 갖게 되었지요. 잠을 좀 더 잘 조절할 수 있게 된 덕분이라고 생각합니다."

펠리시티 웨이트가 이끈 우리 팀은, 정신병에 걸릴 위험도가 매우 높아서 최근 정신 건강 치료를 받고 있는 젊은이 40명을 대상으로 무작위 대조 실험을 해 슬립웰SleepWell이라는 치료법을 테스트했다. 시범 연구에서 나타났던 긍정적 효과가 그대로 이어지면서 이 치료법은 참가자들의 수면을 크게 개선시켰다. 치료가 끝나고 9개월이 경과한 뒤 이들의 수면 상태를 다시 확인했는데, 여전히 좋은 수면 상태를 유지하고 있었다. 게다가 추가적인 유익도 있었다. 치료를 받는 과정에서 우울증, 불안, 편집증의 정도가 감소한 것이다(후속 조사에서는 훨씬 더 감소한 것으로 나타났다). 참가자들이 당초에 정신병 진단을 받은 환자와 거의 비슷한 수준의 편집증이 있었다는 점을 고려하면, 이들의 변화는 특히 주목할 만했다. 이를 확증하기 위해 더 큰 규모의 실험이 필요한데, 페리시티가 현재 이를 추진하고 있다. 현재까지의 징후만 보아도 매우 고무적이다.

수면 부족 실험

수면이 정신 건강에 얼마나 중요한지를 입증하는 한 가지 방법은 불면증을 치료한 다음 정신적 안정에 어떤 영향을 미치는지 확인하는 것이다. 또 다른 방법은 수면을 제한하는 것이다. 1933년에 카츠와 랜디스가 수행한 방법인데, 그로부터 85년 뒤 나와 사라 리브Sarah Reeve, 브리오니 쉬브스가 이 방법을 시도했다. 우리는 옥스퍼드에서 75명의 젊은이를 모집했는데, 이들은 정신과적 병력 없이 양호한 심리적 상태를 유지했지만 사라를 만나기 전까지는 모두 잠을 제대로 잘 자지 못하는 상태였다. 실험을 시작하고 3일 동안, 우리가 이들에게 한 일은 단지 정상적인 수면 패턴을 따르게 한 것뿐이었다. 이들은 평균 하루 약 7시간의 수면을 취했다. 여기까지는 쉬웠을 것이다. 그러나 그다음 주부터는 취침 시간을 늦춰서 연속 3일 연속 최대 4시간만의 수면을 취하도록 했다. 예를 들어 평소에 밤 11시부터 다음 날 아침

7시까지 잠을 자던 사람들을 새벽 3시부터 오전 7시까지만 자게 했다. 잠들었는지 확인하기 위해 매시간 문자 메시지에 답장을 보내라고 요청했다. 그리고 그들의 움직임을 우리가 모니터링할 수 있도록 동작 감지 장치를 착용하게 했다.

참가자들이 이 실험에 그리 재미를 느끼지는 않았겠지만, 그래도 우리는 최소한 카츠와 랜디스가 Z에게 한 것처럼 10일 동안 잠을 자지 않게 한 것은 아니었다. 어쨌든 이 실험에 참가한 젊은 이들의 노력은 헛되지 않았다. 결과는 놀라웠다. 참가자 모두 수면을 취하지 않으면 편집증이 증가했다(특정 정신병적 경험 설문지를 사용해 측정). 또 환각과 인지적 혼란이 발생했다. 이 또한 편집증처럼 정신병 환자에게서 흔히 볼 수 있는 증상들이다. 이들은 잠을 잘 잤을 때보다 훨씬 더 많은 고통을 호소했다. 뿐만 아니라 3일간의 수면 부족만으로도 우울증, 불안, 걱정 증상이 크게 증가했다. 아마 어렸을 때부터 수없이 들었겠지만, 밤에 잠을 잘 자는 것이 중요하다는 사실을 결코 과소평가해서는 안 된다.

수면과다증과 악몽

나는 9시간이나 자고 싶지 않아요. 잠을 그렇게 많이 자지 않아도 인생은 충분히 지루하니까요.

불면증은 환자가 아닌 사람들에게도 일반적으로 널리 퍼져 있지만, 특히 피해망상 환자에게는 가장 흔히 나타나는 증상이다. 하지만 피해망상 환자에게 불면증만 나타나는 것은 아니다. 사라 리브가 정신병 초기 증상으로 치료를 받고 있는 60명의 환자를 평가했는데, 약 4분의 1이 과도한 수면을 보고했다. 밤에 9시간 이상을 자거나 하루 24시간 중 11시간 이상을 자는 것을 수면과다증이라고 하는데, 알리야 레흐만의 조사에 따르면 임상의의 71%는 수면과다증을 피해망상 환자에게 가장 자주 나타나는 증상의 하나로 꼽았다.

수면과다증은 항정신병 약물 복용의 결과로 간주되는 경우가 많았다. 수면과다증이 약물의 영향이라는 데에는 이의가 없다. 국제적으로 수행된 한 환자 설문조사에서 낮 시간 동안 발생하는 졸음이 항정신병 약물의 가장 큰 부작용으로 보고되었으며, 실제로 응답자의 83%가 항정신병 약물 복용 후 낮 시간에 졸음이 오는 것을 경험한 것으로 나타났다. (하지만 상황은 좀 더 복잡하다. 밤에 잠을 잘 이루지 못하는 환자에게는 항정신병 약의 진정 작용이 도움이 될 수 있다. 하지만 복용량과 시간대가 정확해야 한다. 잘못 복용하면 낮에도 여전히 혼미한 상태가 지속될 수 있기 때문이다. 사실 정확히 맞추기가 어려울 수 있다.) 그런데도 사라의 분석에 따르면 수면과다증에는 약물 이외에 더 많은 원인이 있다. 낮 시간에 활동하지 않는 것도 원인이 될 수 있다. 아마도 환자들이 환자가 아닌 사람들보다 침대에서 훨씬 더 시간을 많이 보내고 있기 때문일 것이다. 불면증, 악몽, 수면 관련 운동 장애(하지 불안 증후군 -다리를 움직여야만 다리의 통증이 완화됨) 등과 같은 다른 문제들도 영향을 미칠 수 있다. 그러니까 사람들이 늦게까지 잠을 자는 것은 전날 밤에 제대로 잠을 자지 못해 이미 몸이 완전히 지쳐 있기 때문이다.

환자들은 또 반복되는 악몽을 호소하기도 한다. 피해망상 환자 중에서 악몽이 얼마나 흔한 증상인지는 명확하지 않다. 우리는 여전히 확실한 연구 결과를 기다리고 있다. 다만 환자의 9%에서 55%까지 다양하게 추정하고 있다. (환자가 아닌 일반 사람들의 경우 그 수치는 아마도 2에서 8% 사이일 것이다.) 악몽은 사람을 지치게 할 뿐만 아니라 아주 심각한 고통을 초래한다. 악몽을 자주 꾸면 자살 충동이나 실제 자살로 이어질 위험이 높아진다. 정신병 진단을 받은 사람뿐만 아니라 환자가 아닌 일반인에게도 해당한다. 편집증 환자의 경우 악몽은 좀 더 특별한 증상을 보인다. 꿈속에서 그들이 두려워하는 가해에 대한 이미지가 나타나거나 악몽이 감정에 부정적인 영향을 미치기 때문일 수도 있다(둘 모두일 수도 있다). 그러나 악몽에 대한 이런 호소에도 불구하고, 악몽은 정신병의 증상으로 간주되지도 않고 따라서 적절한 치료도 이루어지지 않는다.

그래서 브리오니 쉬브스는 간단한 CBT 치료를 시도해보기로 했다. 그 핵심에는 악몽을 치료하기 위한 표준 기술인 심상 재구성imagery rescripting, IR이라는 것이 있었다. IR에는 악몽의 이야기를 재구성하고, 원하는 방식으로 변경하고, 매일 마음속으로 새로운 버전을 그려보는 과정이 들어 있다. 브리오니는 24명의 환자를 대상으로 최초의 IR 시범 실험을 시도했다(이 중 절반은 브리오니가 직접 치료했다). 정신 건강 관리에서 수면 문제에 대한 자신의 태도를 직접 이야기하는 이런 종류의 치료법은 지금까지 누구도 시도한 적이 없었다. 이번에도 실험의 규모가 작기는 했지만, 브리오니는 IR이 환자가 아닌 사람들에게도 효과가 있는 것처럼 환자들에게서도 악몽의 심각도가 상당히 감소했음을 확인했다. 이 치료는 불면증도 크게 개선한 것으로 나타났다. 이 장 전반에 걸쳐 계속 강조해왔듯이, 수면 문제를 개선할 수 있다면 편집증에도 긍정적인 영향을 미칠 가능성이 높다는 것이 이번 실험에서도 확인된 것이다. 환자들에게서 악몽이 사라지자 그들의 피해망상도 똑같이 줄어들었다.

* * *

'불특정한' 문제인 수면이 심리적 안정에 큰 영향을 미친다는 것을 누가 짐작이나 했겠는가? 잠을 잘 못 자면 기분이 나빠지고 불안 수준이 높아지며 편집증도 함께 커진다. 수면 장애는 흔한 증상일 뿐만 아니라, 임상적 불면증이 없는 우리 가운데서도 꽤 많은 사람이 건강한 사람보다 훨씬 적게 자고 있다는 우려가 커지고 있다. (인간이 과거보다 잠을 덜 자게 되었는지 여부는 논쟁의 여지가 있지만, 종합적으로 보면 지난 60년 동안 이런 우려는 크게 변하지 않은 듯하다.) 미국 질병통제예방센터CDC는 성인의 약 15%가 밤에 잠드는 데 어려움을 겪고 있으며, 18%가 숙면을 취하는 데 어려움을 겪고 있다고 지적한다. 성인의 경우, 일반적으로 밤에 7~9시간의 수면이 필요하지만 CDC 데이터에 따르면 거의 30%에 해당되는 사람들이 이 기준에 미치지 못하는 것으로 나타났다. 이런 고질적인 불면증이 불신을 고조하는 데 어떤 영향을 미칠 수 있을까?

08.
당신은 쓰레기일 뿐이야

"지금 이런 말을 하면 바보같이 들리겠지만, 당시에는 저승사자가 문 앞에 서서 이렇게 말하는 것 같았어요. '그래, 직접 대답해보게나. 지금까지 어떻게 살아왔나? 무슨 병으로 아파서 아무 일도 못한 건가? 이 일은 왜 그랬고 저 일은 왜 그런 건가?' 지금은 그 저승사자가 내 상상에서 나온 것이라는 걸 알고 있지만 당시에는 저승사자가 진짜로 온 것 같았어요."

"누가 당신에게 그런 걸 설명하라고 한 것 같나요?"

"살면서 만난 사람 모두가 내게 그런 설명을 요구한다고 생각했지요. 직장에서 만난 상사나, 내가 교사로 있었던 학교의 학생들, 내 부모님, 심지어 몇 년 전에 거래했던 가게 주인까지도요. 그들에게 직접 설명해야 한다고 생각했지요. 그들은 모두 한목소리로 '직접 대답해'라고 나를 압박하는 것 같았어요."

"그런 일이 매일 벌어졌나요?"

"내 집 안을 들여다보는 사람들과 마주칠 것 같아서 창 밖을 내다보고 싶지 않았어요. 말도 안 되는 소리처럼 들리겠지만, 그들은 마치 스파이처럼 '그 여자 벌써 일어났나? 운동은 했나? 아침은 먹었나?' 하며 나를 감시하는 것 같았습니다. 그래서 창문 가까이에는 가지도 않았지요. 이상하게 들리시겠지만, 이메일이나 전화가 오거나 내가 모르는 숫자들을 보면 누군가가 나를 잡으러 온다는 생각이 들었습니다. 나는 틈만 나면 나 자신에 대한 '최악의 비평가'가 되곤 합니다. 내가 내린 결정, 내가 한 말, 내가 쓴 글, 심지어 내가 갔던 장소까지, 내가 행한 모든 자질구레한 것들을 다 볼 수 있었으니까요. 한참 동안 내가 한 일을 하나도 빠짐없이 되돌아보니, 나를 잡으려는 사람이 있다면 그건 바로 나일 거라는 생각이 들더군요. 그래서 자신을 무자비하게 대하는 것이 더 편했습니다. 내 결점을 모두 찾아내곤 했지요. 오랫동안 앉아서 찾으면 내 부정적인 점을 많이 찾을 수 있게 된답니다. 보이지도 않는 결점들까지 다 찾아내는 거지요. 그러다 보니 '너는 바보야, 쓰레기일 뿐이야'라고 생각하는 것이 자연스러워졌습니다."

"왜 그렇게 생각했나요?"

'아마도 내가 살아오면서 내린 결정이 잘못된 것이라고 생각하는 게 도움이 된다고 여겼나 봅니다. 나는 대학에 들어가서 처음으로 유럽 밖 해외에 있는 직장에서 일을 했습니다. 그리고 한 남자를 만나 결혼하는 것 대신 두 명의 남자와 사귀었지요. 한 군데에 얽매이는 것을 정말 싫어했거든요. 아마도 나의 이런 성격은 어릴 때부터의 습관 때문인 것 같아요."

"항상 그렇게 약간 자기 비판적이었나요?"

"'약간'이라고 말해주시는 걸 보니 정말 사려 깊으시군요! 아니요, 나는 엄청나게 자기 비판적입니다. 하지만 다른 사람들에게는 친절하고 합리적이고 논리적이며, 대개는 사랑스럽고 이해심이 많답니다. 그런데 나 자신에게만은 완전 악몽이지요."

"방에만 숨어 지내면서 그런 생각에 사로잡혀 있을 때, 누군가가 당신을 관찰하고 있다거나 무슨 나쁜 일이 일어날 것이라는 생각이 들게 하는 징후가 있었나요?"

"예를 들어 내가 출장 가 있는데 상사가 '언제 돌아오나요?'라는 이메일을 보내오면 아주 당연한 일인데도 그런 의심이 들었습니다. 나는 그 메일이 모든 사람이 나를 쫓고 있다는 내 생각을 뒷받침하는 증거라고 단정했지요. '회사도 나를 뒤쫓고 있구나'라고 생각한 거지요. 하지만 사실은 그게 아니었어요. 회사는 내 비자visa 기간 때문에 언제 돌아올지 물었을 뿐이었는데 말입니다. 내 상상력이 정말 엄청났던 거죠."

편집증과 자존감

'당신은 쓰레기일 뿐이야.' 몇 년 전 대화지만 체리Cherry가 한 말들은 아직까지 내 마음속에 남아 있다. 그녀의 표현이 내가 만나는 많은 환자의 감정을 아주 적절히 잘 요약하고 있기 때문이다. 최악의 상태에 있던 체리처럼, 대부분의 환자들은 자신을 극도로 부정적으로 인식한다. 그들은 자신이 다른 사람들과 다를 뿐 아니라 더 열등하다고 생각한다. 그들은 체리처럼 자신에 대한 '최악의 비평가'가 된다. 내가 임상 실습에서 관찰한 이 모든 증상은 수많은 연구를 통해 입증되었다. 실은 1998년에 발표한 내 첫 번째 논문의 주제이기도 했다. 나는 피해망상을 겪는 환자의 거의 4분의 3이 매우 낮은 자존감을 보고하고 있음을 발견했다. 우리는 또, 그 사람의 자존감이 낮을수록 편집증이 더 심하고 더 오래 지속된다는 사실을 알고 있다. 편집증의 가장 심각한 형태인 피해망상을 겪는 사람들의 심리적 안정이 최악의 상태로 떨어지는 것도 이 때문이다. 이런 사람들이 정신병 환자의 약 절반을 차지하는데 이들의 심리적 안정감은 최저 수준인 2%에 불과했다. 안타깝게도 심신을 약화하는 편집증과 자존심이 밑바닥까지 떨어지는 증상이 동시에 오면 치명적일 수 있다. 2019년에 지속적인 피해망상을 겪고 있는 환자 110명을 대상으로 설문조사를 실시했는데, 약 4분의 3이 지난 한 달 동안 자살을 고려한 적이 있으며, 약 3분의 2는 적어도 매주 그런 생각(자살 생각)을 한다고 응답했다. 환자가 아닌 일반인을 대상으로 한 설문조사에서는 약 10명 중 1명이 어느 단계에서 자살을 고려하는 것으로 조사되었지만, 피해망상 환자의 경우 자살에 대해 생각하는 사람이 대부분이라는 결과가 나온 것이다.

낮은 자존감이란 무엇을 의미할까? 편집증이 있는 사람들은 일반적으로 어떤 특정한 자기 신념을 가지고 있을까? 2006년에 나는 데이비드 파울러와 함께 BCSS^{Brief Core Schema Scale}라는 새로운 설문지를 고안했다. 설문 항목에는 자기에 대한 6가지 부정적인 진술이 포함되어 있다:

- 나는 사랑받지 못한다.
- 나는 무가치한 존재다.
- 나는 약하다.
- 나는 외부 영향에 취약하다.
- 나는 나쁜 사람이다.
- 나는 실패자다.

데이비드와 내가 BCSS를 만들어 연구를 거듭한 끝에, 이 진술에 동의하는 사람들이 편집증에 걸릴 가능성이 더 높다고 나타났다. 정신 건강 치료를 받는 사람들뿐만 아니라 일반 대중도 마찬가지였다. 자신에 대한 이러한 부정적인 생각은 편집증적인 생각을 동반할 뿐만 아니라 장차 편집증에 걸릴지를 예측하는 단서가 될 수 있다. 피해망상 환자의 경우, 자존감이 낮을수록 편집증이 지속될 가능성이 더 높다. 일반 대중의 경우, 자존감이 낮으면 나중에 편집증에 걸릴 확률이 두 배로 높았다.

'나는 너무 못생긴 것 같아요'

우리 팀의 펠리시티 웨이트가 이끄는 연구를 통해, 최근 이런 부정적인 자기 신념에 대한 새로운 관점이 열렸다. 우리가 우리 자신에 대해 어떻게 느끼느냐 하는 것은 복잡한 일이며 여러 요인이 상호 작용한 결과다. 그런 요인 중 하나가 바로 신체적 외모다. 안타깝게도 우리 문화는 외모에 큰 의미를 부여한다. 이에 대해서는 거의 모든 사람이 인정할 것이다. 예를 들어 2021년 영국의 유력한 YouGov 설문조사에 따르면, 영국인의 90%가 외모가 크게(46%) 또는 어느 정도(43%) 중요하다고 생각하는 것으로 나타났다. 그리고 87%는 잘생긴 사람들이 외모 때문에 인생에서 더 나은 삶을 산다는 데에 동의했다. (이런 조사기관들은 대체로 이런 결과가 사실이라고 말하는 경향이 있다.) 하지만 이 조사에서 피해망상을 겪는 이들의 자존감에 외모가 어떤 영향을 미치는지 간과되었다는 점은 좀 의외다. 내 경험에 따르면 환자들은 자신의 체중에 대해 많이 걱정하고 있었으며 이것이 그들의 사회적 취약성으로 이어졌다. 펠리시티와 내가 지도하는 박사과정 학생인 에밀리 마샬Emily Marshall이 2020년에 12명의 환자를 인터뷰했을 때 이런 메시지는 분명하게 나타났다:

> '나는 나 자신, 특히 내 외모, 그러니까 내가 다른 사람들에게 어떻게 보이는지를 생각하면 불행하게 느껴집니다.'(에코)

"나는 대부분 우울합니다. 내가 뚱뚱하다는 데 화가 나요. 뚱뚱한 걸 좋아하지 않으니까요. 슬리밍 월드Slimming World에 갈 때마다 별로 살이 빠지지 않아 나 자신에게 화가 납니다."(존)

우리가 인터뷰한 사람들의 자존감을 저하하는 요인 중 하나는 처방약이었다. 항정신병 약물은 종종 급격한 체중 증가를 유발하기 때문이다:

"몸무게가 약 146kg까지 불어났어요."(에코)
"너무 살이 쪄서 나 자신도 몰라볼 지경이에요." (힐러리)
"다이어트를 정말 열심히 했지만 약 때문에 자꾸 음식을 탐하게 돼요. 약이 문제라고 생각해요. 다이어트를 하기 위해 끊임없이 노력하고 있는데 약 때문에 음식을 먹고 싶어서 다이어트를 할 수 없을 것 같아요." (퍼시)

몸무게가 23스톤까지 나가는 것은 육체적으로도 충분히 괴로운 일이지만, 비만에 대한 비난이 심한 사회에서 뚱뚱해지는 것은 환자에게 큰 심리적 대가를 치르게 만든다. 심리학자 레베카 풀Rebecca Puhl과 첼시 호이어Chelsea Heuer는 다음과 같이 지적한다. "몸무게에 대해 편견이 있는 사회는 고용 환경, 의료기관, 학교가 불평등하다는 것으로 해석될 수 있다. 바로 과체중과 비만인 사람은 게으르고 의욕이 없으며 자기 관리 능력이 부족하고, 덜

유능하고 규칙을 잘 따르지 않고 무엇이든 대충한다는 부정적인 고정관념이 널리 퍼져 있기 때문이다." (그렇다. 무지한 아이들이 비만에 대해 욕설을 퍼붓는 것을 말하는 것이 아니라 고용주, 의료기관 종사자, 교사들이 지닌 뿌리깊은 편견을 말하고 있는 것이다.)

에밀리의 인터뷰에 응한 환자들 대부분은 외모에 대한 걱정 때문에 편집증이 더 예민해졌다고 말했다:

"그들은 뒤에서 나에 대해 수근거립니다… 나를 외모로 판단하고 있는 거지요." (퍼시)

"사람들은 나를 무시하고 지나치거나 내 뒤를 따라옵니다. 나는 특히 내 뒤를 따라오는 남자들이 두려워요. 그들이 나를 비웃는 것 같고, 내게 가까이 다가올 것 같아 무섭습니다."

"그들이 왜 당신을 비웃고 있을 것이라 생각하나요?"

"모르겠어요. 아마 내 외모 때문인 것 같아요." (맨디)

다시 한번 말하지만, 환자들의 외모는 결코 이상하지 않다. 펠리시티와 내가 미국 일반인에 대한 데이터를 조사했을 때에도 비슷한 상황이 나타났다. 전국 청소년 동반 장애 조사NCS-A와 후속 조사NCS-R 모두에서 참가자들은 다음과 같은 질문을 받았다. "뚱뚱하거나 과체중 때문에 무척 걱정하거나 크게 두려워했던 때가 있었나요?" 질문에 '예'라고 답한 이들(성인의 35% 이상, 청소년의 28% 이상)이 편집증적 사고를 보고할 가능성이 더 높았다.

키, 자존감, 편집증: 가상현실 실험

넌 나보다 더 어리지만 나는 믿어 의심치 않아. 키도 나보다 더 크고 어깨도 두 배나 넓으니까. 눈 깜짝할 사이에 그자를 쓰러뜨릴 수 있어. 그럴 수 있을 것 같지 않니?

폭풍의 언덕(1847), 에밀리 브론테 Emily Bronte

키 크는 비결을 알고 싶어. 키 크는 법을 배우려고 이 땅에 세금까지 내고 있다고.

폴 다니엘스 Paul Daniels, 마술사이자 TV 진행자

자신을 부정적으로 생각할수록 쉽게 편집증에 시달린다는 말은 이론적으로 충분히 이해가 된다. 편집증은 개인의 취약성을 먹고 살기 때문이다. 자신이 약하다거나 쓸모 없는 존재라거나 매력적이지 않다고 믿는 것은 그런 취약함을 불러일으킬 가능성이 높다. 지금까지 수집한 데이터도 이런 생각을 뒷받침하는 것으로 보인다. 하지만 보다 확실히 하기 위해서는 또 다른 증거가 필요했다. 무언가가 다른 어떤 것에 영향을 미친다는 사실을 증명하려면 인과관계 테스트를 수행해야 한다. 즉 하나의 변수를 조작한 다음 다른 변수에 대한 영향을 측정해보는 것이다. 그래서 나는 다른 사람이 자신에 대해 부정적인 느낌을 갖도록 자극하면 어떤 상황이 일어나는지 알고 싶었다. 그러면 편집증이 생

길 가능성이 더 높아질까? 반대로, 자존감을 높여주면 불신을 줄일 수 있을까? 나는 특이한 실험을 계획하기 시작했다.

대부분의 사람들은 자신의 키를 과장하는 경향이 있다. 키가 큰 사람이 여러모로 유리하게 평가되는 점을 고려하면 놀라운 일은 아니다. 실제로 동일한 인지 능력을 가진 경우, 키가 큰 사람이 키가 작은 사람보다 정규 교육을 더 오래 받을 뿐만 아니라 학위를 취득할 가능성이 더 높은 것으로 나타났다. 또 키가 큰 사람이 직장에서 관리직에 오를 가능성도 더 높았다. 키가 6피트(183cm)인 사람은 5피트 5인치(165cm)인 사람보다 30년 직장 생활을 하면서 약 13만 5,000파운드(2억 3,500만원)를 더 벌 가능성이 있는 것으로 나타났다. 실제로 미국에서는 키가 1인치 더 클수록 더 높은 직급에 고용될 가능성이 약 10% 더 높아진다고 한다(여성의 경우 4.6%). 이뿐만이 아니다. 키가 크면 이성과의 연애에도 도움이 되는 것으로 보인다. 이탈리아 속담에 altezza mezza bellezza(키는 아름다움의 절반을 차지한다)라는 말이 있다. 남녀를 불문하고 키가 큰 젊은이들이 상대적으로 키가 작은 또래보다 데이트를 더 많이 하는 것으로 조사되었다. 또 키가 큰 남성은 오래 사귈 수 있는 짝을 찾을 가능성이 높고, 여러 명을 만날 가능성도 높았다. 이탈리아 커플 2만 쌍을 분석한 결과, 키가 큰 사람들이 더 많은 교육을 받고 더 높은 급여를 받는 파트너와 결혼하는 것으로 나타났다.

키가 큰 사람들이 세상에서 성공할 가능성이 더 높은 것처럼 보인다는 점을 고려하면, 그들이 특정한 심리적 혜택을 누리고 있는 것도 어찌 보면 당연하다. 실제로 키 큰 사람은 행복감과 자부심을 더 많이 느끼고, 고통과 슬픔은 더 적게 느끼며, 결과적으로 자살률도 현저히 낮다. 두말할 것 없이 이런 심리적 이점은 키를 권력과 연관 짓는 경향이 널리 퍼져 있는 것과 관계가 있다. 10개월 된 아기조차도 사회적 계급에 민감하게 반응하며, 키가 큰 사람이 지배력이 있다고 생각한다고 한다. 이런 경향은 언어에도 내재되어 있다. 우리는 우월하다고 생각되는 사람을 존경하며 '작은' 사람은 영향력이 없다고 생각한다. 또 키를 리더십 능력의 지표로 간주하기도 한다. 미국 포춘 500대 기업 CEO의 평균 키는 6피트(183cm)가 조금 못 미친다고 조사되었다. 미국 평균 남성보다 약 3인치(7.6cm) 더 큰 수치다. 이들 중 30%는 6피트가 넘는다. 미국 전체 남성 인구 중 키가 6피트 넘는 사람은 4%에 불과하다. 미국에서 평균 미국인보다 키가 작은 대통령이 선출된 것이 120년 전의 일이다. 1897년 대통령에 당선된 윌리엄 맥킨리William McKinley는 키가 5피트 7인치(170cm)였는데 언론에서 그를 '작은 소년'little boy이라고 조롱했다고 한다. 나폴레옹 보나파르트Napoleon Bonaparte도 같은 운명에 처했다. 그는 동시대 프랑스인의 평균 키보다 2인치(5cm) 더 컸지만 영국인들에게서 '소리만 큰 좀팽이'라고 조롱당했다. 심지어 나폴레옹 콤플렉스Napoleon complex라는 이론이 나올 정도였다. 키가 작은 사람은 과감한 결단력, 지배력, 공격성을 통해 자신의 부족한 키를 보완한다는 이론이다. 게다가 키가 큰 사람이 단지 강력하다고 생각하는 데에만 그치지 않는다. 키가 큰 사람이 더 위엄 있어 보인다고 생각하는 것도 키가 큰 사람을 과대 평가하기 때문이다.

키와 자존감이 그렇게 깊은 관련이 있다면, 자신이 평균보다 작다고 느끼는 사람의 심리 상태는 어떨까? 우선 직감적으로 드는 생각은, 그들은 자신을 더욱 부정적으로 볼 뿐만 아니라 지위에 대한 자존감이 떨어지고 스스로 더 취약하다고 느낄 것이라는 점이다. 그래서 자신을 더 불신하게 된다. 결국 같은 상황이라도 키가 다르면 경험도 달라질 수밖에 없다. 1957년 이탈리아의 여배우 소피아 로렌Sophia Loren(키 174cm)은 영화 〈해녀Boy on a Dolphin〉를 촬영하면서 남자 주인공 앨런 래드Alan Ladd보다 키가 커 보이지 않도록 땅을 판 도랑 바닥에 서 있으라는 요청을 받기도 했다. (이와 비슷한 수법이 오늘날 영화계에서도 사용되고 있다는 소문이 있다. 키가 크지 않은 톰 크루즈Tom Cruise의 키 큰 상대 여배우에게도 유사한 방식이 촬영 때 사용되었으리라 추정된다.) 우리는 실험에서, 실제로 도랑을 팔 수 없었으므로 다른 방법을 선택했다. 바로 가상현실이다.

이번 VR 실험의 대상은 지난 한 달 동안 편집증적 사고를 경험한 60명의 여성들이었다. (키가 크다는 점은 남성이나 여성 모두에게 유리하게 작용하지만, 약간의 차이가 있기 때문에 우선은 동성 집단만을 대상으로 실험을 진행하기로 했다.) 60명 중에서 심각한 정신 건강 문제를 겪은 사람은 없었다. 이번에도 4장에서 설명한 것처럼 시뮬레이션 지하철 열차를 6분간 탑승했다. VR 세계에 있는 동안 참가자들은 실제 플랫폼과 지하철 여행에서 나는 소리(덜커덩거리며 기차가 달리는 소리, 다른 승객들이 대화하는 소리 등)를 헤드폰을 통해 듣는다. 지하철 안에는 평소와 마찬가지로 많은 사람이 타고 있다. 물론 컴퓨터로 생성된 아바타이며 모두 엄격하게 중립적인 방식으로 행동하도록 프로그래밍되었다.

참가자들은 가상 지하철 여행을 두 번 했다. 한 번은 정상 키인 사람으로, 다른 한 번은 얼굴 길이만큼 키가 더 작았을 때 사물이 어떻게 보이는지를 그대로 모방하기 위해 사물이 보이는 각도를 조절했다. (여행의 순서는 무작위로 정해다. 어떤 사람들은 정상 키로 먼저 시작했고, 또 어떤 사람들은 작아진 키로 먼저 시작했다.) 결과는 극적이었다. 참가자들은 키가 작을수록 열등감, 취약함, 무능함을 더 많이 느꼈다. 게다가 그들은 객실 안에 있는 누군가가 자신에게 적대적이거나 자신을 쳐다보면서 기분 나쁘게 하고 있다고 믿는 등 편집증적 증상을 더 많이 보였다. 우연한 연관성이 아님을 데이터가 입증했다. 결국 자기에 대한 부정적인 생각이 커지면 편집증이 더 심해진다는 가설이 들어맞은 것이다.

우리는 참가자들에게 키가 더 작아졌다는 사실을 알리지 않았고 누구도 눈치채지 못했다. "두 차례 여행의 느낌이 서로 달랐어요. 첫 번째 여행에서는 내가 더 취약하다는 느낌이 들었고, 통로에 다리를 뻗고 앉은 남자가 내게 적대적인 태도를 취했지만, 두 번째 여행에서는 그 사람이 여전히 통로에 다리를 뻗고 있었지만 나를 적대시한다는 느낌은 들지 않았습니다. 같은 장소인데 왜 그런지 모르겠네요!"라는 말이 여러 사람에게서 나왔다. 또 다른 참가자는 이렇게 말했다. "첫 번째 여행에서는 더 겁이 났는데 왜 그런지 모르겠어요. 얼굴을 손으로 만지작거리는 여자애와 파란색 티셔츠를 입고 머리를 흔들어대는 남자가 나를 계속 쳐다보고 있었어요."

나는 이 결과에 매우 흥분했다. 우리 자신에 대한 부정적인 생각이 편집증의 원인이라는 증거를 처음으로 얻었기 때문이다. 이 실험의 결과를 발표한 학술 논문은 많은 언론의 주목을 받았다. 그러나 일부 보도는 완전히 긍정적이지만은 않았다는 점을 인정한다. 사람들은 가끔 우리 연구를 키가 작은 사람이 편집증에 걸릴 가능성이 더 높다거나 이른바 '키 작은 남자 증후군short man syndrome'(위의 나폴레옹 콤플렉스와 동의어로 사용됨—옮긴이)이 사실이라고 주장하는 것으로 잘못 해석했다. 물론 우리 실험은 이 중 어느 것도 주장하지 않았지만, 나는 지금도 여전히 사람들로부터 자신은 키가 크지 않지만 편집증이 없다고 항의하는 이메일을 받는다. 심지어 키가 작은 유명인사들도 자신의 키에 대해 방어하고 나섰다. 고인이 된 마술사 폴 다니엘스Paul Daniels(키 165cm)는 BBC 라디오 4의 〈World at One〉 쇼에 출연해 우리 연구가 '가상 세계의 사람들'에게만 해당된다고 비난했다. 다니엘스는 "썩 좋은 연구는 아니고… 그런대로 좋은 내용이에요"라고 말했지만 내 연구를 직접 언급하지는 않았다. 또 내가 다른 방송국에서 위

지미 크랭키Wee Jimmy Krankie와 우리 실험에 대해 논의할 것이라는 소식을 방송 직전에야 듣고 깜짝 놀랐다. (해외 독자들은 여기서 잠시 멈추고 크랭키가 누구인지 인터넷 검색을 해보시기 바란다.) (스코틀랜드의 코미디언 부부 재닛Janette과 이안 터프Ian Tough가 부자지간으로 출연하는 코미디 쇼 〈크랭키〉에서 재닛이 분한 아들의 극중 이름이 위 지미 크랭키임—옮긴이) 실제로 이어진 인터뷰에 대한 기억은 가물가물하지만, 극중의 위 지미는 제작자들이 예상했던 것보다 내 생각에 더 우호적인 듯했다.

나는 어떤 어려운 조건에도 굴하지 않고, 2년 후에 옥스퍼드 심리학과 학부생인 스테파니 애서튼Stephanie Atherton과 함께 또 다른 실험을 진행했다. 스테파니는 이 실험을 위해 26명의 남성을 모집했다. 이번에도 정신병 환자는 아무도 없었지만 모두 최근에 편집증적인 생각을 경험한 사람들이었다. 이들도 이전 여성 집단과 마찬가지로 가상 지하철을 두 차례 탑승했다. 그러나 이번에는 키를 변경하지 않고, 각 탑승을 시작하기 앞서 자존감을 높이거나 낮추도록 고안된 연습을 하게 했다. 스테파니는 참가자들에게 자신감이 최고조에 달하는 시간을 경험해보라고 권유한 다음, 다음과 같이 질문했다. "어떤 모임에 초대되어 낯선 사람과 이야기를 나누며 시간을 보냈다고 상상해보세요. 어떤 기분인 것 같나요? 대화한 사람에 대해 어떤 생각이 들었나요? 그리고 그들은 당신에 대해 어떻게 생각했을 것 같나요?" 다음에는 참가자들에게 자신감이 가장 낮은 순간을 경험해보라고 권유했고, 나머지 질문은 똑같았다.

비록 짧고 간단한 연습이었지만, 이 연습이 참가자들이 가상 지하철 여행을 인식하는 방식에 상당한 영향을 미쳤다:

"재미있네요. 가상현실 속의 사람들이 실제로 내게 적대적으로 보이거나 해를 끼치려 하는 것처럼 보일 수 없을 거라고 생각했죠. 하지만 두 번째 여행(낮은 자신감)에서 사람들이 나를 그런 식으로 쳐다본다는 걸 확실히 알 수 있었습니다."

"첫 여행(낮은 자신감)에서는 맞은편 남자가 나를 조금 쳐다보는 것 같아서 몹시 불편한 느낌이었는데, 두 번째 여행(높은 자신감)에서는 그 사람이 더 불편해하는 것처럼 보이더군요."

지하철 여행을 떠나기 전에 자존감을 높이는 연습을 한 것과 자존감을 낮추는 연습을 한 것이 그들의 VR 경험을 해석하는 방식에 큰 영향을 미쳤다. 자존감을 저울의 눈금이라고 생각해보라. 저울 눈금이 부정적인 쪽으로 기울면 의심스러운 결과가 나온다. 그것이 이 실험에서 스테파니와 내가 관찰한 것이다.

'자신감이 늘었어요': 시범적 치료법

낮은 자존감이 우리가 다른 사람을 불신하게 만드는 것이라면, 이론적으로는 자존감을 키우면 편집증을 막을 수 있다는 얘기가 된다. 하지만 언제나 그렇듯이 가설을 세우는 것과 그것을 증명하는 것은 별개 문제다. 나는 우선 긍정적 심리 기법들을 사용해 6회에 걸쳐 치료하는 시범 치료법을 개발했다. (긍정 심리학은 1990년대 펜실베이니아대학교University of Pennsylvania의 마틴 셀리그먼Martin Seligman이 처음 시도했다. 셀리그먼은 긍정 심리학이 오직 정신 질환에만 초점을 맞췄다고 주장하면서 '긍정적 마음이 인간 기능과 번영에 미치는 과학적 연구'를 제시했다. 그로부터 30년이 지난 오늘날, 긍정적 심리 기법은 우울증, 불안, 스트레스를 완화하고 삶의 안정과 질을 향상하는 데 도움이 되는 것으로 보인다.)

이 치료법은 바로 자신에 대해 낙천적이고 열성적이며 관대한 믿음을 구축하는 것이다. 가장 친한 친구의 성원에 힘 입어 내면의 비판적 잔소리를 몰아내는 것이다. 이를 달성하기 위해 우리는 세 가지 영역에 집중했다. 첫째는 환자가 자신의 긍정적인 특성을 올바로 인식하도록 하는 것이다. 사람들에게 '자신의 부족한 점을 설명해달라'라고 요청하면 그들은 '문제없어요'라고 말하며 바로 대답한다. 그러나 '자신의 장점이 무엇인지 알고 있나요?'라고 물으면 대개 침묵이 이어진다. 그들은 자신의 장점에 대해 거의 아무것도 생각하지 못한다. 그래서 우리는 그들의 대답을 유도했다. 긍정적 특성에 대한 목록을 함께 살펴보며 자신과 관련 있는 것이 어떤 것인지 하나씩 짚어나갔다. 그러면 사람들은 점차로, 예를 들어 자신이 관대하고 친절하며 신뢰할 수 있는 사람이라는 사실을 깨닫게 된다. 이 방법을 통해 나도 그들의 장점을 알 수 있었고, 그들 또한 자신의 장점을 찾을 수 있었다. 둘째는 환자가 자신이 찾은 그 장점들을 최대한 활용하도록 격려하는 것이다. 이를 위해 우리가 함께 확인한 환자의 긍정적인 특성을 활용할 수 있는 활동 계획을 따로 세운다(그렇게 하도록 숙제를 내준다). 셋째는 그런 활동을 즐기게 함으로써 환자의 관심을 긍정적인 쪽으로 전환한다. 즉 긍정적인 경험의 모든 측면에 주목하며 순간의 감각을 만끽하게 하는 것이다. 이런 노력의 일환으로 우리는 환자들에게 햇살 속에서 커피를 한잔 마셨다거나 친근한 대화를 나눴다거나 좋아하는 TV 프로그램을 보았다거나 등, 매일 경험한 즐거운 일들을 비록 짧게라도 기록하라고 당부했다.

2012년부터 2014년까지 우리는 내가 일하는 영국 옥스퍼드 국민건강서비스 재단 신탁Oxford Health NHS Foundation Trust의 지원을 받는 환자들을 대상으로 시범 치료를 실시했다. 아니나 다를까, 환자들의 자존감이 크게 증가하는 광경을 직접 목도했다. 환자들은 자신에게 훨씬 더 큰 만족감을 느꼈다. 당연히 편집증도 줄어들었다. 항정신병 약물이 피해망상을 크게 개선하지 못했다는 점을 고려하면 매우 고무적이었다. 환자들이 실제로 긍정 심리 기법 기술에 참여했다는 사실도 기뻤다. 실험에서 탈락하는 환자들도 가끔 발생하기 때문이다. 실제로 환자들이 정신 건강 치료를 포기하는 경우는 흔하다. 하지만 이번 실험 참가자들은 모두가 프로그램을 마쳤다. 그들은 다음 치료 세션에도 참가하고 싶어했다. 그리고 이 치료법이 좋았다고 말할 수 있는 가장 큰 증거는 그동안의 어떤 연구보다 환자들로부터 더 많은 감사 초콜릿을 받았다는 것이다:

"정말 훌륭한 치료법이라는 생각이 들었습니다. 자신감도 높아졌고 전보다 더 긍정적으로 생각하게 되었지요. 예전에는 모든 게 큰 문제라고 생각해서 걱정만 많이 했거든요. 물론 지금도 걱정이 되긴 하지만 걱정해봐야 아무 소용없다는 것을 깨닫고 그 일을 노트에 적습니다. 지금은 기분이 정말 좋아졌어요."

"좀 더 자신감이 붙은 것 같고 태도도 조금 달라진 것 같아요. 생각하는 방식과 나라는 존재에 대한 생각을 바꾸는 데 정말 도움이 되었습니다. 지난 몇 년 동안 의사를 만나면 내 문제가 무엇인지에 대해서만 말했는데, 이제 내 강점에 대해 말한다는 것이 엄청난 변화였어요. 나는 의사와 치료진들에게 내 학력, 직장 경력, 자원 봉사 경험을 쓴 이력서를 제출하기 시작했습니다. 그러면서 그들에게 말했지요. 이게 바로 당신들이 보지 못한 '내가 잘나갈 때의 모습'이라고요."

작은 규모의 실험이었다. 15명이 이 치료를 받았고, 대조군은 일반적인 치료를 계속 받았다. 하지만 이 시범 연구를 통해 자존감에는 사람들이 편집증을 극복하도록 도울 수 있는 지렛대가 있다는 점을 확신하게 되었다. 그래서 우리는 안심 프로그램에 자신감을 높이는 모듈을 주저 없이 포함시켰다.

자비로운 코치

이 치료법은 내게 많은 사랑을 가져다주어서 정말 좋았다고 생각합니다.

자신에 대해 좀 더 긍정적으로 생각하도록 돕는 방법에는 여러 가지가 있다. 임상심리학자 폴 길버트Paul Gilbert는 불교 심리학에서 영감을 얻어 이른바 '자비심 치료'compassion-focused therapy, CFT라는 치료법을 개척했는데, 그는 이 치료법에 대해 다음과 같이 설명한다. "자비심의 치유적 특성에 대해서는 수세기에 걸친 기록이 있다. 달라이 라마는 다른 사람을 행복하게 만들고 싶을 때나 스스로 행복해지고 싶을 때에는 자비심에 집중하라고 강조한다."

그러면 자신에 대한 자비심(자기 연민)이란 정확히 무엇이며, 어떻게 이를 높일 수 있을까? 길버트는 "자기 연민은 자신을 따뜻하게 바라보거나 자신에게 친절을 베푸는 등, 자기를 향한 특정 유형의 감정을 생성하는 데 초점을 맞춘다"라고 말한다. 우리는 고통을 인식하면서 인간이 되기 위한 불가피한 일부분이라고 이해한다. 우리는 또 우리 자신을 용서한다. 길버트는 이처럼 자신에게 친절을 베푸는 방법을 개발하기 위한 다양한 기술을 권장하는데, 그중 하나가 바로 자비로운 코치나 완벽한 양육자가 되는 것이다. 우리는 어려움을 겪을 때마다 아낌없는 위로와 후원을 제공해주는 사람이 있었으면 하고 상상한다. 또 완벽한 양육자가 나타나 깊은 관심을 기울여주기를 바란다. 그들은 우리의 최고 이익을 최우선으로 생각한다. 그들은 우리가 어떤 인생의 어려운 고비에도 대처할 수 있다는 자신감을 심어준다. 그런 자비로운 코치가 있었다면 과거에 어려운 상황에 처했을 때 우리를 어떻게 도와주었지 상상할 수도 있고, 앞으로도 비슷한 상황이 오면 우리와 계속 함께 있을 것이라고 상상할 수도 있다.

지속적인 피해망상을 앓고 있는 환자에게도 이 방법이 효과가 있을까? 편집증도 줄어들고 자존감도 높아질 수 있을까? 이에 대해 처음 조사를 시도한 사람은 펠리시티 웨이트와 내가 함께 지도한 우수한 박사과정 학생인 애바 포커트 Ava Forkert였다. 아바는 2020년에 12명의 환자를 대상으로 4회에 걸친 시범 치료를 진행하면서 1주일에 두 번씩 2주 동안 환자들을 개별로 만났다. 결과적으로 이 치료는 환자들이 자신에 대해 느끼는 방식에 큰 개선을 가져왔다. "나 자신과 긍정적인 대화를 하면서 내 모습이 더 좋게 느껴졌어요.", "이 치료를 시작한 이후 자신감을 갖게 되었어요.", "이 치료법은 내게 많은 사랑을 가져다주어서 정말 좋았다고 생각합니다.", 이 실험에 참가한 사람들은 단지 자신에 대해 더 편안함을 느꼈을 뿐만 아니라, 자신의 문제를 더 잘 관리할 수 있다고 생각했다. "이제는 사물을 보는 눈이 달라졌고, 큰 상처를 받지도 않아요", "이제는 어떤 일이 일어나도 더 잘 대처할 수 있습니다", "이제는 내 뇌를 통제할 수 있게 되었답니다." 당연히 그들의 편집증도 줄어들었다. "이젠 예전만큼 위협을 느끼지 않아요. 좀 더 안전해진 것 같습니다. 아마 취약성도 개선되었을 거예요", "이제 다른 사람이 무엇을 생각하는지 걱정하지 않아요. 나는 더는 편집증이 아닙니다."

포피 브라운이 이번에는 환자가 아니라 옥스퍼드셔 지역 주민 중 성인 100명을 대상으로 추가 실험을 수행하면서, 아바의 치료 효과는 완벽하게 뒷받침되었다. 포피의 실험에 참가한 사람들은 수시로 편집증적인 생각을 경험하긴 했지만 심각한 정신병 병력은 없었다. 10분간의 세션을 네 차례 진행하면서 포피는 참가자들에게 자비로운 코치를 상상하고, 그 코치가 어려운 상황에서 자신을 어떻게 도울 수 있는지 생각해보라고 말했다. 각 세션이 끝나면 참가자들은 가상현실(엘리베이터나 런던 지하철) 속으로 들어갔다. 편집증이 있는 사람들에게는 낯선 사람에게 둘러싸여 있는 것이 매우 어려운 일이다. 행동과 태도를 엄격하게 중립적으로 프로그래밍해 놓은 VR 아바타들조차도 이들에게는 어려울 수 있다. 따라서 VR 실험은 참가자들이 어려운 상황 속에서 자신들이 상상한 자비로운 코치의 지원을 받아 자기 연민을 시험해볼 기회를 갖도록 구성되었다.

예상했던 대로, 이 연습은 사람들이 자기 자신에 대해 더 많은 친절을 베풀게 해주었다. 대조군과 비교했을 때 편집증 개선에도 상당한 차이를 보였다. 여기서 불신이 우리 자신에 대한 부정적인 생각을 어떻게 키우는지, 그리고 불신의 그런 해로운 영향을 직접 치료함으로써 무엇을 얻을 수 있는지에 대한 또 다른 강력한 증거를 얻을 수 있었다. 바로 자기 연민이 그런 파괴적인 목소리, 즉 우리가 약하고 부적절한 존재이기 때문에 다른 사람들의 악의나 적대감의 쉬운 표적이 될 것이라고 우리에게 끊임없이 암시하는 목소리를 잠재울 수 있다는 것이다.

지금까지 이 장에서 살펴본 연구, 즉 질병 통계, 실험, 시범 치료법 등은 피해망상을 앓는 환자들이 수년 동안 임상의에게 말해왔던 내용, 즉 그들의 자존감이 바닥까지 떨어져 있다는 사실을 다시 한번 확인시킨다. 더 중요한 것은, 자신에 대해 나쁜 감정을 느끼게 만드는 주범이 편집증이 아니라(일부 그렇긴 하지만) 바로 불신 때문이라는 것이다. 편집증 스펙트럼의 가장 심각한 끝 단에 있는 사람들뿐만 아니라 그 사이의 모든 지점에 있는 사람들에게도 해당된다. 유전자, 양육, 트라우마, 수면 문제와 마찬가지로 낮은 자존감도 불신 메커니즘의 일부다. 다음 장에서는 또 다른 원인, 즉 약물에 대해 살펴보고자 한다.

* * *

'당신은 쓰레기일 뿐이야'라고 말하던 체리의 상황은 크게 변했다. 체리가 편집증 연구에 대해 내게 조언을 해주는 사람들(그들은 정신 건강 문제에 대해 생생한 경험을 가진 사람들이다)의 패널에 합류하면서 나는 그녀를 처음 알게 되었다. 내가 이 책을 쓰는 동안, 체리는 나와 우리 팀의 연구에 지속적으로 기여하면서 새로운 엄마가 되는 도전에 행복하게 온몸을 던지고 있다. 체리는 아주 잘 지내고 있다.

> 작은 체구인 내가 무언가에 크게 기여할 만큼 가치 있다고 생각하지는 않지만, 어쩌면 앞으로는 그럴 수 있을 것 같아요. 여전히 믿기지는 않지만요. 지금 내 감정이 영원히 계속될지 믿기지는 않지만, 나는 내가 그동안 생각해온 그런 쓰레기가 아니며 앞으로 점점 더 좋아질 거에요… 어쨌든 난 지금 잘 지내고 있답니다.

09.
내가 대마초를 끊은 이유

1798년 7월 나폴레옹 보나파르트의 동방 원정군Armee d'Orient이 이집트를 정복했다. 나폴레옹(그는 8장에서 알게 된 것처럼, 영국이 조롱할 만큼 작은 남자가 아니었다)은 이집트에 많은 관심을 보였다. "나는 이집트에서 비로소 문명이라는 성가신 장애물에서 자유로워질 수 있었다. 꿈으로 가득 찼다. 종교를 창시하고, 머리에 터번을 쓰고, 내 필요에 맞게 다시 쓴 새 코란을 손에 든 채 코끼리를 타고 아시아로 행진하는 나 자신의 모습을 보았다." 그러나 나폴레옹은 현지 주민들이 대마를 사용하는 데 실망했다. 대마는 중세 시대에 아시아에서 들어온 이후 현지 주민들이 자발적으로 선택한 중독성 물질이었다. 더욱 문제가 된 것은 나폴레옹의 병사들까지 이 생소한 마약을 즐기게 되었다는 점이다. 아마도 이슬람 국가인 이집트에서 술을 구할 수 없었기 때문일 것이다. 나폴레옹은 병사들의 방종한 생활을 끝내기 위한 조치를 즉각 취했다. 술을 증류하도록 허용하면서 다음과 같은 명령을 내렸다:

이집트 전역에서 일부 이슬람교도가 대마로 만든 음료의 사용과 대마 씨앗의 흡연을 전면 금지한다. 이 식물을 상습적으로 피우거나 마시는 사람은 이성을 잃고 여러 과잉 행동을 저지르기 쉬운 폭력적인 정신 착란에 시달리기 때문이다…
대마를 음료로 만드는 것을 이집트 전역에서 금지한다. 그런 음료를 제공하는 카페와 레스토랑은 그 문을 벽으로 막고 주인은 3개월 동안 투옥될 것이다.

그러나 그의 명령은 제대로 이행되지 않았다. 이집트 국민은 침략자의 명령이라며 무시했고, 프랑스 군인들은 1801년 전쟁에 패배하고 귀국하고 나서도 여전히 대마초를 좋아했을 뿐만 아니라 공급원까지 확보하고 있었다. 대마초에 대한 과학적 관심도 촉발되었다. 이집트 원정에 나섰던 나폴레옹 군대에는 과학 및 예술 위원회 위원 151명이 동행했는데, 이들이 오히려 대마초를 지중해 건너로 들여오는 통로 역할을 했다. 하지만 그때까지 대마는 위험한 식물이 아니었다. 영국의 역리학자 레슬리 아이버슨 Leslie Iversen이 관찰한 바에 따르면 대마초는 유럽에서 밧줄, 캔버스, 기타 천의 원료로, 그리고 종이를 만드는 데 사용되기는 했지만, 정신을 혼미하게 만드는 효과에 대해서는 거의 알려져 있지 않았다. 적어도 프랑스에서나 이제 막 그 효과가 알려지기 시작한 참이었다.

그러나 당시만 해도 대마는 주로 파리의 엘리트 작가, 예술가,

보헤미안 사이에서만 제한적으로 사용되었다. 이 중에는 발자크 Balzac, 보들레르 Baudelaire, 뒤마 Dumas, 들라크루아 Delacroix, 플로베르 Flaubert 같은 유명 인사들이 있었는데, 이들은 1844년에 조직된 빌밀 클럽인 하시친스 클럽 Club des Hashischins에서 어울렸다. 프랑스의 시인 테오필 고티에 Theophile Gautier는 이 클럽에 첫 방문한 기억을 다음과 같이 묘사했다. "관계자들은 이해하지만 다른 사람들은 이해할 수 없는 수수께끼 같은 용어로 쓰여진 신비스러운 소환에 응한 듯했다." 그들은 생 루이 Ile St Louis 섬에 있는 웅장한 저택에서 모였는데, 한 스푼의 초록색 잼이 작은 일본식 접시에 정성스럽게 담겨 나오는 것으로 식사가 시작되었다. 고티에가 잼의 맛을 느끼는 데는 시간이 오래 걸리지 않았다. "내가 마신 물은 가장 맛있는 와인 같았고, 고기는 한번 입에 들어가면 딸기 맛이 났다. 나는 생선과 고기도 구별할 수 없었다." 시간이 좀 지난 후 고티에는 다른 장소로 이동해서 다음과 같은 도취 상태에 빠졌다:

> 뭐라 말할 수 없는 행복감, 끝없는 평온함, 나는 동양인들이 마약 kief이라고 하는 대마초로 황홀경에 빠졌다. 더는 내 몸을 느낄 수 없었다. 몸과 마음이 제각각 움직였고 단순한 욕망에도 저항할 수 없는 분위기에 도취되었다. 나는 마침내 영과 천사들이 허공과 하늘을 떠다니면서 느끼는 완벽한 기쁨, 그리고 낙원에서 영원이 어떻게 흘러가는지를 이해할 수 있었다.

그러나 이 황홀한 평온함은 지속되지 않았다. 그것은 결국 두려움과 편집증으로 대체되었다. 그는 다음과 같은 경고의 음성을 들었다:

"조심하세요. 당신은 적들에게 둘러싸여 있습니다. 보이지 않는 세력이 당신을 붙잡고 유혹하려고 합니다. 당신은 이곳에 잡힌 포로입니다. 탈출을 시도한다면 그 모든 게 보일 것입니다." 내 마음의 눈에서 베일이 벗겨졌고, 클럽의 회원들이란 사람들이 나를 파멸하려는 비밀결사체이자 마법사들이라는 것이 분명해졌다… 나는 절망에 휩싸였다. 손을 들어 내 두개골에 대보니 두개골이 열려 있다는 걸 깨닫고 의식을 잃었다.

하시친스 클럽에서 이런 대마초의 향연이 벌어졌지만, 20세기가 될 때까지 서양에서 대마초의 대규모 소비는 거의 일어나지 않았다. 미국 연방마약국 국장 해리 J. 앤슬링거Harry J. Anslinger가 1930년대에 '대마의 광기'reefer madness를 경고했지만, 대마는 주로 뉴올리언스와 다른 남부 도시의 멕시코 이민자들과 아프리카계 미국인 재즈 현장에서나 제한적으로 사용되었다. 1937년 마리화나 세금법Marijuana Tax Act이 제정되면서 마리화나의 사용 여지는 더욱 제한되었다. 유럽에서는 적어도 1960년대까지 마리화나를 사용하는 사람이 거의 없었다. 영국 정부도 1971년까지 입법 필요성을 느끼지 않았을 정도로 마리화나의 사용은 매우 드물었다.

무엇에 중독되어 있는가?

 물론 지금은 상황이 크게 달라졌다. 오늘날 그 사용을 제한하는 모든 향정신성 물질 가운데 대마초는 세계에서 가장 인기가 높다. 전 세계적으로 약 1억 8천만 명의 성인이 이 약물을 사용하고 있을 것으로 추정된다. 2022년 잉글랜드와 웨일스에서 일어난 범죄 조사에 따르면, 16~24세 청소년 중 16%가 지난 12개월 동안 대마초를 최소한 한 번 이상 복용한 적이 있는 것으로 나타났다. 60세 이하의 성인까지 연령 범위를 확대하면 7.4%, 즉 약 250만 명이 대마초 경험이 있다고 응답했다. 몇 년 전부터 대마초는 영국에서 가장 많이 소비되는 불법 약물이었다. 두 번째로 흔한 향정신성 물질인 코카인의 경우, 16세에서 59세 사이의 성인 2%가 사용한 적이 있다고 나타났다. (코로나바이러스로 인한 지역 폐쇄 때문에 전년도에 비해 크게 감소한 수치다. 이 기간 동안 모든 파티가 잠정 중단되었다.) 2021년 미국에서는 12세 이상 인구 중 13%(3640만 명)가 지난 한 달 동안 대마초를 사용한 경험이 있다고 조사되었다. 이 비율은 18세에서 25세 사이의 청소년층이 거의 4분의 1(810만 명)로 가장 높게 나타났다. 지난 1년까지 기간을 확대하면 12세 이상의 미국인 5250만 명이 대마초를 복용한 적이 있는 것으로 나타났다.

 실제로 대마초 사용이 증가하고 있는지를 측정하기란 쉽지 않다. 이런 데이터를 매년 수집하는 국가는 거의 없다. 그러나 미국은 그런 통계를 가지고 있는데, 지난 몇 년 동안 코로나로 다소 하락세를 보였지만 최근 10여년 간 극적으로 늘어나고 있음을 보여준다. 실제로 미국에서 대마초의 사용은 2002년부터 2013년 사이에 두 배로 늘어났다. (미국의 많은 주에서 대마의 의료용 사용을 합법화했다. 오락용 사용까지 합법화하거나 범죄시하지 않는 조치를 취하고 있지만, 그런 계획은 대부분 2013년 이후부터 시작되었다.) 영국에서도 대마를 사용하는 청소년 수가 2013년 이후 매년 5%씩 증가하고 있다. 1970년에서 2002년 사이에는 대마초를 사용하는 18세 미만 청소년의 수가 18배 증가한 것으로 추정된다.

하지만 나폴레옹 시대 이후 서구의 대마초 소비가 극적으로 증가했는데도 그에 대한 여론은 예상한 것만큼 변하지 않았다. 대마초는 지역에 따라 사용이 금지되는 위험한 물질로 간주되기도 하고, 즐거움, 휴식, 행복감을 주는 원천으로 간주되기도 한다. 심지어 대마초가 다양한 신체적 문제에 유익한 것으로 인식되면서 여러 국가에서 의료용으로 사용되는 것이 합법화되고 있다. 그러나 대마가 정신 건강에 미치는 영향, 특히 정신병과의 관련성에 대해서는 여전히 우려가 많이 제기되고 있다.

그런데도 오늘날 유럽과 미국에서 일상적으로 소비되는 대마초는 1960년대와 1970년대에 상대적으로 순하면서 효과는 강한 마약으로 간주되면서 우려가 더 높아졌다. 대마초의 효과는 강력했다. 대마초의 그런 효과는 THC라고 알려진 델타-9-테트라히드로칸나비놀 delta-9-tetrahydrocannabinol이라는 화합물에서 나온다.

1980년에만 해도 미국의 일반적인 마리화나 담배에는 THC가 2% 미만 포함되었다. 그러나 2015년에는 THC 함량이 20%까지 치솟았다. 영국에서도 상황은 거의 비슷했다. 현재 마리화나 시장은 평균 THC 함량이 14%인 신세밀라sinsemilla(스컹크skunk라고도 함)가 지배하고 있다. THC 함량이 증가함에 따라 또 다른 중요한 화학물질인 칸나비디올CBD의 함량은 줄어들었다. CBD에는 정신에 영향을 미치는 성분이 들어 있지 않지만 THC의 영향을 상쇄한다. 한때 유럽과 미국에서 널리 사용되던 대마초에는 THC가 낮고 CBD가 상대적으로 높았지만, 오늘날 스컹크에는 사실상 CBD가 들어 있지 않다.

그렇다면 대마초가 정신 건강 문제에 어떤 영향을 미칠까? 우리는 대마초가 테오필 고티에가 겪은 편집증 같은 일시적인 정신병적 증상을 유발할 수 있다는 점을 알고 있다. 하지만 그런 효과가 얼마나 오래 지속될 수 있을까? 내 환자 중 일부가 대마초를 사용하는데, 그는 대마초를 어쩌다 한번 사용하는 것일까, 아니면 계속 사용하는 것일까? 대마초는 자가 치료 수단이 될 수 있을까? 대마초가 편집증을 유발하는 데 어떤 영향을 미치는 것일까? 아니면 편집증을 일으키거나 대마초를 사용하게 되는 데 무슨 다른 요인이 있는 것일까?

우선 영국의 일반 국민들도 그렇지만 정신병 환자들도 대마초보다는 술을 더 즐겨 마신다는 점을 주목할 필요가 있다. 나는 불안을 해소하기 위해 술을 마시는 사람들을 많이 보았다. 그리고 술이나 약물 문제가 일반인보다는 심각한 정신 건강 문제가 있는 사람들에게 더 흔하다는 증거도 있다. 하지만 안타깝게도 술은 상황을 더 악화하는 경향이 있다. 사람들은 휴식을 취하기 위해 점점 더 다양한 방법(술이나 마약 등)을 시도하지만 이런 방법들은 수면을 방해하며, 7장에서 살펴본 것처럼 우울증, 불안, 편집증을 더 악화시킬 뿐이다. 물론 우리는 술과 편집증의 연관성에 대해 아직 충분히 알지 못한다. 그러나 2007년 영국 성인 정신병률 조사APMS를 분석한 결과를 보면 확실히 술과 편집증 사이에 연관성이 있음을 알 수 있다. 특히 2000년 조사에 따르면, 음주 문제가 있는 사람들이 18개월 후 후속 조사에서 편집증 증상을 보고할 가능성이 더 높았다. 분명히 음주가 편집증에 무슨 영향을 미치는 듯하다. 지금 그것이 무엇인지 정확하게 알아내는 연구가 시급하다.

이제 대마초와 편집증 사이의 연관성에 대해 알아보자. 이에 대해 우리는 둘 사이의 연관성을 시사하는 많은 연구 결과를 가지고 있다. 그렇다면 질문을 다음과 같이 바꿔보자. 둘 사이의 연관성의 본질은 무엇인가?

마이클 웨인버그Michael Wainberg와 동료들은 영국 성인 10만 9308명의 데이터를 분석한 결과, 대마초 사용자가 정신병적 경험, 특히 편집증을 보고할 가능성이 훨씬 더 높다는 사실을 발견했다. 대마초를 더 많이 사용할수록 편집증이 더 자주 발생한다고 나타난 것이다(의학계에서 이를 용량-반응 관계dose-response relationship라고 한다). 환자가 아닌 일반 국민 1714명을 대상으로 한 연구에 따르면, 대마초를 사용한 적이 있는 38%의 사람이 그렇지 않은 사람들보다 편집증이 훨씬 더 많이 발생했다. 실제로, 대마초를 사용한 경험이 있는 사람이 그렇지 않은 사람보다 지난 한 달 동안 편집증적 사고를 보고한 비율이 거의 두 배 더 높았다.

이런 단면 분석은 시간 경과에 따라 사람들을 추적하는 종단적 연구로 뒷받침되는데, 그중 첫 번째가 1969년에서 1970년 사이에 스웨덴 군대에 징집된 5만 명의 청년(거의 모두 18세에서 20세 사이)에 초점을 맞춘 실험이다. (당시 스웨덴에서는 남자의 군복무가 의무 사항이었다. 2010년에서 2017년 사이에 잠시 중단되었다가 오늘날 남녀 모두에게 다시 의무 사항이 되었지만 실제로 입대하는 숫자는 훨씬 줄어들었다.) 입대 절차의 일환으로 신병들은 약물 사용에 대해 이런 질문을 받는다. '가장 자주 복용한 약물은 무엇인가요?' '얼마나 자주 사용했나요?' '처음 시도한 약은 무엇이었나요?' 15년이 지난 후 추적 조사를 했더니 입대하기 전에 대마초를 피웠던 남자들이 조현병에 걸린 확률이 두 배나 높게 나타났다. 또, 2002년에 네덜란드 마스트리흐트대학교Maastricht University의 임 판 오스Jim van Os와 동료들이 네덜란드 국민 4045명을 대상으로 실시한 조사에서도, 대마초 사용자가 1년 또는 3년 후의 후속 평가에서 편집증이나 기타 정신병적 경험을 보고할 확률이 3배 더 높다는 사실이 밝혀졌다. 대마초를 많이 사용할수록 편집증이 더 심각해진다는 사실을 다시 한번 보여준 셈이다.

THC vs. 소금물

이런 조사들을 보면, 대마초 사용이 향후 편집증을 포함한 심리 문제를 야기한다는 것이 거의 분명해 보인다. 하지만 더 확실한 증거는 없을까? 편집증이나 정신적 문제의 원인이 대마초라는 것을 명확하게 증명할 수는 없을까? 또 대마초가 원인이라면 어떤 영향을 미칠까? 나는 옥스퍼드 정신의학과에 부임하자마자 수행한 첫 번째 실험에서부터 그 사실을 알아내기 위해 많은 노력을 기울였다. 이 연구는 THC 효과에 대한 역대 최대 규모의 무작위 대조 연구였다. 우리는 자원해서 참가할 121명의 실험 대상자를 모집했는데, 그들 모두 적어도 한 번 이상 대마초를 복용한 적이 있었고 지난 한 달 동안 편집증적 사고를 경험한 사람들이었다(이는 영국 인구의 절반이 해당되는 전형적인 현상이다). 하지만 정신 건강 장애로 진단받은 사람은 아무도 없었다.

이 실험을 수행하는 데 많은 장애물이 있었지만 약리학 동료들 도움으로 스위스에서 수입한 THC 약물을 확보할 수 있었다. (주사용 대마초의 수요는 그리 많지 않았다.) 대상자들을 무작위로 선택해 한 그룹에는 강한 마리화나와 거의 대등한 효과를 내는 THC를, 다른 한 그룹에는 일종의 위약(속임수)으로 마약 성분이 전혀 없는 식염수 1.5mg을 정맥에 투여했다. THC가 효과를 내기 시작하는 데는 5분밖에 걸리지 않으며 약 90분 동안 지속되기 때문에 두 그룹 간 차이를 확실히 볼 수 있었다. 참가자들에게

THC를 투여하기 전에 다양한 평가를 수행했고, THC를 투여한 후 같은 평가를 반복 수행했다.

앞서 언급했듯이 편집증을 측정하는 것은 어렵다. 실제로 주변에 위협은 언제나 존재한다. 누군가가 자신이 표적이 되고 있다고 한다면 그 말이 정말 맞을지도 모른다. 이런 어려움을 해결하기 위해 다양한 테스트 방법을 시도했다. 더 많은 테스트를 더 다양하게 시도할수록 무슨 일이 일어나고 있는지 더 잘 이해할 수 있었다. 가장 먼저 한 테스트는 참가자들에게 행동 과제를 주는 것이었다. 그들에게 병원을 잠깐 산책하고 매점에 들러 음료수를 사라는 임무를 주었다. 이 테스트에서 중요한 점은 참가자가 이 임무를 수행하는 중에 다른 사람들, 특히 모르는 사람들을 만나는 것이었다. 과제를 수행한 후 편집증 설문지를 즉시 작성하게 해서 반응을 측정했다. 첫 번째 테스트가 끝나면 가상의 런던 지하철을 타고 5분간 여행을 하게 했고, 마지막으로 참가자들과 함께 앉아 그들의 경험에 대해 이야기를 나눈 다음 또 다른 편집증 설문지를 작성하게 해서 그들의 반응을 평가했다.

모든 평가가 완료되면 참가자들을 초대해 마치 오스카상 수상식처럼 봉투를 열게 했다. 그 안에는 그들이 어느 실험 그룹에 속해 있었는지 말해주는 메모 용지가 들어 있었다. 참가자와 연구자 모두에게 큰 공개 이벤트였다. 주사를 놓은 정신과의사 외에는 누가 THC 주사를 맞았는지, 누가 소금물 주사를 맞았는지 알지 못했기 때문이다. 때로는 참가자와 연구자 모두가 놀라는 결과가 나오기도 했다. 나는 음악 업계에서 로드 매니저로 일했던 한 남자를 기억한다. 그는 자신이 위약(소금물)을 맞았을 거라고 확신했다. 아마도 그의 로큰롤 라이프스타일 때문이었을 것이다. 그는 THC를 맞았지만 침착함을 유지했다. 반면, 오히려 대조군(THC를 맞지 않은 그룹)에는 극도로 억제되지 않은 사람들이 있었다. 그들은 낄낄거리며 농담을 주고받았고, 연구팀과도 시시덕거리며 마치 대학에서 파티를 즐기는 것처럼 행동했다. 물론 그런 점을 제외하면 그들은 극히 정상이었다. 하지만 마침내 운명의 봉투를 열었을 때 그들은 빠른 속도로 정신을 차렸다. 실제 여행이 아니었던 여행이 갑자기, 확실하게 끝난 것이다. 코믹배우 스탠 로렐Stan Laurel과 올리버 하비Oliver Hardy가 나오는 1930년 코미디 영화 〈블로토Blotto〉에는 재미있는 장면이 나온다. 미국 금주법 시대에 로렐과 하비가 술 한 병을 몰래 나이트클럽으로 가지고 들어와 거나하게 취해 있는데, 로렐 부인이 그들이 마시고 있는 것이 실제로는 차가운 차라는 사실을 밝히자 그들은 즉시 멀쩡한 상태로 되돌아온다. 우리가 이 실험을 한 워너퍼드Warneford 병원이 마치 영화 속에서 로렐과 하비가 갔던 레인보우 클럽이 된 것 같았다.

그렇다면 실제로 THC를 맞은 사람들에게서는 어떤 현상이 나타났을까? THC가 그들을 더욱 편집증적으로 만든 것은 분명히다. THC를 맞은 그룹의 절반은 편집증을 보였지만 소금물 그룹은 30%만이 편집증적 사고를 드러냈다. 즉, 5명 중 1명은 THC로 인해 직접적으로 편집증이 증가한 것으로 나타났다. 편집중에 취약한 사람들에게 대마초가 편집증의 직접적 촉발 원인이 될 수 있다는 것이다. THC는 불안, 걱정, 기분 저하, 자신에 대한 부정적인 생각 등, 불안한 심리적 효과를 몰고 왔고 단기 기억을 손상시켰다. (음악가 윌리 넬슨Willie Nelson은 단기 기억상실을 대마초의 긍정적 효과라고 생각한다. "그렇지 않으면 기억해서는 안 될 많은 부정적인 것들이 잊히지 않지요. 그러면 다시 술을 마시게 됩니다.") 뿐만 아니라 THC는 심리학자들이 '변칙적 경험'anomalous experiences이라고 하는 다양한 현상을 촉발했다. 즉 소리가 평소보다 더 크게 들리거나, 색상이 더 밝게 보이거나, 생각이 마음속에 울려 퍼지는 것처럼 느껴지거나, 시간이 왜곡된 것 같은 현상이 나타나는 것이다. (점검 차원에서 다음 날 참가자 전원과 대화를 나누었는데 다행히 편집증은 모두 사라졌다.)

대마초가 편집증을 유발하는 강력한 원인이 되는 이유는 무엇일까? 통계 분석에 따르면 THC가 개인의 기분과 자아에 대한 생각, 그리고 그것이 생성할 수 있는 변칙적인 감각 경험에 부정적인 영향을 미치기 때문인 것으로 나타났다. (단기 기억 상실은 편집증과는 관련이 없었다.) 이런 부정적인 감정이 우리를 우울하고 취약하게 만들고 그런 근심 걱정이 우리를 최악의 결론으로 이끄는 것이다. 그래서 변칙적인 경험을 이해하려고 하면, 즉 우리에게 무슨 일이 일어나고 있는지 이해하려고 시도하면 세상이 이상하고, 무섭고, 적대적으로 보이게 된다. 그래서 편집증이 발생한다. 그런 이상한 경험이 특이한 생각을 불러일으키기 때문이다. (물론 이런 변칙적 경험을 유발할 수 있는 약물은 대마초만이 아니다. LSD, 환각 물질이 들어 있는 마법의 버섯magic mushrooms, 메스칼린mescaline 같은 환각제도 그런 경험을 가져다준다. 하지만 이런 물질을 사용한 환자는 거의 없다. 확실히 편집증은 나쁜 여행의 일반적인 특징이다.)

이유와 원인

THC 실험에서 살펴본 것처럼, 대마초의 영향이 오래 지속되거나 심각한 편집증을 유발할 수는 있지만 THC를 사용하는 모든 사람에게 그런 증상이 나타나는 것은 아니다. 앞서 살펴본 스웨덴의 연구만 봐도, 대마초를 많이 사용하는 사람이 나중에 조현병 진단을 받을 가능성이 훨씬 더 높게 나타나긴 했지만 그 그룹에서도 단지 3퍼센트만이 영향을 받았을 뿐이다. 그렇다면 그 차이는 어디서 발생하는 것일까? 우리의 실험에 따르면, 적어도 심리적 차원에서는 편집증이 그런 부정적인 감정과 변칙적 경험을 해석하는 방식에 의해 더 많이 발생한다는 점을 시사한다. 과학자들은 또 다른 요인들도 발견했다. 하나는 대마초를 소비하기 시작하는 나이다. 나이가 어릴 때부터 약물을 정기적으로 사용하기 시작한 사람일수록 문제가 발생할 확률이 더 높았다. 청소년의 뇌가 아직 발달 중이기 때문일 것이다. 뇌의 가소성可塑性(고체가 외부의 힘을 받아 형태가 바뀐 뒤 그 힘이 없어져도 본래의 모양으로 돌아가지 않는 성질—옮긴이)으로 인해 대마초가 다양한 신경전달 물질 시스템에 쉽게 영향을 미치는 것이다. 실제로 청소년들의 대마초 사용이 늘어나고 있는 것은 매우 우려스러운 일이다. 오늘날 15세 청소년의 약 40%가 대마초를 한 번 이상 시도해 본 것으로 추정된다.

약물의 효능 또한 차이가 발생하는 원인이 될 수 있다. 앞서 살펴본 것처럼 오늘날 청소년이 소비하는 대마초는 이전의 대마초보다 훨씬 더 강하다. 정신의학연구소 국립 중독센터National Addiction Centre의 클레어 맥키Clare Mackie의 연구에서도 이 사실이 입증되었다. 맥키는 런던 전역의 중고등학교와 대학에서 16~17세 청소년 467명을 모집했다. 이 그룹의 약 30%가 지난 12개월 동안 대마초를 사용했다고 보고했다. 사용자 5명 중 1명은 스컹크만 사용했는데(스컹크는 순한 허브 대마초보다 훨씬 강하다) 이들은 대부분 편집증적 사고를 나타냈다. 그중 3분의 2는 남성이었다. 스컹크 사용자는 대마초를 전혀 사용하지 않은 사람들에 비해 편집증을 보고할 가능성이 두 배나 높았다.

유전자도 차이의 원인이 될 수 있다. 하지만 이에 대한 증거는 아직 불충분하다. 영국 성인 10만 9308명을 대상으로 한 마이클 웨인버그의 연구에 따르면 조현병에 유전적으로 취약한 사람들이 대마초를 사용한 후 피해망상(그 외 환청 같은 정신병적 증상)에 훨씬 더 취약한 것으로 나타났다. 반면 16세 쌍둥이 4830쌍을 대상으로 한 새니아 쉐이쿠어Sania Shakoor의 연구는 대마초와 정신병이 강한 연관성을 보이지만 유전자는 특별히 중요하지 않다고 주장한다. 유전자보다는 환경적 요인이 더 중요하며, 그런 환경으로 괴롭힘, 사회 경제적 불이익, 트라우마 등을 지적했다. 대마초로 인해 편집증이나 기타 심리 문제를 당할 위험이 가장 높은 사람은 이미 물질적으로나 정서적으로 어려움을 겪은 사람들이라는 것이다. 이런 주장은 매우 설득력이 있다. 5장에서 강력한 트라우마와 괴롭힘이 편집증을 유발할 수 있음을 살펴보았다. 실제로 16세에서 25세 사이의 대마초 사용자 2630명을 분석한 호주의 연구 결과에 따르면, 어린 시절 트라우마를 경험한 사람들이 대마초를 복용할 때뿐만 아니라 복용 이후에도 편집증을 보고할 가능성이 더 높다고 나타났다.

그렇다면 대마초와 정신병의 관계에 대해 어떤 결론을 내릴 수 있을까? 대마초를 사용한 모든 사람이 똑같이 어려움(정신병)을 겪을 위험에 처하는 것은 아니라는 사실은 분명하다. 상황이 나빠질 가능성은 몇 가지 주요 위험 요소, 즉 개인의 나이, 대마초를 소비하는 빈도, 약의 강도 그리고 유전적, 심리적, 환경적 영향 등이 혼합되었을 가능성이 높다. 그러나 특정 소수의 사람들에게 대마초가 피해망상을 유발하거나 지속시킨다는 데에는 의심의 여지가 없다. 비키 찰스Vicki Charles와 팀 위버Tim Weaver는 런던에 거주하는 14명의 환자로부터 대마초와 정신병의 관계에 대해 직접 듣는 흥미로운 연구를 수행했다. 환자들(대부분 남성)은 27세에서 55세 사이로, 다양한 약물을 사용한 경험이 있었다.

그들은 모두 대마초를 10대부터 시작했다고 말했다. 그들이 사회에서 접하는 다른 사람들이 이미 대마초를 하고 있었다는 것이다. 한 사람을 제외하고는 정신병이 발생하기 전에도 한동안 대마초를 사용했다고 보고했다. 14명 중 5명은 대마초의 사용이 자신의 정신 건강 문제의 원인이라고 생각했고, 나머지 5명은 원인은 아니지만 문제를 더욱 악화했다고 생각했다. 아마도 이런 이유 때문에 지금 대마초 사용을 중단했을 것이다. "나는 대마초를 피우는 것이 때로는 도움이 된다고 생각합니다. 기분을 풀기에는 좋은 방법이니까요. 하지만 [잠시 머뭇] 나쁜 생각을 하고 있을 때는 좋지 않더군요." 하지만 그 좋은 점이라고 것도 사람을 주저하게 만든다. "화가 났을 때 [대마초]가 긴장을 풀어주더군요. 대마초를 피우면 긴장을 풀어지고 마음이 진정됩니다. 괴롭지도 않고요. 하지만 코카인, 크랙crack(강력한 코카인의 일종—옮긴이), 엑스터시ecstasy 같은 A급 마약이라면 얘기가 달라지지요. 그런 마약들은 나를 지킬박사와 하이드로 만들어버립니다." 어떤 사람들에게는 대마초가 항정신병 약물의 부정적 부작용을 상쇄하는 중요한 수단으로 간주되었다. 그런 사람들에게 대마초는 '치료약'이었다.

헬렌 차일즈Helen Childs가 이끄는 셰필드대학교University of Sheffield 팀은 정신병 치료를 받고 있는 7명의 젊은 성인을 대상으로 이야기를 나눴다. 모두 과거에 대마초를 수시로 사용했거나 현재도 사용하는 사람들이었다. 찰스와 위버가 이야기를 나눴던 사람들처럼 이들도 11세에서 14세 사이의 어린 시절부터 대마초를 사용하기 시작했다. 하지만 그들 중 누구도 지금까지 정신 건강 문제를 겪은 적은 없다고 말했다. 다시 말하지만 런던 그룹(찰스와 위버의 환자들)의 경우처럼, 사회적 요인이 그들이 현재 치료받고 있는 정신병을 촉발하는 데 결정적인 역할을 했다. "학교에 같이 다니는 친구들이 모두 담배(대마초)를 피웠습니다", "우리가 멋지다고 생각하는 친구들은 모두 그것을 했지요. 그런 모습이 세련돼 보였어요" 대마초에 대한 이들의 기억은 다소 우호적이다. "처음 몇 년 동안은 대마초를 피우면 아무 이유 없이 웃음이 나왔고 아무에게나 '안녕하세요'라고 인사를 하며 아무 감각도 느끼지 못했지만, 그것이 정신병을 일으키지는 않았습니다." 그래서 그들은 섭취량을 점차 늘렸다. 몸이 중독을 느낄 정도로 섭취량을 늘린 사람도 있었다. "매일 눈만 뜨면 하루 종일 대마초를 피웠지요." 이 단계쯤 되면 대마초를 피우는 재미가 떨어진다. "환각 증상이 생기면서 내 친구들이 모두 악당이며 내게 어떤 음모를 꾸미고 있다는 생각이 들기 시작했습니다." 돌이켜보면 모든 사람이 자신들이 겪는 편집증이나 그 외의 여러 괴로운 경험과 대마초가 연관성이 있다는 점을 주목했지만, 당시만 해도 그것을 제대로 깨닫지 못했다:

"돌이켜보면 대마초가 이상한 생각이나 개념을 촉발했던 것 같아요. 이제는 기억이 납니다. 다른 사람이 정말로 내 머릿속을 들여다보고 무언가 일을 꾸미고 있다는 생각이 들었거든요. 그게 대마초 때문이었을 겁니다. 대마초 때문에 그런 환상적인 생각을 쉽게 믿게 된 것 같아요."

"TV가 켜 있었던 것 같아요. TV가 켜 있으면 더 시끄럽고 방도 더 주황색으로 변하고, 마치 스포트라이트가 나를 비추는 것처럼 느껴집니다."

일부 참가자들은 더는 안 되겠다고 생각했다. "내가 대마초를 더 피우면 완전히 겁에 질린 사람처럼 보일 겁니다." 다른 사람들은 대마초를 계속 사용했지만 정신 건강 상태에 따라 사용법을 변경하기도 하고 환청이 들리면 사용량을 줄였다. 그러나 대마초를 편집증에 대한 (일시적) 치료제로 여긴 사람도 있었다. "모든 잡생각이 물러나고 기분도 조금 좋아졌지요. 하지만 약효가 사라지면 더 나빠지지는 않고 그냥 정상으로 돌아왔습니다."

니코틴

뉴욕시에서 가장 취약한 시민, 즉 심각하고 만성적인 정신질환을 앓는 이들의 자유와 인간 존엄성에 대한 존중은 어디로 갔나? 벨뷰 병원은 왜 환자에게 마약을 끊으라고 강요하는가? 정신 질환자를 위한 별도의 흡연구역을 마련해달라."
전국 정신 질환자 연합 및 정신 질환자들의 주장을 지지하는 옹호자들(1990)

내가 처음 정신의학연구소에서 일하기 시작했을 때만 해도 대기실에는 담배 연기가 자욱했다. 놀라운 일이 아니었다. 거의 모든 환자가 대마초를 피우는 것 같았다. 오늘날 조현병 진단을 받은 사람들은 그때보다 3배 더 많으며 흡연율도 60% 이상이고 하루에 피우는 양도 많다. 왜일까?

전통적인 견해는 대마초 흡연이 정신병을 치료하려는 시도로 간주되기 때문이다. 자가치료의 일환이라는 것이다. 환자들에게서 이런 말을 자주 듣는다. "흡연은 마음을 편안하게 하는 효과가 있고 술과도 잘 어울리고 혼자 휴식을 취할 수 있는 좋은 방법이지요", "담배는 나를 진정시켜줍니다. 스트레스를 받으면 담배가 필요해지죠. 스트레스에 대처하는 좋은 방법이었거든요."

그러나 흥미롭게도 1990년대 후반에 공개된 문서에 따르면, 환자들의 이런 생각을 적극적으로 지지한 곳이 담배 업계라는 사실이 밝혀졌다. 담배 업계는 심각한 정신 건강 문제가 있는 사람들의 흡연이 치료 효과가 있다는 점을 보여주는 연구에 자금을 지원했고, 정신과 병원에 담배를 공급했으며(때로는 무상으로, 때로는 임상의의 청탁 편지에 대한 응답으로), 흡연을 금지하려는 병원의 노력을 좌절시키곤 했다. 1986년 담배 업체 필립 모리스Philip Morris의 다음 광고는 이 문제에 대해 모든 것을 말해주고 있다:

조현병 환자들에게: 맛은 더 좋아지고 타르는 더 낮아졌습니다. 이 하나로 모든 것이 해결됩니다. 새로운 혜택을 추구하는

사람들이 양면성 갖는 것은 당연한 행동입니다.

정신병 환자들의 흡연율이 높아지는 또 다른 이유는, 시간이 남아 돌다 보니 흡연이 지루한 시간을 메우는 한 가지 방법으로 생각하는 것 같다. 또 흡연이 사회적 접촉을 촉진하는 데 도움이 되기 때문에 정신 건강 문제로 고립감을 느끼는 사람들에게는 큰 이점이 된다고 생각하는 듯하다. 하지만 연구자들은 이런 현상에 대해 매우 다른 몇 가지 관점을 제시한다. 첫째는 니코틴이 편집증이나 기타 정신질환(조현병 포함)의 원인이 될 수 있다는 것이다. 둘째는 흡연과 조현병 모두 유전적 요소를 가지고 있다는 것이다. 즉, 니코틴에 더 의존하게 만드는 유전자가 정신병을 유발할 가능성을 높인다는 것이다.

대마초를 수시로 피우는 성인이 편집증에 걸릴 가능성이 더 높다는 확실한 증거가 있다. 흡연은 편집증에 걸릴 가능성을 20~47% 증가시킬 뿐만 아니라, 청소년기에 흡연을 시작한 사람들은 특히 취약한 것으로 나타났다. 이 장의 앞부분에서 살펴본 클레어 맥키의 연구는 특히 대마초의 사용에 초점을 맞추고 있다. 그런데 전자담배를 즐기는 청소년에게서도 편집증과 니코틴 사이의 연관성이 발견되었다. 과거 데이터를 추적할 수 있는 미국과 유럽 국가의 젊은이들 사이에서 전자 담배 사용이 증가하고 있다는 점을 고려하면, 매우 우려스럽다.

그들이 흡연을 즐기는 데 유전적 이유는 없을까? 런던대학교

뇌 인지 발달 센터의 위커스 바큐이젠Wikus Barkhuizen과 안젤리카 로널드Angelica Ronald의 연구에서 우리는 16세 쌍둥이 3878명의 데이터를 분석했다. 흡연과 편집증 사이의 연관성이 뚜렷하게 나타나지는 않았지만 그런데도 자신을 애연가(평생 50년 이상 담배를 피운 사람)라고 자백한 5%의 사람들이 편집증이나 기타 정신병적 경험을 보고할 가능성이 가장 높았다. 이번에도 용량-반응 관계를 발견할 수 있었다. 가끔이라도 담배를 피우는 사람이 비흡연자보다, 그리고 담배를 자주 피우는 사람이 가끔 피우는 사람보다 점수가 더 높았다. 물론 흡연과 편집증이 같은 사람에게 동시에 자주 발생한다고 해서 둘 사이에 인과관계가 있음을 의미하는 것은 아니다. 그러나 우리는 흡연과 편집증 사이에 큰 유전적 교차가 있음을 발견했다. 사실, 둘 사이의 거의 모든 연관성은 유전적 요인으로 설명될 수 있다. 즉, 사람들이 담배를 피우거나 편집증에 빠지는 이유는 적어도 유전적으로는 같다. (직접적으로 영향을 미치는 것은 DNA만이 아니다. 유전자-환경 상호작용에서 편집증과 관련된 유전자가 담배 피울 가능성이 더 높은 생활 환경으로 우리를 이끌 수 있으며 그 반대의 경우도 마찬가지다.)

흡연과 편집증의 연관성에 대한 연구는 아직 초기 단계에 있다는 점에 주의를 기울일 필요가 있다. 예를 들어, 우리는 유전 이론이 유효한 것인지 아직 잘 모른다. 흡연이 편집증의 원인이 될 수 있다는 것이 사실이라 해도, 우리는 그것이 정확히 어떻게 그렇게 되는지는 알지 못한다. 여기서 심리적 메커니즘이 과연 어떤 작용을 하는 것일까? 사실 우리가 더 많은 관심을 기울여야 할 부분은 편집증과 흡연 사이의 연관성만이 아니다. 흡연은 일반적인 정신 상태뿐만 아니라 광범위한 심리 문제와 관련이 있다. 예를 들어, 우울증을 앓는 사람의 37%가 흡연을 한다. 그동안 흡연의 치명적인 신체적 독성을 지나치게 우려한 나머지 흡연의 심리적 영향은 간과해온 측면이 있다. 전 세계 13억 명이 흡연자라는 점을 고려하면, 담배와 정신 건강 문제 사이의 상호 작용에 대해 상대적으로 거의 이해하지 못하고 있다는 사실은 큰 실수로 보인다.

프랑스의 철학자 자크 데리다Jacques Derrida는 '그리스어 파르마콘pharmakon이라는 단어는 항상 약藥과 독毒이라는 상반된 두 가지 뜻으로 이해될 것이다'라고 썼다. 대부분의 사람들은 부작용 없이 대마초를 사용하고 있으며 실제로 기분 좋은 경험도 많이 가지고 있다. (담배에 대해서도 비슷한 말을 할 수 있다.) 그러나 '약'은 '독'으로 기능할 수도 있다. 대마초는 편집증을 유발할 수 있으며, 단기적으로 임상적 개입이 필요할 정도로 심각한 경우도 생길 수 있다. 전 세계 수백만 명의 사람이 전례 없이 강력한 대마초를 사용하고 있고 게다가 사용하기 시작하는 연령도 점점 더 낮아지는 점을 고려하면, 조만간 사라지지 않을 중대한 공중 보건 문제임이 분명하다.

10.
내 머릿속의 목소리

"나는 두려움이 너무 강해서 밖에 나가는 것은 엄두도 내지 못했습니다. 길을 걷는 것 자체만으로도 너무 무서웠어요. 누군가가 자동차를 타고 내 옆을 지나다가 갑자기 내려서 공격할까 봐 두려웠습니다. 모든 게 너무 무서워서 혼자 지내곤 했지요. 실제로도 외출을 거의 하지 않았습니다.

사람들이 나를 쳐다보는 것조차 무서워했던 기억이 납니다. 밖에 나갈 때 사람들과 눈이 마주칠 때가 있습니다. 서로 빤히 쳐다보는 거지요. 그러면 나는 그들의 표정을 보고 나를 해치려 한다는 의미로 해석합니다. 게다가 목소리까지 들리며 그런 생각을 더욱 부채질하지요. 마치 나를 박해하는 듯한 목소리로 들렸습니다. 그러면 다른 사람이 내 마음을 읽을 수 있다는 생각이 들어 너무 무서웠어요. 그래서 다른 사람들과 함께 있는 것을 좋아하지 않았지요. 그 목소리가 그들이 초능력자라고 말하면 나는 머리를 숙이고 바닥만 쳐다보며 걷곤 했습니다. 내 주변에서 일어나는 일을 보고 싶지 않았어요. 무슨 일이라도 벌어질까 두려웠기 때문이지요."

"왜 사람들이 당신을 괴롭힐 것이라고 생각했나요?"

"모르겠어요. 처음 집을 떠나 직장에 다녔을 때 심하게 괴롭힘을 당했던 기억이 납니다. 기분이 매우 나빴고 결국 직장에 가지 않게 되었지요. 그런데 시간이 지나면서 그런 생각이 눈덩이처럼 불어난 것 같습니다. 가장 친한 친구에게서도 편집증을 느낄 정도였으니까요. 사실 학교에서도 그랬습니다. 학교에서도 특별히 남들과 잘 지내지 못했지요. 살아오면서 거의 상당 기간 동안 세상을 아주 무서운 곳으로 보았다고 할 수 있지요.

집에 있을 때에도 도청을 당하거나 카메라가 있을지 모른다는 걱정에 시달렸어요. 요즘에는 매우 작은 카메라가 나오니까요. 하지만 아무리 찾아봐도 찾지는 못했습니다. 또 정말 나쁜 목소리가 들린 적도 있어요. 음악을 틀어놓으면 그 목소리가 잘 들리지 않을 거라고 생각했는데, 스테레오 스피커나 텔레비전에서도 그 목소리가 들리더군요.

집에 작은 라디오가 있었는데, 혹시 그 라디오에 무슨 벌레가 들어 있지 않을까 걱정했던 적도 있어요. 그래서 라디오를 분해해서 무엇이 들어있는지 찾아보기도 했답니다. 물론 아무것도 없었지만요. 심지어 휴대 전화기가 사람들이 내가 하는 일을 추적하는 또 다른 방법이라는 생각이 들기도 했습니다."

"그들이 당신에게서 어떤 정보를 빼내려고 했다고 생각하나요?"

"나를 공격하기 위한 무언가를 찾으려 했겠지요. 나를 감시하는 자들과 그 목소리가 분명 같은 편일 겁니다. 그들은 나를 놀리기 위해 사용할 수 있는 정보를 수집하려 했을 거예요. 그런 생각들이 내 머릿속에서 계속 맴돌았습니다. 정말 지쳤지요. 완전히 녹초가 될 지경이었습니다."

환청 이해하기

> 다른 사람이 들을 수 없는 목소리를 듣는 것은 마법사 세계에서도 좋은 징조가 아닙니다.
>
> 《해리포터와 비밀의 방Harry Potter and the Chamber of Secrets》(1998), J. K. 롤링J. K. Rowling

오늘날 자신의 우울증이나 불안감에 대해 솔직하게 말하는 유명 인사들을 자주 볼 수 있다. 그동안 정신 건강 문제에 대해 침묵을 지켜온 것과 비교하면 바람직한 변화다. 그러나 여전히 금기시되는 것이 있다. 이 장의 서두에서 토비가 자세히 설명하고 있는 환청도 그중 하나다. 환청이 들린다는 것은 무엇을 의미할까? 일종의 환각이다. 환각은 아무런 자극(목소리는 들리지만 말하는 사람은 없는)도 없는데 발생하는 경험이다. 환청은 실제 목소리와 똑같이 들린다. 환각을 경험하는 사람이 의식적으로 환청을 통제할 수도 없다.

때로는 그 목소리가 듣는 사람의 머릿속에서 나오는 것처럼 들린다. 또 그 목소리가 외부, 즉 같은 방에 있는 다른 누군가에게서 나오는 것처럼 느껴지는 경우도 많다. 이 메커니즘은 잘 이해되지 않는다. 그러나 심리적 차원에서 보면 내부의 프로세스를 외부 자극으로 잘못 인식한 것으로 생각할 수 있다. 뇌는 가끔 내면의 말이나 기억을 다른 사람의 목소리로 착각한다. 뇌주사腦走査 사진brain scan(brain scanner로 찍은 X선도 해당함—옮긴이)이 이를 증명한다. 청각적 환각을 경험하면 언어 생성에 크게 관여하는 뇌의 일부인 브로카 부위Broca's area(뇌의 언어 중추로 이를 발견한 프랑스의 외과 의사이자 인류학자 폴 브로커Paul Broca의 이름을 따 명명되었음—옮긴이)로 혈액이 흐른다. 또 다른 연구에 따르면 환청이 들리면 외부 소리를 처리하는 뇌 영역과 언어 기억에 관련된 뇌 영역에서의 활동이 급증하는 것으로 나타났다. 물론 여기서 중요한 질문은, 왜 이런 일이 어떤 사람들에게는 일어나고 어떤 사람들에게는 일어나지 않느냐 하는 것이다. 안타깝지만 현재까지는 답이 없는 질문이다. 많은 이론이 있지만 확실한 증거는 없다. 마찬가지로 왜 어떤 사람들은 하나의 목소리만 들리는데 어떤 사람들은 여러 개의 목소리가 들리는지도 잘 모른다. 왜 어떤 사람들은 목소리가 가끔씩 들리는데 어떤 사람들은 반복적으로 자주 들리는지도 알지 못한다. 또 왜 어떤 사람들은 적대적인 목소리가 들리는데 어떤 사람들은 친근한 목소리가 들리는지도 모른다. 다만 환청이 들리는 사람들, 특히 기분 나쁜 목소리를 자주 듣는 사람들에게 수면 문제, 불안, 스트레스, 고립, 트라우마 같은 증상이 자주 발생하는 것 같다. 물론 환청이 들리지 않아도 이런 증상을 경험하는 사람이 많지만 말이다.

앞서 말했듯이 환각에 대해서는 공개적으로 말하기를 꺼리는 경향이 있지만, 환각은 생각하는 것보다 훨씬 더 흔한 증상이다. 환각도 편집증과 마찬가지로 스펙트럼이 있다. 내가 진료소에서 보는 환자 중에서 지속적이고 혼란스러운 환각으로 어려움을 겪는 사람들이 그리 많지는 않다. 하지만 산발적으로 환각을 경험하는 사람들은 꽤 많다. 전반적으로 정신병 환자가 아닌 일반 국민 중에서 지난 12개월 동안 다른 사람이 볼 수 없는 것을 듣거나 보았다고 보고한 사람이 4%나 된다. 주변에 아무도 없는데 알 수 없는 목소리를 들은 경험이 있는 사람은 0.7%였다. 물론 항상 불쾌한 경험만 있는 건 아니다. 지지와 조언, 영적인 가르침, 심지어 창의성의 원천이 될 수 있는 목소리를 듣는 것을 대환영하는 사람들도 있다. 게다가 그런 목소리를 듣는 것을 서구에서는 일반적으로 정신 건강 문제로 간주하지만, 그것을 어떻게 생각하느냐는 지역마다 크게 다를 수 있다. 예를 들어, 샤머니즘 문화에서는 그런 목소리를 듣는 것을 영혼과의 의사소통으로 이해한다. 미국 스탠퍼드대 교수이자 인류학자 타냐 루어만Tanya Luhrmann은 캘리포니아주 산마테오San Mateo, 인도 첸나이Chennai, 가나 아크라Accra에서 조현병 진단을 받은 환자들을 인터뷰하면서 다음과 같은 사실을 발견했다:

목소리를 들은 경험의 특징, 특히 그 목소리의 주인과의 관계에 대해서는 지역 문화에 따라 현저한 차이가 있다. 첸나이와 아크라의 환자들은 그 목소리의 주인이 그들의 지배자이거나 긍정적인 경험이라고 주장했다. 하지만 미국인 환자 중에서 그렇게 말한 사람은 한 명도 없었다. 첸나이와 아크라 사람들은 그 목소리의 주인이 자신들이 아는 사람, 즉 형제나 이웃, 또는 그들이 잘 알고 있는 영이라고 생각하는 듯했다. 이들은 실제로 그 목소리와 인간 관계를 맺고 있는 것처럼 보였다. 물론 때로는 마음에 들지 않을 때도 있지만 말이다. 목소리를 들은 경험이 훨씬 더 폭력적이고, 더 가혹하며, 더 증오심을 유발한다고 보고한 산 마테오의 환자들에게서는 거의 볼 수 없는 반응이었다.

생활에서 일어나는 특정 사건도 환각을 유발하는 원인이 될 수 있다. 예를 들어, 사랑하는 사람이 죽은 후에 유족이 그/그녀의 목소리를 듣는 것은 드문 일이 아니다. 배우자를 잃은 50명을 대상으로 한 한 연구에서, 무려 3분의 1이나 되는 사람들이 사망한 배우자를 보았거나 목소리를 들었거나 심지어 대화까지 했다고 보고했다. 어떤 사람들은 잠에서 깨어날 때 환각을 경험하며, 어떤 사람들은 반대로 잠이 들면서 환각을 경험한다(이를 각각 각성시 환각과 입면 환각이라고 한다.) 영국에서 거의 5천 명을 대상으로 한 조사에 따르면 37%는 잠들면서 환각을 경험하는 입면 환각을 보고했고, 12.5%는 깨어났을 때 환각을 경험하는 각성시 환각을 보고한 것으로 나타났다. 불면증, 과도한 주간 수면, 또는 정신 건강 문제가 있는 사람들이 이런 환각에 더 취약했다.

충분한 수면을 취하지 않는 것도 환각을 일으키는 원인이 될 수 있다. 레미 허디엘Remy Hurdiel과 동료들은 대서양 횡단 1인 요트 경주에 참가한 선수들의 경험을 분석했다. 첫 번째 구간 경기는 6~8일 동안 진행되었으며, 프랑스의 라로셸La Rochelle에서 출발해 모로코에서 서쪽으로 약 300마일 떨어진 마데이라Madeira 섬까지 이동했다. 두 번째 구간은 더욱 까다로워서 마데이라 섬에서 브라질의 살바도르 데 바이아Salvador de Bahia까지 3000마일이 넘는 거리를 이동해야 했는데, 3주 이상 걸리는 선수도 있었다. 솔로 항해는 당연히 지속적으로 주의해야 한다. 선수들은 24시간마다 약 4~5시간의 잠을 잤는데, 대개 밤에 2~3시간, 오후에 2~3시간 잠을 자는 것으로 추정되었다. 이런 만성적 수면 부족으로 인해 선수들은 실수를 저지르기도 하고, 기분 변화를 겪기도 하고, 시각적 청각적 환각을 경험하기도 한다.

또한 마약이 외부 세계에 근거가 없는 것들을 인식하게 할 수 있다는 관찰도 있다. 기분 전환용 마약이 효과가 있다고 말하는 것도 바로 인식을 바꿔주기 때문이다. (가수 밥 딜런Bob Dylan은 '나는 마약을 복용한 후 더 나은 날을 보고 더 나은 일을 할 수 있게 되었다'라고 말한다) 그러나 마약 복용이 적대적인 목소리를 듣는 것과 연관성이 있는 것은 확실하다. 물론 환각을 유발하는 것은 기분전환용 마약만이 아니다. 지난 몇 년 동안 수술과 중환자실 치료에서의 과다 약물 사용이 심각한 지각 장애를 일으킬 수 있다는 것이 분명해졌다. 중환자실에서는 이 외에도 다른 복잡한 요인이 발생할 수 있다. 환자는 수면이 부족하거나 방향 감각을 잃을 수 있다. 바이러스 감염은 헛소리를 유발할 수 있다. 그 결과 악몽 같은 환각이 나타날 수 있다:

"바다오리 새들이 장난감 총을 들고 커튼 밖으로 튀어나와 내게 피를 발사했어요. 나는 계속 얼굴을 닦고 있었고 옆 침대에는 수많은 새들이 뛰어다니며 서로 웃고 있었지요. 완전 난장판이었어요. 정말 무서웠습니다. 하지만 누구에게도 아무 말도 하지 않았어요."

"갑자기 간호사가 다가와서 내게 주사를 놓더군요. 그곳에는 수도원장처럼 망토를 걸친 사람들이 있었는데 망토 때문에 얼굴을 볼 수 없었어요. 그들은 내 영혼을 빼앗아갈 가족 일당들이었죠. 그들이 내게 보자기를 씌우고 나를 빨아대며 나를 밟고 넘어 다녔습니다. 나는 뛰쳐나와 도망쳤지만 결국은 영안실의 관 속으로 들어가버리고 말았지요."

환청과 편집증

목소리가 들리는 것이 정상이 아니라고 생각한다면 편집증적 망상도 마찬가지일 것이다. 실제로 이 둘은 가끔 함께 발생한다. 이 장의 서두에서 환청에 관해 자세히 설명하고 있는 토비는 내가 진료하는 피해망상 환자들의 전형적인 모습인데, 이런 피해망상 환자들의 절반 정도가 청각적 환각을 경험한다. 토비가 알게 된 것처럼 환청은 편집증을 야기하고 더욱 부추기는데, 대개 다음 두 방식으로 작동한다. 첫째, 목소리는 그 사람의 취약성을 더욱 들춰낸다. 이 책에서 반복적으로 설명한 것처럼 편집증은 그 사람의 취약성을 먹고산다. 그들은 항상 이렇게 말한다. "나는 전혀 가치가 없는 사람이에요. 여기 있을 자격도 없어요", "다른 사람들이 모두 나를 미워하고 나를 원하지 않아요. 나를 최악의 사람이라고 생각하죠. 나 자체가 완전히 실망스런 존재입니다"

목소리는 또 당신의 걱정거리와 불안감을 찾아낸다. 약점을 찾아 거기에 계속 집중한다. 많은 사람이 외모를 약점으로 생각한다. 8장에서 살펴본 것처럼, 특히 피해망상을 가진 사람들에게는 더욱 그렇다. 그들이 환청까지 듣는다면, 그 목소리가 그들을 걱정에 사로잡히게 만들 것이다. "너는 못생겼어", "너는 누구와도 어울릴 자격이 없어", "사람들이 못생긴 너를 바라보고 있어. 널 바라보는 그들이 보이니?"

우리 팀의 펠리시티 웨이트가 일주일에 한 번 이상 목소리를 듣는다고 보고한 60명의 환자(여성보다 남성이 약간 더 많았음)를 인터뷰했을 때, 환자들의 90%가 자신의 외모에 대해 부정적인 말(뚱뚱하거나 못생겼다거나)을 수시로 듣는다고 말했다. 50%의 환자들은 그런 음성을 거의 매일 듣는다고 말했다.

목소리가 편집증을 부추기는 두 번째 방식은 더 직접적이다. 그 사람에게 아예 위협에 대해 명시적으로 말하는 것이다. 때로는 목소리 자체가 가해자로 추정되기도 하고, 때로는 다른 사람이 위험의 근원이라고 말하기도 한다. "그 목소리가 내게 아침에 일어나지 말라고 말합니다. 또 내 살가죽을 벗기겠다느니 나를 강간하겠다느니 하는 끔찍한 말을 하기도 하지요", "내 어머니, 그녀의 남편, 내 친구들 모두가 연쇄살인범이라고 말했습니다", "위층에 사는 이웃이 내 아이들을 다치게 할 것이라고 말하더군요. 그래서 계단으로 쫓아 올라갔지요."

이런 말을 매일 반복해서 들어야 한다고 상상해보라. 이런 목소리를 듣는 사람들이 심각한 편집증뿐만 아니라 우울증, 불안, 자살 충동을 경험할 가능성이 훨씬 더 높다는 것은 놀라운 일이 아니다. "너무나 무서운 상황입니다. 지난 2년 동안 지금까지 내가 겪었던 가장 큰 두려움에 시달렸지요", "최악의 상황은 '이 모든 일에 대한 유일한 해결책은 여기서 생을 마감하는 거야' 같은 자기 파괴적인 느낌이 들 때죠."

'내가 뭘 한 거지?'

목소리로 인해 얼마나 고통스러운 괴로움을 겪느냐는 그 목소리를 듣는 사람의 해석에 달려 있다. 다른 경험과 마찬가지로, 반응은 자극의 의미를 어떻게 해석하느냐에 따라 결정된다. 자신이 무가치하고 약하며 현관문 밖으로만 나가도 위험에 빠질 것이라는 목소리를 들으면 무시하기가 쉽지 않을 것이다. 그러나 다행히 우리는 들리는 목소리를 관리하는 방법을 배울 수 있다. 그런 목소리로 인해 발생하는 고통을 줄일 수 있다는 말이다. 환자들이 그저 잔소리에 불과하다는 것을 알면서도 왜 그런 적대적인 목소리에 귀를 기울이고 믿게 되는지를 우리 같은 임상의들이 올바로 이해한다면 훨씬 더 많은 도움을 줄 수 있을 것이다. 우리 팀의 브리오니 쉬브스는 이런 핵심적 문제에 대한 새로운 통찰력을 제공했다. 브리니는 자신의 연구를 시작하면서 NHS 서비스에서 정신병 치료를 받고 있는 15명의 환자들과 이야기를 나눴다. 이들 모두 지난 3개월 동안 거의 매일 적대적인 목소리를 들었다. 이 대화에서 브리니는 여섯 가지 주요 주제, 즉 환자들이 환청을 듣고 그것을 믿는 여섯 가지 유형의 이유를 발견했다.

첫째는 목소리를 이해하려는 욕구 때문이었다. 누가 내게 말하고 있는 걸까? 그리고 그 이유는 무엇일까? "목소리가 들리자 주변을 둘러보고 누가 그런 말을 했는지, 왜 그런 말을 하는지 알아내려고 노력했지요. 하지만 이해할 수 없었어요. 도대체 내가 뭘

한 거지?" 그 상황에서 무슨 일이 일어나고 있는지 이해하는 것은 어려운 일이다. "환청에 대해 그다지 아는 게 없었기 때문에 그저 그 목소리를 그대로 믿었지요."

두 번째 이유는 이렇다. 브로니가 인터뷰한 사람 중 일부는 그 목소리가 일어날 수 있는 위협에 대한 정확한 정보를 제공했다고 말한다. "그들이 내게 무슨 짓을 하려는지 알아야 대비할 수 있죠. 그러니까 그 목소리를 잘 들어야 합니다." 피해를 막기 위해 환자들은 그 목소리와 협상을 시도하기도 한다. "나는 그 목소리와 협상을 하기도 합니다. '내가 일을 더 열심히 하거나 일을 더 잘하면 나쁜 일이 일어나지 않도록 해줄 수 있나요?'라고 말이죠." 대부분의 환자들은 목소리와 맞서려고 했다. "나는 그 목소리와 한판 붙었지요. '더는 이런 상황을 겪고 싶지 않으니 나를 항상 지배하려고 하지 마세요'라고 대꾸합니다." 하지만 그 목소리를 무시하면 해를 끼칠 것이라는 두려움이 여전히 남아 있다. "오, 나를 더 망치게 할지 몰라."

"나는 내가 아픈 줄 몰랐어요. 원래 그런 건 줄 알았죠." 브로니가 인터뷰한 사람들은 감각이 자신에게 말하는 것을 자연스럽게 받아들이고 있었다. 이것이 그들이 그 목소리에 귀를 기울이게 되는 세 번째 이유다. 그렇게 현실처럼 보이는 것에 왜 의문을 갖는단 말인가? 그 목소리가 당신을 죽이겠다고 위협했다면, 정말 그럴 가능성이 얼마나 될까? 2차 세계대전 중에 있었던 사건을 되돌아보면서 그런 목소리가 말하는 것이 사실이라는 증거를 제시하는 사람도 있었다. "그들은 완전히 악마였어요. 그들은 자기들이 싫어하는 사람이면 누구든지 죽이려 했지요." 또 다른 형태의 환각도 그 목소리가 사실임을 입증하는 것처럼 보인다. "한 여자가 총을 들고 내게 다가오고 있다는 목소리가 들렸어요. 그 여자가 어떻게든 나를 쏠 방법을 찾고 있다는 겁니다… 그 여자와 싸우는 생각을 하며 침대에 누워 문간을 올려다보니 그 여자가 바로 거기 서 있었습니다."

네 번째 이유는 아는 사람의 목소리처럼 들리면 그 목소리에 저항하기 어렵다는 것이다. "친근한 목소리는 내가 목소리를 모르는 카페의 낯선 사람이 말하는 것보다 거부하기가 더 어려운 것 같아요." 그 목소리가 당신과 가까운 누군가의 목소리처럼 들린다면, 누구보다 신뢰하는 목소리 중 하나라면 더더욱 그렇다. 그런 목소리는 단순히 친숙하게 들리는 것이 아니라 말의 내용이 섬뜩할 정도로 설득력 있게 들린다. "내가 그들과 사이가 틀어졌을 때 그들이 한 말을 정확히 그대로 하고 있어요. 아마도 일을 끝내려는 것 같습니다." 그 목소리가 과거의 직접적인 기억(학대나 외상 후 스트레스 장애를 연상시키는 끔찍한 기억)이라고 말하는 사람도 간혹 있다.

다섯 번째 이유는 환자들이 그 목소리를 무시하려고 아무리 노력해도 끈질기고 교활하며 때로는 노골적인 목소리의 공격에 압도당하기 때문이다. "왜 그 목소리를 듣고 있는지 생각해보면, 굳이 들을 가치는 없는 것 같아요. 하지만 이틀, 사흘, 나흘, 닷새

동안 계속 그 목소리가 들리면 말처럼 무시하기가 쉽지 않지요." 어떤 환자들은 그 목소리가 속삭임으로 줄어들자 더 관심이 끌렸다고 한다. "목소리가 속삭임으로 바뀌자 더 듣고 싶어지더군요." 또 어떤 환자들은 목소리가 너무 크고 공격적이어서 무시할 수 없었다고 한다. 그러나 환자들이 목소리에 귀를 기울이게 만드는 것은 목소리의 크기나 어조만이 아니었다. 어떤 환자들은 목소리가 의도적으로 흥미를 끌려고 노력하는 것 같다고 말한다. "과거의 일을 말할 때 마치 잊어버린 일을 떠올려 회상해보라고 말하는 것 같더군요. 그러면서 관심을 사로잡습니다."

마지막으로 여섯 번째 이유는 환자들이 그 목소리에 계속 시달리기 때문이다. "매일 내가 이길 수 없는 것과 싸우려고 애쓰는 느낌이었습니다." 여러 날 동안 끊임없이 욕먹고 위협받고 무시당하면서 환자들은 그 목소리와 맞서 싸우느라 감정적 에너지를 모두 소진해버렸다. 그리고 목소리는 공격하기 유리한 때가 언제인지 정확히 아는 것 같았다. "마치 게릴라전과 같습니다. 그 목소리는 내가 무너지고 약해질 때까지 기다리다가 때가 되면 공격해오지요." 만일 기존 문제로 이미 취약해져 있다면, 목소리는 또 다른 공격 기반을 구축한다. "내가 이미 우울증이 있는 상태인데, 그 목소리가 항상 내 마음 한구석에 '너는 성격이 나쁜 사람이야'라는 생각을 갖게 하는 것 같아요."

잠을 잘 못 자는 것도 도움이 되지 않는다. "잠을 잘 못 자면 그 목소리를 멈추게 하는 데 애를 먹지요." 7장에서 살펴본 것처럼, 수면 문제는 정신병 진단을 받은 이들에게 흔한 일이다. 게다가 활동이 없고 고립되어 있기 때문에 환자들은 들리는 목소리에 더욱 취약해졌다. 다시 말하지만, 정신병 환자에게 드문 문제가 아니며 이들 중 3분의 2는 임상 수준의 광장 공포증agoraphobia(광장이나 공공장소에 도움 없이 혼자 있게 되는 것에 대해 공포를 느끼는 증상—옮긴이)을 경험한다. 주로 집에만 있기 때문에 집을 떠나면 무슨 일이 일어날지에 대한 두려움이 강하게 일어난다. "생활이 매우 단조로워지지요. 이런 상황이 계속되면 어느 시점에서 뇌가 흥미로운 것을 찾기 시작합니다. 일어나서 TV를 보거나 화장실에 가거나 잠자리에 들거나 뭔가 새로운 것을 찾으려 하지만, 실제로는 아무것도 하지 않지요. 그렇게 5년쯤 보내면 정신을 완전히 잃을 것입니다."

고립 생활

나의 가장 어리석은 짓은 열여섯 살 때 누구와도 말을 하지 않았다는 것입니다. 그러다가 열여덟 살 때 완전히 무너지고 말았지요. 누군가에게라도 접촉을 시도했더라면 그런 일은 피할 수 있었을 거에요.

고립을 극복하고 다른 사람들과 긍정적인 관계를 형성하는 것은 정신병 회복에 큰 도움이 된다. 고립으로 환청의 영향력이 강화되고 이로 인해 치유 관계 구축이 더 어려워지는, 끔찍한 악순환의 고리에서 벗어나는 것을 의미한다. 브로니 쉬브스는 이전의 연구에 참가했던 15명의 환자들을 대상으로 한 또 다른 별도의 연구에서, 환자가 적대적인 목소리를 들을 때 주변 사람들과 어울리는 것이 어떤 느낌인지에 대해 더 많은 것을 발견했다.

결론부터 말하자면 매우 어려운 상황이 될 수 있다. 그 목소리가 필사적으로 불신을 조장하려고 하기 때문이다. "그 목소리가 이 사람들이 나를 해칠 것이라고 말합니다. 그래서 그들 곁에 가까이 갈 수 없어요." 이런 편집증은 환자와의 신뢰 관계를 구축하기 위해 노력하는 임상의에게 매우 어려운 상황을 초래한다. 한 환자는 그 목소리가 다음과 같이 경고했다고 말했다. "네가 그 사람들을 한 번 만난 게 좋았다고 해도 그들은 그렇게 생각하지 않을 거야. 그들은 아무것도 하지 않을 테니까."

환청이 다른 사람들의 관계를 어렵게 만드는 방법은 이 외에도 많다. 다른 사람들이 환청을 직접 경험해보지 못했는데, 환자의 상황을 어떻게 진정으로 이해할 수 있단 말인가? "이런 일을 겪어보지 않은 사람은 우리를 이해하기 어렵지요." 때로는 이해하지 못하는 것도 모자라 공감도 하지 못한다. "사람들은 이 모든 목소리가 그저 내 머릿속에만 있을 뿐, 현실과는 전혀 동떨어져 있다고 말하지요. 정말로 우리를 이해하지 못하는 말입니다."

반면에, 많은 환자가 그 목소리가 바로 사랑하는 이들의 목소리임을 감춘다. "다른 사람을 놀라게 하느니보다 차라리 나를 놀라게 하는 게 낫지요." 그들은 자신이 환청을 들었다는 것을 공개적으로 이야기하면 다른 사람과의 관계에 영향을 미칠까 봐 걱정했다. "지붕을 지탱하는 기둥이 두 개 있는데 내가 무너져서 그 사람에게 더 부담이 간다고 상상해보세요." 어떤 경우에는 그 목소리가 친구나 가족을 표적으로 삼을 수 있다고 걱정하기도 한다. "내가 친구나 가족에게 그들도 아는 사람의 목소리라고 말한다면 그 목소리가 그들까지 죽이려고 할 겁니다." 환자들이 가끔 목소리의 주인공이 누구인지 밝히지 않으려고 하는 데에는 강력한 이유가 있다. 바로 거절을 두려워하기 때문이다. "아는 사람의 목소리라는 사실을 누구에게도 말하지 않았어요. 가장 친한 친구에게조차도 절대 자세히 말하지 않을 겁니다. 아는 사람의 목소리라고 말하면 미쳤다고 하겠지요." 그 목소리는 때로는 다음과 같은 불안도 촉발한다. "그 목소리가 항상 '다른 사람들이 모두 너를 미워하고 너를 원하지 않아. 너를 최악의 사람이라고 생각해'라고 말합니다."

적대적인 목소리가 들리면 다른 사람들과 대화를 나누는 것도 매우 힘든 일이 될 수 있다. 당신의 관심이 당신이 함께 있는 사람과 당신이 듣는 목소리로 분산되기 때문이다. 문제는 이 둘 사이를 구분하는 것이 늘 쉽지 않다는 것이다. "때로는 누군가 내 이름을 부르는 것을 들은 것은 생각이 들기도 하고, 때로는 누군가가 실제로 나를 부르고 있고… 내가 실제로 들은 건지 들었다고 생각하고 있는 건지 헷갈립니다." 이럴 때에는 집중력을 유지하는 것 자체가 우리를 힘들게 한다. "그런 상태로 10분만 지나면 너무 지쳐서 더는 말을 할 수 없다고 말하지요." 그러면 그 목소리가 우리가 하는 이야기를 모두 듣고 있다는 두려움이 생긴다. "그래서 특정 지점에서 스스로 말하기를 멈춥니다. 그리고 더는 그에 대해 이야기하지 않습니다." 또는 단지 다른 사람들과 함께 어울리기만 해도 다음과 같은 목소리가 들린다. "내 목소리가 네 주변 사람들을 모두 지배하고 있기 때문에 이들을 통해서도 말을 할 수 있지. 마치 네게 직접 얘기하는 것처럼 말이야."

　이 모든 것을 감안할 때, 적대적인 목소리를 듣는 많은 사람이 자기 안에 갇혀 지내는 것은 놀라운 일이 아니다. "틀어박혀 지내다 보니 사람들과 이야기하고 싶지 않아요", "내가 정기적으로 연락을 취하는 유일한 사람은 엄마와 엄마의 남편뿐입니다. 엄마의 남편과는 그리 많이 이야기하지는 않고 주로 엄마와 수시로 이야기하는 편이지요." 환자들은 또 몸으로는 함께 있지만 감정적 교류는 거의 없다는 점도 털어놓았다. "가족을 만나러 가도 실제로는 거의 대화가 없지요." 환청은 개인의 행복에도 큰 영향을 미쳤을 것이다. 그렇다고 해서 그들이 겪는 일을 공개하는 것이 더 쉬워진 것은 아니었다. 어떤 환자는 15년 동안 적대적인 목소리를 들어왔지만 가족이나 친구들에게는 그에 대해 한마디도 말하지 않았다. 하지만 혼자 짊어지고 가기에는 너무 무거운 짐이다.

　환청 때문에 고립된 생활을 하면 사회적 연결이 부족해져 문제를 더욱 악화할 뿐이다. "사람들과 이야기하지 않으면 나만 더 나빠질 뿐입니다" 삶이 지루해지면 환청이 더욱 심해지는 경향이 있다. "내가 혼자 외롭게 있을 때 그 목소리가 내 마음을 독차지해버리죠." 혼자 있으면 그 목소리가 그 어느 때보다 설득력 있고 믿을 만한 것처럼 보인다. "아무리 강한 사람이라도 혼자 있으면 고독을 느끼게 되고, 결국 그 목소리가 자기 말을 믿을 때까지 계속 지껄여대며 그를 무너뜨립니다."

하지만 반대로 다른 사람들과 긍정적인 시간을 보내는 방법을 찾으면 그 목소리가 힘을 잃을 수 있다. "나는 목소리에 대해서는 생각하지 않고 내가 함께 있는 사람에게만 집중합니다. 그러면 그 목소리가 예전처럼 많이 들리지 않지요." 목소리가 들린다는 것을 누군가에게 솔직하게 말하는 것도 도움이 된다. "내가 마음을 더 많이 열고 동료들에게 환청이 들린다는 사실을 더 많이 알리자, 실제로 더 많은 문제가 해결되었습니다." 다른 사람들의 관점을 듣는 것도 목소리의 구속력을 푸는 데 도움이 될 수 있다. '빨간 밴이 와서 너를 데려갈 거야'라는 목소리가 들리더군요. 그래서 친구에게 그 사실을 말했더니 친구가 이렇게 말해주었습니다. '친구야, 그건 네 목소리일 뿐이야. 주위를 둘러봐, 빨간 밴은 어디에도 없어.'"

'부끄러워할 필요가 없어요': 환청 치료법

나를 보고 있는 사람은 아무도 없는데 그렇게 생각하는 건 내 편집증 때문이라고 나 스스로에게 말하려고 해도, 내가 알지도 못하는 누군가의 목소리가 내 마음속으로 들어와 웃으며 이렇게 말하더군요. '그래, 어리석은 친구야. 우린 항상 너를 지켜보고 있거든.' 그 목소리가 점점 더 커지면 그 입을 막을 수도 없고 그 목소리와 싸울 수도 없습니다. 화장실에 갈 때나 방에 있을 때나 그 목소리가 항상 나를 따라다니며 나를 지켜봅니다. 그 목소리가 나를 웃게 만들기도 하고 나와 싸우기도 하며 나를 화나게 만들기도 하고 울게 만들기도 합니다."

피해망상을 겪는 사람은 적대적인 목소리를 자주 듣는다. 그런 환자들에게는 이를 해결하는 것이 임상적으로 가장 먼저 해야 할 일이다. 그러나 그렇게 간단한 문제가 아니다. 몇 달, 심지어 몇 년 동안 계속 들려온 목소리를 갑자기 사라지게 하기는 어렵다. 그래서 나는 환자와 협력해 목소리의 빈도와 강도를 줄이기 위해 노력한다. 그 목소리가 말하는 것을 곧이곧대로 받아들이기보다 환자 스스로 증거를 따져보고 판단하도록 유도한다. 한 환자의 말대로, 우리가 하고자 하는 것은 '그 목소리보다 내 마음을 조금이라도 더 믿을 수 있는 자신감'을 구축하는 것이다.

이를 위해서는 환자가 경험을 솔직하게 이야기할 수 있는 환경을 조성하는 것이 중요하다. 환자가 자신의 생각과 감정을 자발적으로 솔직하게 전달하지 않으면 어떤 치료도 성공할 수 없기 때문이다. 환청이 들리는 사람들에게 특히 중요한 점이다. 그들은 이 방법이 자신의 비밀을 지킬 수 있는 최선의 방법이라고 생각하기 때문이다. 정신병의 모든 치료가 그렇듯이 공감이 매우 중요하다. 나는 적대적인 목소리를 듣는 것이 얼마나 괴로운 일인지 절대 간과하지 않는다. 환자가 자기의 비밀을 말해주기를 원하고 실제로 그렇게 해도 괜찮다는 것을 알려주고 싶다. 하지만 그것도 의사가 아니라 환자 자신의 속도에 맞춰 이루어져야 한다.

이제 무엇이 그런 목소리를 촉발하는지 알아보자. 어떤 상황에서 그런 목소리가 들릴 가능성이 가장 높을까? 환청은 환자가 지루하거나 불안할 때 자주 발생하는데, 나는 그런 상황을 '핫스팟'hot spots이라고 한다. 수면 부족이나, 술, 마약, 과다한 스트레스가 원인이 될 수 있다. 목소리가 어느 정도 연속적으로 들린다면, 아침에 눈뜨자마자, 또는 흥얼거리거나 노래를 부를 때처럼 비록 짧더라도 목소리가 잠잠해지는 순간을 확인해두는 것이 중요하다. 이 시간을 '좋은 지점'good spots이라고 하는데, 내 목표는 이런 순간을 더 많이 만들고 '핫스팟'을 줄이는 것이다.

환청의 치료에서 가장 중요한 것은 그 목소리가 말하는 것과 환자 개인과의 관계를 변화하는 것이다. 나는 환자가 자신이 듣는 목소리에 대해 새로운 관점을 구축하도록 격려한다. 그러니까 상황을 다르게 보도록 하는 것이다. 그 목소리가 말하는 내용이 정확하지 않을 수도 있고, 도움이 되지 않을 수도 있으며, 다른 해석도 가능하다는 점을 이해하게 하는 것이다. 그 과정에는 환청이 환자가 생각하는 것보다는 훨씬 더 흔한 현상임을 배우게 하는 것도 포함된다. 실제로 목소리와 어느 정도 조화를 이루며 사는 것도 가능하다. 브로니 쉬브스의 연구에 참여했던 한 환자의 이야기를 들어보자. "나는 환청이 삶의 일부라는 것을 받아들였습니다. 부끄러워할 필요가 없다고 생각했지요." 환청을 듣는 다른 사람들과 대화하는 것도 큰 도움이 될 수 있다. "서로 같은 처지이니 자유롭게 말할 수 있고 혹시라도 그들이 나를 판단하거나 화를 낼 것이라는 걱정을 할 필요도 없으니까요." 몇 년 전만 해도 환청 환자 모임을 주선하는 것은 생각하기도 어려웠다. 그러나 1987년 팻시 헤이지Patsy Hage가 네덜란드 TV 토크쇼에 출연하면서 상황이 바뀌기 시작했다. 당시 헤이지는 서른한 살의 성인이었다. 여덟 살 때부터 환청을 들었던 헤이지는 이제 환청이 들리는 삶이 거의 끝난 것처럼 보였다. 그녀는 쇼 진행자에게 이렇게 말했다. "나는 집 안에만 틀어박혀 지내면서 누구도 만나지도 못하고 아무것도 하지 못한 채 삶이 끝날까 봐 두려웠어요. 외로움과 고립감으로 미칠 것만 같았죠." 그날 저녁 스튜디오에는 그녀의 정신과 의사 마리우스 로미Marius Romme도 함께 출연했는데, 로미도 막막하기는 헤이지와 마찬가지였다. "목소리가 사라지도록 돕는 것은 정신의학 분야가 아닙니다." 헤이지와 로미가 쇼 프로그램에 나온 이유는 시청자들의 조언을 듣기 위해서였다. 그들은 시청자들에게 다음과 같은 질문을 던졌다. 목소리와 동행하며 여전히 생산적으로 사는 것이 살아가는 것이 가능했나요? 그렇다면 어떻게 그럴 수 있었나요? 그들은 자신들의 TV쇼 출연에 대한 시청자들의 반응에 놀라지 않을 수 없었다. 자신들도 환청을 들었다며 방송국에 전화한 사람이 무려 500명이나 되었기 때문이다. 그중 3분의 1이 실제로 환청에 잘 대처할 수 있었다고 말했다. 헤이지와 로미는 또 다른 연구원 산드라에서와 함께 그해 말에 첫 번째 '환청 환자 대회'Hearing Voices Congress를 개최하고 TV쇼에서 전화했던 많은 사람을 초대했다. 바로 '환청 환자 돕기 운동'Hearing Voices Movement의 시작이다. 오늘날 전 세계에 걸쳐 수많은 단체가 조직되었고 영국에만 180개 이상의 단체가 활동하고 있다. 이 운동의 기본은 환청을 듣는 것이 인간의 정상적인 경험이자 삶에서 일어나는 사건에 대한 의미 있는 반응이며, 환청을 듣는 다른 사람들과 서로 논의하면서 효과적인 대처 방법을 배울 수 있다는 것이다.

심리학자 엘리너 롱던Eleanor Longden의 말로 이 장을 마무리하고자 한다. 그의 탁월한 TED 강연 '내 머릿속의 목소리'는 온라인에서 600만회가 넘는 조회수를 기록했다. 롱던은 머릿속의 목소리를 가장 잘 치료할 수 있는 방법에 대해 자체적인 연구를 수행하고 있다. 그녀는 '환청 환자 돕기 운동'의 유능한 대변인으로, 환자의 상황이 절망적인데 환청과 조화롭게 지내는 것이 가능하

다는 사실을 본보기로 보여주었다:

> 지금까지 나는 내 머릿속의 목소리가 너무 괴로워서 머리에 구멍을 뚫고 그것을 빼내고 싶을 정도였다. 내 인생에서 많은 사람이 내게 해를 끼쳤고 나는 모두 기억한다. 하지만 나를 도와준 사람들에 비하면 그런 기억은 점차 옅고 희미해진다… 그들은 내가 항상 의심해왔던 것을 이해하도록 도움을 주었다. 그들은 내 머릿속의 목소리가 내 인생의 고통스러운 사건, 특히 어린 시절 사건에 대한 의미 있는 반응이며, 따라서 나의 적이 아니라 해결 가능한 감정적 문제에 대한 통찰력의 원천임을 가르쳐주었다. 그들 덕분에 나는 내 머릿속의 목소리가 견뎌야 할 질병의 추상적인 증상이 아니라 탐구할 가치가 있는 복합적이고 의미 있는 중요한 경험이라는 것을 깨달았다. 또 가장 적대적이고 공격적인 목소리가 실제로는 내 인생에서 가장 큰 상처를 입은 경험에서 나온다는 사실도 깨닫게 되었다. 따라서 이 목소리에 가장 큰 동정심과 관심을 보여야 한다는 것도 깨달았다.

11.
내가 이걸 어떻게 알지?

"그러니까 윌리엄 수사님은 수사님의 질문에 대한 답을 하나도 갖고 있지 않다는 거네요?"

"아조Adso야, 내가 답을 가지고 있었다면 파리에서 신학을 가르쳤을 거다."

"파리 사람들은 항상 정답을 가지고 있을까요?"

윌리엄 수사가 말했다. "절대 그렇지 않아. 하지만 그들은 자신들의 실수를 확실하게 알고 있지."

내가 치기 어린 무례한 말투로 말했다. "그러면 수사님은 절대 실수를 안 하신다는 말인가요?"

그가 대답했다. "자주 하지. 마음속으로는 하나가 아니라 수많은 실수를 하는 걸 상상하지. 그래야만 어느 누구의 노예도 되지 않을 수 있으니까."

《장미의 이름The Name of the Rose》(1980), 움베르토 에코Umberto Eco

로버트 채프먼Robert Chapman은 1979년, 대학에 들어가기 전 몇 달 동안 기계공으로 일했다. 그는 집을 떠나 그 지역의 YMCA로 이사했다. 모든 일이 꽤 순조롭게 진행되는 것 같았다. "일, 급여, 함께 일하는 사람들이 모두 마음에 들었어요. 가을이 오면 대학에 갈 예정이었죠. 주말에는 코미디 클럽에서 단독 공연도 했습니다." 채프먼은 점차 두 가지를 확신하게 되었다. 하나는 그가 세상에 대한 남다른 통찰력을 갖고 있다는 것이고, 또 하나는 그의 아이디어가 너무 좋다 보니 다른 사람들이 그의 아이디어를 훔치고 있다는 것이었다. 그러나 시간이 지나면서 그는 자신의 그런 생각 중 일부는 마음에 억지로 주입된 것이라는 생각이 들었다.

대학에 들어가면서 상황이 더욱 악화되었다. "텔레파시로 인한 충격으로 인해 내 정신이 죽을 것이라는 확신이 들었어요. 내 정신이 완전히 미쳐서 폐허가 되어 말 그대로 모든 것을 잃게 될 것 같았습니다. 내가 텔레파시를 통해 박해를 받고 있을 뿐만 아니라 누군가가 나를 해치려는 음모를 꾸미고 있다고 믿게 되었지요." 결국 그의 야망이 바뀌었다. "대학을 마치는 대신 '새롭고 창의적인 아이디어'로 빨리 부자가 되어 성공할 거야." 그러나 그는 이미 파괴적인 편집증에 사로잡혀 있었다. "사람들은 나에 대해 음모를 꾸미고 있고, TV와 라디오의 아나운서들은 온통 내 얘기뿐이었죠. 사람들이 나를 미치게 만들어서 제압할 계획을 꾸미고 있었습니다. 나는 육체적으로 존재하지 않으며, 천상의 사자나 심령술사가 나를 쫓고 있다고 생각했습니다. 그 해 대학 성적표는 전과목 F였지요."

1980년 봄, 채프먼은 정신병원에 입원해 조현병 진단을 받고 항정신병 약물을 복용하기 시작했다. 그러나 5년이 지나도록 상황은 거의 개선되지 않았다. 그는 여전히 대학 학위를 취득할 생각은 하지 않고 오로지 자신의 '발명품'을 연구하기 위해 밤늦게까지 일했다:

> 하지만 어디를 가든 나를 괴롭히는 생각은 그치지 않았습니다. 이제 학교는 둘째 치고 무력감과 공포심 그리고 방해받는다는 생각만 들었지요. 매일 내 생각을 감시하고 내 마음이 원치 않는 생각을 주입하려는 목소리 때문에 죽을 것만 같았습니다. 군중 속에 있을 때에도 완전히 고립되었다는 느낌이었지요. 내 주변에 내게 해를 끼칠 사람이 있을 거라는 생각이 계속 들었지만 누군지는 알 수 없었습니다.

1982년 5월 한 임상의가 채프먼의 상태에 대해 다음과 같이 요약했다. "채프먼에 대한 내 소견은 매우 좋지 않습니다… 그는 현실과 상당히 동떨어져 있어요. 통찰력도 매우 떨어져 있고, 현재 갖고 있는 목표도 완전히 비현실적입니다." 하지만 밝혀진 바와 같이, 이제 상황은 최악의 상태에서 천천히 반전되기 시작했다. 채프먼은 자신만의 회복 계획을 세우기로 결심했다. "비록 내 생각 중 일부가 혼란스러워져도 아직 영향을 받지 않은 온전한 정신을 사용하면 다시 긍정적인 생각을 할 수 있다고 생각했습니다." 그 계획의 핵심에는 자신의 망상에 대해 한번쯤 의심해봐야겠다는 통찰력이 있었다. "나는 그동안 그렇게 오랫동안 박해를 받고 있다는 편집증에 시달렸지만 실제로 살해당하지도, 암살당하지도, 납치당하지도, 투옥되지도 않았어. 어떻게 된 걸까? 오랫동안 나를 해치려는 음모가 진행되고 있다고 의심해왔는데, 아무 일도 일어나지 않았잖아? 나는 사라지지 않았어." 이런 의심이 채프먼에게 자신의 망상이 옳은지를 따져볼 수 있는 발판을 제공했다:

> 나는 마치 탐정처럼 내 마음속의 논쟁을 시험해보기로 했습니다. 나는 마음속의 거짓 주장에 맞서 내가 할 수 있는 가장 강력한 주장을 전개하려고 노력했지요. 내가 생각할 수 있는 모든 합리적인 대안 목록을 만들었습니다. 그리고 실제로 일어난 일과 일어나지 않은 일에 대한 증거를 찾았지요. 실제로 일어나지 않은 일에 대해서는 '내가 이걸 어떻게 알지?'라고 자문했습니다. 내가 그것을 실제로 본 것일까, 아니면 단지 그 '징후'만 본 것일까? 내가 정말로 들은 것일까, 아니면 들었다고 잘못 해석한 것일까? 내가 직접 냄새를 맡고, 맛보고, 느낀 것인가, 아니면 누군가 내게 말해준 것인가? 이 모든 증거들은 과연 징후나 상징에 대한 내 감각이나 해석을 넘어서는 진

실인가? 증거가 빈약하면 내 믿음이 틀린 게 확실하다는 것을 깨달았기 때문에, 거짓 주장에 반박하는 증거를 찾기 위해 특히 많은 노력을 기울였습니다.

몇 달 동안 채프먼은 자신이 직접 만든 치료법을 꾸준하게 실천했다. "잘못된 믿음을 완전히 버리기까지는 몇 년이 걸릴 수 있습니다. 나는 성급하게 결론을 내리거나 오류를 범하는 경향이 있어서, 충분히 노력했다고 생각한 뒤에도 망상이 다시 떠오르곤 했지요. 그럴 때마다 겁이 나서 아주 천천히 더 자세히 조사하고 반론을 찾아냈습니다." 채프먼은 3년에 걸쳐 자신의 망상을 하나하나 극복해갔다. 상태가 호전되면서 점차 항정신병 약물의 복용도 중단할 수 있게 되었다. 그리고 대학을 중퇴한 지 8년 만에 다시 복학해 그래픽 디자인을 공부했다. 그는 자신의 정신병 경험과 회복을 위해 사용한 기술에 대해 광범위하게 글을 썼다. 현재 그는 정신 건강 상담사로 일하고 있다.

성급한 판단

본능적으로 알 수 있다면 증거 따윈 필요치 않아.
저수지의 개들(1992)

앞서 살펴본 것처럼, 환자가 자신의 경험을 제대로 이해하면 그 결과는 임상의의 치료를 능가할 수 있다. 로버트 채프먼의 경우가 확실히 그랬다. 정신 건강 전문의가 본격적으로 도입되기 한참 전에 채프먼은 자신의 편집증이 자신의 추론 방식, 즉 세상을 이해하기 위해 자신이 사용한 사고 패턴에 뿌리를 두고 있고 그 때문에 생겨났다는 사실을 알았다. 하지만 그것을 알기 전까지 수년 동안 채프먼은 자신의 망상적 신념이 정확하고 중요하다고 생각했다. "그 생각들이 너무나 강렬하고 독특해 보이는데 어떻게 무시할 수 있었겠습니까?" 편집증이 심해지면서 그런 신념이 세상을 보는 그의 견해를 점점 더 좌우하게 되었다. "나는 일상에서 흔히 일어나는 일들, 그러니까 다른 사람이 일반적으로 하는 행동을 나에 대해 음모를 꾸미는 사람들과 관련이 있다고 엉뚱하게 해석했지요. 사람들이 내 옆을 지나가기만 해도(경찰 순찰차나 방문판매원들까지도) 나를 염탐하러 온 게 틀림없다고 생각했으니까요." 거기에 대해 어떤 의심의 여지도 없었고, 따라서 달리 생각할 이유도 없었다. "두 번 다시 생각할 필요도 없이 그들의 '의도'를 뻔히 다 안다고 생각했지요."

공교롭게도 이런 성급한 판단이야말로 피해망상을 가진 사람들의 전형적인 모습이다. 2002년에 나는 정신병 환자 100명에게 다음 두 가지 질문을 해보았다:

- 당신이 설명한 그 경험을 혹시 달리 해석할 수도 있지 않을까요?

- 당신이 생각하고 있는 일이 일어날 가능성이 매우 낮은데, 그렇게 설명하는 이유가 망상적 믿음 때문이라는 것 외에 다른 이유가 있을까요?

대부분의 경우 그들이 경험하는 사건들이라 봐야 다른 사람과 눈이 마주치는 것, 거리에서 우연히 다른 사람과 몸이 부딪히는 것, 현관 근처의 쓰레기가 뒤죽박죽 널려 있는 것 등 아주 평범하고 일상적인 사건들이다. 그러나 100명 중 4분의 3은 자신들이 겪는 피해망상 외에 다른 설명을 생각할 수 없었다. 어떤 다른 이유도 없었다. 아주 놀라운 일이다. 나는 그들이 겪는 사건에 대해 더 그럴듯한 해석을 요구한 것이 아니라 단지 다르게 해석할 수 있는 가능성(피해망상이 아닐지도 모른다는 가능성)을 물어본 것뿐이다. 내가 진료실에서 보는 환자도 마찬가지다. 아주 드물게 다른 이유를 말하는 환자가 있는데, 그런 경우는 대개 그 사람이 아프기 때문이다. 설문조사에서도 같은 결과가 나타났다. 다른 이유를 설명한 25%의 사람들 거의 모두가 한 가지 다른 이유를 제시했는데 대개는 정신 질환과 관련된 것이었다.

그러나 이는 특정 사건에 대한 일반적인 해석이므로, '미시적' 관점이 아닌 '거시적' 관점이라고 할 수 있다. 그런 관점에서는 사건의 세부 사항에 집중하기기 훨씬 더 어렵다. 게다가 그런 이유를 제시한 사람들조차도 그 다른 이유가 피해망상보다 큰 이유는 아니라고 생각했다. 놀라운 일이 아니다. '정신병'에 걸렸다는 사실 자체가 여전히 사회적으로 낙인 찍히는 것으로 간주되기 때문에 대부분의 사람들은 즉시 그 사실을 거부한다. 따라서 자신에게 무슨 일이 일어나고 있는지 이해하는 데 있어서 환자들은 대개 자신의 망상이라는 바위와 정신병이라는 어려운 자리 사이에 갇혀 있다고 느낀다.

하지만 심각한 편집증이 있는 사람들의 사고 방식에 뭔가 독특한 점이 있다면, 자신들에게 무슨 일이 일어나고 있는지 이해하고 있다는 것이다(우리는 최근에야 이를 알게 되었다). 그동안 우리는 피해망상을 겪는 사람들은 논리적 추론 능력도 떨어진다고 생각해왔다. 실제로 지금까지 망상적 사고는 다른 사람들이 생각하는 것을 제대로 파악하지 못하기 때문에 발생한다고 생각해왔다. 그러나 그런 생각 중 어느 것도 설득력 있다고 판명되지는 못했다. 사실 그렇다고 생각할 만한 최소한의 증거도 없었다. 그러다가 1992년에 정신의학 연구소에서 내 지도교수를 지낸 임상심리학자 필리파 개리티의 연구로 이에 대해 큰 진전이 이루어졌다. 필리파는 1991년에 동료 데이비드 햄스리David Hemsley와 사이먼 웨슬리Simon Wessely와 함께 망상과 추론 사이의 관계에 대한 우리의 이해를 근본적으로 바꾸는 논문을 발표했다.

필리파는 세 개의 다른 집단(피해망상이 있는 정신 질환 환자, 불안 장애 환자, 정신 질환이 없는 사람)으로부터 추론 스타일을 비교했다. 그녀는 참가자들에게 구슬 실험을 시도했다. 절차는 간단했다. 색깔이 다른 구슬 두 병만 있으면 이 실험을 할 수 있었다.

한 병에는 85개의 노란색 구슬과 15개의 검은 구슬이 섞여 있고, 다른 병에는 반대로 15개의 노란색 구슬과 85개의 검은색 구슬이 섞여 있다. 이 실험을 수행하는 연구원은 병 두 개를 참가자들에게 보여준 다음 보이지 않게 가린다. 연구원은 두 항아리를 가린 상태에서 어느 한 병에서 구슬을 하나씩 꺼내 참가자들 앞에 놓고 가리개를 치운다. 참가자들이 할 일은 꺼낸 구슬이 어느 병에서 나왔는지 알아맞히는 것이다. 참가자는 확신이 들면 연구원에게 어느 병인지 말한다. 여기서 참가자들은 결정하기 전에 두 병을 모두 확인해볼 수 있다. 확인해볼 수 있는 구슬 수에는 제한이 없다. 구슬 백 개를 모두 검사하고 싶다면 그렇게 할 수 있다.

이 실험에서 필리파는 피해망상이 있는 사람들에게서 놀라운 일이 일어난다는 사실을 발견했다. 이 실험은 구슬을 꺼낸 병이 어느 병인지 빨리 알아맞히는 게임이 아니다. 중요한 것은 정확성이다. 그러나 이 실험에 참여한 피해망상 환자 중 40%는 구슬 하나만 보고 자신들의 마음을 결정했다. 이런 결과는 몇 년에 걸쳐 똑같이 반복되었다. 이 실험의 결과로, 오늘날 피해망상을 가진 사람들이 성급하게 결론을 내릴 가능성이 훨씬 더 높다는 것이 일반적으로 받아들여지고 있다. 그들은 매우 적은 양의 데이터를 수집한 다음 결정을 하는 것이다. 이 실험에서는 꺼낸 구슬이 두 개 이하일 때 결정하는 경우를 성급한 판단JTC, jump to conclusion으로 간주했다. 피해망상을 가진 이들의 약 50%가 정확히 그런 행동을 보였다. 물론 성급한 결론이 피해망상 환자 집단에서만 발생한 것은 아니지만, 다른 집단에서는 그렇게 높지 않았다. 대개 10~20% 수준에 머물렀다. 그런데 이런 성급한 판단을 내리는 현상은 정신병 진단을 받지는 않았지만 정신병 위험이 높은 사람과 피해망상이 있는 사람의 친척에게서도 발견되었다.

그러니까 JTC는 지속적이고 장기적인 망상을 가진 사람들에게만 국한되는 현상이 아니라는 것이다. 정신병이 처음 발병해 치료를 받은 환자를 비임상 집단과 비교해보면, 비록 첫 발병이라 해도 비임상 집단보다 성급하게 결론을 내리는 비율이 두 배나 높았다. 결국 피해망상이 심해지면 JTC 경향도 더 강해진다. 첫 발병 환자들이 다음 해에 얼마나 개선되느냐의 여부도 JTC의 영향을 받는 것으로 보인다. 1년이 지난 후에도 여전히 피해망상에 시달리는 사람들은 모두 이전 JTC실험에서 높은 점수를 받은 사람들이었다. 그들은 다음 1년 동안에 회복된 사람들보다 점수가 두 배나 높았다.

피해망상이 그렇게 심각하지 않은 사람들은 어떨까? 그들도 성급하게 결론을 내릴 가능성이 높을까? 그것은 편집증이 스펙트럼의 연장선상에 존재한다는 개념과 일치하는 것 같다. 어떤 사람들은 규칙적으로 강렬하고 고통스러운 망상에 빠지기 쉽지만 또 어떤 사람들은 이따금씩 불신은 무시할 정도로 가벼울 것이다. 차이점은 얼마나 심각하느냐의 차이지 경험의 본질에 있는 것이 아니다. 우리는 대규모 비임상 집단을 대상으로 처음 시도한 조사에서 일반 대중 200명에게 구슬 실험을 수행했다. 결과는 이들 중 약 20%가 성급한 결론을 내리는 것으로 나타났다. 그런데 그 20%에는 뭔가 독특한 점이 있었다. 그들도 편집증적인 생각을 믿고 그 때문에 괴로워하는 경향이 있었지만, 흥미롭게도 편집증으로까지 발전하는 비율은 적었다.

그들의 특별한 점은, 그들도 편집증적인 신념을 갖고 있었지만 심각하게 받아들이지 않았으며 따라서 그로 인한 감정적 영향도 무시할 수 있었다는 것이다. 이는 큰 의미가 있다. JTC 같은 추론적 편향만으로 불신적인 생각이 유발될 가능성은 적지만, JTC가 우리의 대응을 결정할 수 있기 때문이다. 예를 들어, 성급한 판단을 하는 사람들은 자신의 편집증적 경험을 이해하기 위한 다른 방법을 고려하는 데 노력을 기울이지 않는다. 실제로 우리는 2002년 정신병 환자 100명을 대상으로 한 조사에서 두 집단을 모두 포함시켰다. 구슬 실험에서 성급하게 결론을 내린 사람들은 자신의 경험에 대한 대안적인 설명을 제안하는 비율이 훨씬 낮았다. 다른 해석을 제시하는 사람들은 생각을 결정하기 전에 더 많은 구슬을 보여달라고 요청했다(즉, 결정을 하기 위해 더 많은 증거를 수집했다).

2-4-6 실험

'인간의 이해력은 일단 하나의 의견을 채택하면 다른 모든 것들이 그것을 지지하고 동의하도록 끌어당긴다. 비록 반대편

의견을 지지하는 사례의 수가 더 많고 더 무거울지라도 그것들을 배척하고 무시하거나, 어떤 구분에 따라 제쳐놓거나 거부한다. 인간 이해력의 이런 위대하고 치명적인 결정력 때문에 이전에 내린 결론의 권위가 계속 유지될 수 있는 것이다.

《신(新) 기관The New Organon》(1620), 프란시스 베이컨Francis Bacon

    상황이 단지 구슬이 담긴 병일 때에는 성급한 결론을 내리는 것은 그저 사소한 일에 불과할 것이다. 추측이 틀려도 큰 지장이 없다. 하지만 일상생활에서 추측이 틀렸을 때의 위험은 훨씬 더 클 수 있다. 명확한 증거가 아니라 선입견에 근거한 성급한 판단은 오해를 불러일으킬 수도 있다. 편집증에 걸리기 쉬운 사람이라면, 그런 선입견으로 인해 즉시 위험에 빠질 수도 있다.

    인간 본성은 보고 싶은 것을 보는 경향이 있기 때문에, 상황은 더욱 어려워진다. 따라서 본능에 역행해서 보는 것도 유용할 수 있다. 한 가지 생각이 떠오를 때마다 그 생각의 타당성을 따져봐야 한다고 생각해보라. 물론 그렇게 하는 것이 주변 세계에 대한 인식을 왜곡할 수도 있다. 우리는 기존 신념을 확증해주는 것처럼 보이는 정보에는 과도한 중요성을 부여하고 그렇지 않은 정보는 무시하는 경향이 있기 때문이다. 우리는 대안적인 다른 관점을 탐구하기보다는 알고 있는 것을 고수하는 것을 좋아한다. 심리학자들은 이를 신념 확증 편향belief confirmation bias이라고 하는데, 영국의 선구적인 인지심리학자 피터 와슨Peter Wason이 1960년에 이를 깔끔하게 입증한 바 있다. 와슨은 인간이 선천적으로 이성적인 존재라는 아리스토텔레스 때부터 내려오는 보편적 견해에 이의를 제기했다. 그는 자신의 실험이 비로 소규모이긴 하지만, '독단적으로 생각하면서 다른 해석의 가능성을 인정하지 않는 것이 얼마나 쉽게 오류를 초래할 수 있는지'를 보여주고 있다고 주장했다. 와슨의 2-4-6 실험에서 연구원은 참가자들에게 숫자 2-4-6이 어떤 규칙을 따르고 있다고 설명한 다음, 이 세 숫자를 연결하는 규칙을 추론해보라고 질문한다. 참가자들은 이를 추론하기 위해 세 개의 다른 숫자로 구성된 조합을 제시할 수 있으며, 연구원은 참가자가 제시한 다른 숫자 조합이 그 규칙에 맞는지 판단한다.

이 실험도, 앞서 구슬 실험과 마찬가지로 빨리 대답하는 것이 중요한 게 아니라 얼마나 정확한가가 중요하다. 참가자는 규칙을 찾아내는 데 필요한 것은 무엇이든 할 수 있다. 참가자는 자신의 가설을 테스트하는 데 필요하다고 생각하는 만큼 많은 숫자 조합을 제안해도 좋다. 이 실험에서 대부분의 사람들은 '숫자가 2만큼 증가하는 것'이 규칙이라고 매우 빠르게 가정하고 그런 숫자 조합만을 제시한다. 그들은 자신들의 그런 직감과 모순되는 숫자는 제시할 생각도 하지 않는다. 하지만 인간이 정말로 타고난 논리학자라면 바로 직감과 모순된 생각을 할 줄 알아야 할 것이다. 가설을 증명하려면 긍정적인 몇 가지 사례 이상의 것이 필요하고 다른 누군가는 그것을 반증하려고 노력해야 한다(칼 포퍼는 이를 '반증 원리'falsification principle라고 하면서, 과학적 사고의 중요한 특징으로 간주했다).

짐작했겠지만, 와슨의 법칙은 '숫자가 2만큼 증가하는 것'이 아니었다. 답은 '증가하고 있는 모든 숫자'였다. 이 2-4-6 실험을 잘 수행하는 사람들은 일반적으로 세 가지 핵심 전략을 사용한다. 첫째, 그들은 자신의 가설에 맞지 않는 숫자 조합을 제시해보는 경향이 있었다(그들은 자신의 이론을 '반증'해보려고 노력한다). 둘째, 그들은 다른 제안에 열린 마음을 가지고 있었다. 마지막으로 셋째, 그들은 결론을 내리는 것을 서두르지 않고 결론을 내리기 전에 많은 숫자 조합을 시도해본다. 이 세 가지 전략에는 많은 '인지적 유연성'cognitive flexibility이 담겨 있다. 즉, 다른 대안적 해석을 항상 고려하면서 인내심을 갖고 실험에 임할 준비가 되어 있다는 의미다. 편집증적인 생각을 가진 사람들은 물론, 일반적인 대부분의 사람에게서 보는 것과는 정반대다.

Slow-Mo

별로 걱정하지 않아요. 내 이웃들이거든요. 설령 그들이 내게 스트레스를 준다 해도 '아니에요. 천천히 해야 잘할 수 있어요. 그렇지 않고 계속 일만 하면 병이 나서 병원에 입원하게 될 거에요.'라고 말해줄 겁니다.

SF 블록버스터 〈매트릭스Matrix〉의 주인공 네오Neo는 날아오는 총알도 쉽게 피할 수 있는 초인적인 반응 능력을 지녔다. 네오의 놀라운 능력을 극적으로 묘사하기 위해 화면은 거의 정지할 정도의 느린 속도로 움직인다. (이 특수 효과가 유명해지면서 영화 촬영법에서 이 기법을 '불릿 타임'bullet time이라고 하게 되었다.) 이 기법 덕분에 우리는 총알 하나 하나가 그를 향해 날아가는 것과 네오가 우아하게 몸을 회전시켜 그 총알들을 피하는 것을 추적할 수 있다. 나는 그 장면이 마치 삶에 때때로 수반되는 생각과 감정의 아찔한 흐름을 비유적으로 보여주는 듯한 생각이 든다. 그런 생각과 감정의 흐름을 더 잘 살펴보기 위해 영화처럼 그 속도를 늦추고 싶다.

특히 생각이 우리를 감정적으로 탈선시킬 때, 예를 들어 슬프거나 불안하게 만들 때, 그런 생각이 밀려오는 것을 억제하는 것은 매우 중요하다. 물론 편집증에 맞서 싸울 때도 마찬가지다. 편집증 치료의 목표 중 하나는 로버트 채프먼이 성공적으로 해냈던 것처럼 환자들이 자신의 사고 과정을 직접 관리하도록 돕는 것이다. 우리는 환자들이 성급하게 판단하기보다는 속도를 늦추고 두려움과 불신의 총알을 피하게 하고 싶다. 그들이 자신의 편집증적인 믿음에 의문을 제기하게 하고 싶다. 그들이 자신의 경험에 대해 다른 해석을 하고 그 증거를 따져보게 하고 싶다. 간단히 말하면, 인지적으로 더 유연해지게 만들고 싶다.

그리고 여기가 바로 슬로우 모Slow-Mo 치료가 필요한 지점이다.

Slow-Mo는 10년 이상 노력을 기울인 연구의 결과다. 다른 모든 치료법과 마찬가지로 오늘날 우리가 하는 Slow-Mo 치료법은 단 한 차례의 영감에서 나온 도약의 결과라기보다는 수많은 힘든 단계를 거쳐 만들어진 결과다. 정신의학 연구소에서 필리파와 나에게 박사과정을 밟던 학생 케리 로스Kerry Ross가 만든 45분 길이의 파워포인트 강의 세션으로 시작되었고, 몇 년 후 정신의학 연구소의 또 다른 박사과정 학생인 헬렌 월러Helen Waller가 수정하고 보강했다. 이후 재능 있는 임상심리학자 에이미 하디Amy Hardy의 지도하에 현재 형태로 발전되었다.

> 삶을 살아가면서 우리는 일반적으로 인상과 감정을 따르게 되며, 직관적인 믿음과 선호에 대한 확신을 정당화하는 경향이 있다. 그러나 그런 직관적 믿음이 항상 옳은 것은 아니다. 자신이 틀렸을 때에도 확신을 갖는 경우가 많다. 따라서 객관적인 관찰자가 우리보다 우리의 오류를 발견할 가능성이 더 높다.

유명한 심리학자 대니얼 카너먼Daniel Kahneman이 쓴 글이다. 그가 여기서 설명하는 것은 빠른 생각(성급한 생각)은 쉽고 직관적이며 대개는 매우 감정적이라는 것이다. 빠른 생각은 우리가 차를 타고 도로에 들어섰는데 안전하게 멀리 있다고 생각했던 차가 실제로는 무서울 정도로 가까이 있다는 사실을 갑자기 깨달

앉을 때나 필요한 것이다. 친구의 얼굴을 볼 때나 다시 읽어보고 싶어서 이 책을 집어 들었을 때 빠른 생각은 생기를 불러일으킬 수 있다. 비록 이런 빠른 사고가 일반적이고 때로는 필수불가결하지만, 그리고 다른 차가 실제로 내 차와 충돌할 가능성이 있는지 판단할 때에도 빠른 생각이 필요하지만, Slow-Mo는 그런 빠른 생각이 항상 도움되는 것은 아니라는 점을 환자에게 가르치는 것으로 시작한다. 환자들이 언제 불필요하게 서둘러 판단하는지 아는 법을 배웠다면, 다음 단계는 잠시 속도를 늦추는 것이다. (편집증이 심한 환자들의 60%는 천천히 분석적으로 생각하는 것을 어렵게 여긴다.) 카너먼은 천천히 생각하는 것은 '의도적으로 노력을 기울이며 논리 정연하게' 생각하는 것이며, 어떤 요인, 선택, 집중에 대한 주관적인 경험과 관련되어 있다'라고 지적한다. 일단 잠시 멈추고 나면, 느리게 생각하는 습관을 기르기 위해 배운 기술을 활용할 수 있다. 다른 해석에 대해 브레인스토밍 하기, 증거 따져보기, 좀 더 긍정적으로 느끼고 행동하기 등이 바로 그런 기술들이다.

Slow-Mo는 '혼합' 치료법으로도 알려져 있다. 치료사가 직접 치료하는 세션과 컴퓨터 기반 자원이 혼합되어 있다. 컴퓨터 기반 자원에는 치료사와의 다음 상담할 때까지 환자를 돕기 위해 만들어진 맞춤형 스마트폰 앱이 있다. 환자들은 이 앱을 사용해 자신의 전형적인 빠른 생각과 걱정들을 기록하고, 대안적인 해석을 떠올리며, 앞으로 일주일 동안 배워야 할 주요 내용을 적는다.

이 앱을 사용해본 환자들은 언어적 정보는 줄이고 대화형 콘텐츠를 더 많이 원한다고 말했다. 너무 빨라서 도움이 되지 않는 생각은 빠르게 회전하는 큰 회색 거품으로 표시된다. 환자가 긍정적인 생각을 하게 되면 천천히 회전하는 컬러 거품이 표시된다. 느린 생각이 커지면 빠른 생각은 작아진다. 이런 긍정적인 생각들이 환자 개인에 따라 맞춤형으로 설계되어 있기 때문에 환자는 항상 앱을 통해 그런 생각에 접근할 수 있다. 이 앱이 느린 생각을 마음에 떠올리는 것을 더 쉽게 만들어주고 그에 따라 더 안전하다는 느낌을 갖게 해주는 것이다.

우리는 필리파, 에이미, 톰 와드와 함께 큰 팀을 결성하고 심각한 편집증을 앓고 있는 362명의 환자를 대상으로 하는 무작위 대조 시험에서 Slow-Mo를 테스트했다. Slow-Mo는 환자들의 편집증을 어느 정도 줄이는 데에도 도움이 되었고 믿음에 대한 유연성도 높여주었다. 로버트 채프먼이 발견한 것처럼, 벌어지는 일에 대한 본능적인 반응을 뒤로 미루면 두려움에서 어느 정도 멀어질 수 있고, 바로 그 거리가 환자들에게 사물을 좀 더 깊이 생각할 수 있는 공간을 제공하는 것이다. 여기까지 오면 다른 사람들이 자신에게 해를 끼치려고 한다는 가정에 대한 믿음도 크게 줄어든다:

나는 항상 빠른 결정을 해야 한다고 주장했지요. 순식간에 결정해버리는 거죠. 기본적으로 빠르게 생각하는 겁니다. 항상 최악의 상황을 조심해야 한다고 훈련받았으니까요. Slow-Mo 느리게 생각하기는 어렵지 않았지만 달랐습니다. 온통 바보 천치들만 사는 우리 동네에서 그 방법을 사용해 내가 생각할 수 있는 다른 시나리오들을 떠올리면서 '저 사람들은 나를 모르는데 내 얘기를 할 리가 없어'라고 생각했지요. Slow-Mo 이전에는 '저 사람들이 왜 내 얘기를 하는 거지? 뭘 하려는 걸까?'라고 생각했고 그런 생각 때문에 정말 많은 스트레스를 받곤 했습니다.

모든 사람이 스마트폰 앱의 기술적 요구 사항에 만족한 것은 아니었지만, 많은 사람이 이 앱이 매우 유용하다는 것을 알았다. "매일 밖에 나가면, 앱이 하라는 대로 따라 하지요. 심호흡을 하라는 등, 자주 외출하라는 등… 하지만 밖에 나갈 때 항상 전화기를 휴대해야 합니다." 어떤 사람들은 이 앱이 가장 친한 친구 같다고 말한다. 항상 같이 있어주고, 항상 지지해주며, 항상 그들의 안전을 마음에 두고 있는 친구 같다는 것이다. 하지만 몇 주가 지나면서 환자들은 앱을 자주 볼 필요가 없다고 보고했다. 치료 기술이 내장되어 있을 뿐 아니라 사용법을 완전히 숙달했기 때문이다.

편집증에 대한 Slow-Mo의 효과는 전반적으로는 그리 크지 않았지만, 일부 환자들은 극적인 진전을 보였다. "네, 편집증이 상당히 많이 줄었어요. 이제는 예전처럼 그렇게 심하지 않아요" 편집중이 줄어들면서 환자들은 점차 일상적인 활동에 다시 참여할 수 있게 되었다. "나는 전에는 거의 외출하지 않았어요. 하지만 지금은 자신 있게 스쿠터를 타고 나갑니다. 전에는 생각도 할 수 없었지요. 다른 사람들이 나를 공격할 것이라는 생각을 항상 하곤 했는데 지금은 그런 느낌이 들지 않습니다." 편집증만 개선된 것이 아니다. 환자들은 전반적인 정신 건강에 긍정적인 변화가 있었다고 보고했다. "Slow-Mo는 스트레스를 너무 많이 받지 말라고 가르쳐주지요. 매사에 지나치게 걱정하지 말라고도 가르칩니다" "우울증과 정신병으로 병원에 가지 않은 게 5년 만에 처음이에요. 정말 큰 변화가 일어났다고 생각합니다. 예전에는 1년에 3~4개월 정도는 대개 병원에 입원해 있었거든요."

걱정도 줄었다

> 여전히 걱정이 되기는 하지만 이제는 예전만큼은 아니에요. 게다가 생각하는 속도도 많이 느려졌어요.
> Slow-Mo 실험 참가자

어떤 치료에 대한 실험을 할 때 무엇을 발견하게 될지 미리 확신할 수 없다. Slow-Mo는 원래 정신병이 있는 사람들이 추론하는 방식을 바꾸기 위해 고안된 치료법이었다. 그러나 우리의 연구비 신청서를 처음 검토한 담당자는 걱정에 대한 효과도 있는지 추적해보라고 제안했다(그들은 이전에 내가 했던 걱정 치료 실험을 본 적이 있는 사람들이었다). 우리도 놀랐을 만큼 그것은 영리한 생각으로 밝혀졌다. Slow-Mo가 인지적 유연성을 키워줄 뿐만 아니라 환자들의 걱정을 덜어주는 것으로 나타났기 때문이다. 그리고 걱정을 줄여준다는 것은 편집증의 개선을 의미할 수도 있다.

어떻게 하면 걱정을 덜 하는 법을 배울 수 있을까? 다음은 내가 환자들과 함께 작업한 내용을 요약한 것이다. 추천하고 싶은 내용이다. 걱정은 최악의 시나리오를 생각하는 것이며 세상을 지나치게 암울하게 보는 방식이라고 할 수 있다. 하지만 걱정을 많이 하는 사람들은 그렇게 생각하지 않는 것 같다. 물론 그들도 걱정한다는 사실을 싫어할 수도 있고, 그로부터 자유로울 수 있기를 간절히 바랄지도 모르지만, 한편으로는 걱정이 자신들에게 도움이 된다고 생각한다. 예를 들어, 어떤 사람들은 걱정을 하면 자신이 그 문제를 통제할 수 있다는 느낌을 갖게 된다고 말한다. 또 문제가 발생했을 때 그에 대해 대비할 수 있다고 말한다. 심지어 걱정함으로써 그 문제가 일어나는 것을 막을 수 있다고 말하기도 한다. 사실 걱정에 대한 이런 믿음은 전혀 사실이 아니다. 그러나 그런 믿음이 악순환을 낳는다. 어떤 상황에 대해 불안감을 느끼면 그에 대해 걱정함으로써 반응한다. 그러나 걱정은 최악의 결과에 더 집중하게 함으로써 불안감만 더욱 키울 뿐이다. 그러면 당연히 걱정은 더 심해진다. 분명한 것은 이 악순환을 깨뜨려야 한다는 것이다. 먼저 걱정에 대해 긍정적으로 생각할 수도 있다는 인식을 한 다음 이를 냉정하게 평가할 필요가 있다. 예를 들어, 걱정의 장점과 단점이 무엇일까? 걱정 없는 삶은 어떤 모습일까? 더 좋을까, 아니면 더 나쁠까? 걱정을 일으키게 하는 전형적인 요인에 대해 생각해보는 것도 도움이 된다. 예를 들어, 하루 중 어느 특정 시간이 되거나 특정 상황이 생기면 쉽게 걱정하는 경향이 있지는 않은가?

걱정이 언제 어떻게 영향을 미치는지에 대한 통찰력을 갖게 되면, 이를 극복하기 위해 두 가지 핵심 기술을 시도해볼 수 있다. 첫째는 걱정을 매일 일어나는 규칙적인 습관으로 간주하고 아예 그 시간(15분 내지 20분)을 정해두는 것이다. 이렇게 '걱정하는 시간'을 정해놓고 사적이지만 편안하지 않은 장소를 선택한다. 예를 들어 소파에 다리를 쭉 뻗고 앉는 것보다는 등받이가 수직으로 된 테이블 의자에 앉는 것이 더 좋다. 걱정하는 모습이 편안하거나 즐거워 보여서는 안 될 테니까 말이다. 하지만 정해놓은 시간 외에도 걱정이 생긴다면 어떻게 해야 할까? 당장 걱정을 멈추고 '정해진 시간'에 하도록 저장해놓는다. 바로 여기서 두 번째 기술이 필요하다. 걱정에 가장 취약한 시간이 언제인지 안다면, 그 시간에 맞춰 어떤 활동을 계획할 수 있다. 아주 강렬해서 다른 일을 할 정신적 여유가 없는 그런 활동이 좋을 것이다. 어떤 활동인지는 사람마다 다를 수 있지만, 이 방법은 꽤 효과적인 것으로 입증되었다. 예를 들어 육체적 운동도 좋고, 게임이나 악기 연주, 좋아하는 TV 프로그램이나 영화를 시청하는 것도 좋다. 친구와 이야기하거나, 명상 훈련, 긴장을 푸는 운동도 좋을 것이다. 좋은 소식은 인간의 마음은 동시에 두 가지 일에 집중하는 데 그다지 능숙하지 않다는 것이다. 따라서 이런 활동이 걱정을 줄이는 데 도움이 될 수 있다. 어떤 활동이든, 걱정을 능가할 수 있는 다른 관심 있는 활동을 발견하기만 하면 된다.

지난 몇 년 동안의 경험을 통해, 걱정이 편집증에서 절대적으로 근본적인 역할을 한다는 것을 잘 알게 되었다. 어쩌면 생각하는 것보다 그 영향력이 더 클지도 모른다. 나는 1992년 로버트를 처음 만났을 때 걱정이 어떻게 편집증을 불러일으키는지를 분명히 보았다. 자신이 위험에 처해 있다는 걱정이 밤낮으로 그를 괴롭혔다. 그 이후에도 내가 치료한 거의 모든 환자에게서 그런 현상을 관찰했다. 피해망상이 있는 사람 5명 중 4명은 일반 불안 장애(과도한 걱정이 특징인 정신 질환) 환자에게서 볼 수 있는 수준의 걱정을 경험한다. 걱정 그 자체만으로도 고질적이지만, 걱정이 많을수록 편집증이 사람을 더 괴롭히며 지속되는 경향이 있다. 그뿐만이 아니다. 예상할 수 있듯이, 임상적 수준의 편집증이 있는 사람들은 일상 생활에서 불신이 높아진다. 예를 들어, 영국의 성인을 대표하는 7000명을 대상으로 한 2007년 APMS를 살펴보면 편집증에 걸리기 쉬운 사람이 걱정을 가장 많이 하는 사람이리는 것을 알 수 있다. 4장의 가상 런던 지하철 실험을 기억하는가? 이 실험에는 환자가 아닌 일반인 200명이 참여했다. 그중 누구도 심각한 정신 건강 문제를 겪은 사람은 없었다. 하지만 가상 지하철 실험에서 이들 중 40%가 편집증 증상을 보였는데, 이들 역시 평소에 걱정을 많이 하는 사람들이었다. 물론 이 연구가 걱정이 편집증을 직접 유발하는지 여부를 알려지는 않지만, 그렇게 제안하는 데에는 적어도 몇 가지 설득력 있는 이유가 있다.

예를 들어, 걱정을 많이 하면 편집증에 걸릴 확률이 크게 높아진다는 증거를 생각해보자. 나는 2000년 APMS에 참여한 2,382명의 참가자에 대한 데이터를 분석했는데, 우리는 이들 전부를 18개월 후에 다시 평가했다. 걱정을 많이 하는 사람들은 후속 평가에서도 여전히 편집증상이 있다고 보고했다. 게다가 이전 평가에서 걱정을 많이 하지만 편집증상이 없었던 사람들이 18개월 후 후속 평가에서는 편집증을 보고하는 경우가 많았다. 또 한 실험에서 걱정을 치료하면 편집증이 완화될 수 있다는 사실이 발견되었다. 피해망상을 겪는 150명의 환자를 대상으로 한 2015년 걱정중재실험Worry Intervention Trial(편집증에 초점을 맞춘 최초의 주요 무작위 대조 임상 실험이자 위에 언급한 Slow-Mo검토 담당자가 평가 목록에 걱정 개선 효과를 추가하도록 제안한 실험)에서 6주에 걸쳐 걱정에 초점을 맞춘 인지행동치료CBT를 진행했는데 피해망상이 크게 감소했다고 나타났다. 실제로 편집증이 개선된 환자의 3분의 2는 걱정을 줄인 때문인 것으로 나타났다.

걱정이 편집증의 원인이 되는 이유는 무엇일까? 이 상황에서 걱정은 편집증적인 생각에 대한 감정적인 반응이라고 할 수 있다. 그리고 우리는 그 반응을 완벽하게 이해할 수 있다. 만약 내가 로버트처럼 정부가 나를 죽이려고 한다고 믿는다면, 그 생각이 자연스럽게 내 마음에 떠오를 것이다. 문제는 그 생각에 대해 반복적으로 걱정함으로써 그 생각을 계속 생생하게 유지한다는 것이다. 앞서도 말했지만 불신은 관심을 먹고 자란다. 다 자란 뻐꾸기가 여전히 작은 둥지에 머물며 다른 새끼 뻐꾸기를 몰아내는 것처럼, 걱정은 실제로 일어나고 있는 일(또는 일어나지 않을지도 모르는 일)에 대한 긍정적이고 정확한 해석의 가능성을 몰아낸다. 그럼으로써 편집증적인 생각의 힘을 증가시키고, 우리를 더욱 두렵게 만들며, 걱정을 더욱 부추기는 악순환을 일으키는 것이다. 두말할 것도 없이 다시 깨야 할 악순환이다.

마침 Slow-Mo의 기술은 편집증보다는 주로 걱정을 치료할 때 사용하는 여러 기술을 다루고 있다. 불신하는 생각이나 걱정하는 생각 모두 저항할 수 없을 정도로 강력해 보이지만, 우리는 그런 생각으로부터 거리를 둘 수 있다고 가르친다. 어떤 때에는 수백 가지 생각을 경험하는 날도 있다. 당연히 그런 생각들이 전부 정확한 것도 아니고, 대부분은 사소한 것들이다. 따라서 그런 생각들이 감정과 행동을 좌우하기 전에 먼저 시험해보는 것이 합리적이다. 그러면 로버트 채프먼이 발견한 것처럼, 즉시 그런 생각들의 구속에서 벗어나기 시작할 수 있다. "의심할 여지 없이 망상은 끈질깁니다. 하지만 일단 그것을 의심하면 탈출구를 발견힐 수 있습니다."

2.
게임체인지 프로젝트

나는 다른 사람들과 어울리는 일에 자신감이 없었습니다. 그래서 사람들이 붐비는 장소에 들어가거나, 카페, 버스 등 사람들이 많이 모이는 특정 상황에 처하는 것을 매우 조심했지요. 내게는 다른 사람들, 그리고 그들이 하려는 행동을 늘 의심하는 정신 건강 문제가 있었기 때문이죠… 나는 그 사람들이 내게 해를 끼치려고 거기에 있다고 늘 걱정했습니다. 그래서 사회적 상황에 있는 것을 최대한 피했지요.

타릭^{Tharik}, 게임 체인지 실험 참가자

어쩌면 해결책은 항상 바로 앞에 있었는지도 모른다. 다만 그것을 알아내는 데 시간이 좀 걸릴 뿐. 1992년에 로버트를 처음 만났을 때만 해도 나는 편집증에 대해 아는 것이 거의 없었다. 어쩌면 그동안 내가 해온 모든 연구는, 바로 30년 전 비 오는 가을날 내가 (로버트에게서) 처음 관찰한 것을 이해하려는 노력하는 과정

이었다 해도 과언이 아닐 것이다. 프랑스의 소설가 마르셀 프루스트Marcel Proust가 옳았다. "진정한 발견의 항해는 새로운 풍경을 찾는 것이 아니라 새로운 눈을 갖는 것이다."

내가 지속적으로 관찰해온 극심한 불신의 영향 중 하나는, 그것을 경험하는 사람들에게 고통을 줄 뿐만 아니라 주변 사람에게도 혼란과 걱정을 안긴다는 것이다. 극단적인 경우 불신은 당사자 개인의 혼란뿐 아니라, 6장에서 살펴본 것처럼 다른 사람과의 관계에도 손상을 입힌다. 다음 장에서 논의하겠지만 심지어 사회 구조에까지도 혼란을 야기할 수 있다. 내가 본 첫 번째 환자인 로버트는 다른 사람들이 자신에게 어떤 짓을 할지 모른다는 두려움 때문에 집 밖으로 거의 나갈 수 없었다. 쇼핑이나 대중교통 이용, 친구와 함께 커피 마시는 것 같은 일상적인 활동조차 그에게는 초인적인 도전이었다. 그가 집 안쪽에만 숨어 지내는 것은 방어의 일환이었다. 나는 환자들에게서 이런 현상을 수없이 보았다. 그래서 이런 환자들은 진료실에서 보는 것보다는 직접 집으로 찾아가야 한다. 나는 최근에 들어서야 인생의 종말에 와 있는 듯 보이는 사람들(편집증에 사로잡혀 사람 만나는 것을 너무 두려워해 집에 혼자 있는 사람들)을 그 자체로 이해해야 한다는 사실을 깨달았다. 그런 태도는 단순히 편집증의 증상이나 부산물이 아니며, 얼마든지 직접 치료힐 수 있다는 깃을 깨딜있다. 마침내 나는 그들에게 그런 치료를 제공할 수 있는 참신하고 유망한 방법을 발견했다고 생각했다. 물론 이 또한 일련의 성공적인 실험 결과에서 시작되었다.

예전에는 로버트 같은 환자처럼 집 안에서만 지내는 것을 조현병의 '부정적 증상'으로 보는 것이 정신의학의 일반적 견해였다. 따라서 그런 태도를 활동이나 관계에 대한 관심을 상실했거나, 일을 즐기는 데 어려움이 있다거나, 단순히 임상 장애가 있음을 의미하는 현저한 기능 장애로 분류해왔다. 하지만 나는 로버트에게 뭔가 좀 더 구체적이고 직접적인 일이 벌어지고 있다는 생각이 들었다. 로버트는 집에만 머문 이유는 집이 가장 안전한 곳이라고 느꼈기 때문이다. 그의 편집증은 탈출구가 없는 상황을 피하려고 노력해왔음을 의미했다. 그는 공격당하는 것도 두려웠지만, 다른 사람들이 자신을 수줍어한다거나 어색하다거나 이상하다고 부정적으로 평가할까 봐 걱정했다. 그는 밖에 나가는 모험을 시도했다가 겪게 될 극심한 불안을 극복할 수 없을 것이라고 두려워했다. 즉, 이런 일련의 불안과 편집증이 그를 광장 공포증에 시달리게 만든 것이다.

광장 공포증은 비록 그 자체로 임상 기준이 있는 별개의 장애이긴 하지만, 정신의학에서는 일반적으로 공황장애의 이차적 징후로 간주한다. 이런 환자들은 공황 발작이 일어날 수 있다는 두려움 때문에 외출을 피한다. 따라서 그동안 광장 공포증과 편집증을 서로 다른 이론과 치료법으로 접근했고, 그 사이의 연관성을 조사한 사람은 아무도 없었다. 또 정신병 진단을 받은 로버트와 같은 환자들에게 광장 공포증이 얼마나 흔하게 나타나는 증상인지 알아내려고 노력한 사람도 없었다. 그래서 나는 이에 대한 첫 번째 연구를 시도해보기로 결심하고, NHS 서비스에서 정신병 치료를 받고 있는 1,800명의 환자를 모집했다. 이들 가운데 무려 3분의 2가 광장 공포증 수준의 불안한 회피 증상을 나타냈다. 즉 외출을 두려워했기 때문에 아예 그런 상황을 피하려고 노력했다는 의미다. 그러나 중증 편집증 환자 1,000명 중에는 그 비율이 훨씬 더 높았다. 그중 4분의 3이 임상 수준의 광장 공포증을 보였다.

여기서 좋은 소식은 광장 공포증에 대해서는 확립된 치료법이 있다는 것이다. 하지만 그 치료법을 극심한 편집증 환자를 대상으로 테스트한 적은 없었다. (편집증이 광장 공포증과 별개로 다루어져왔음을 기억하라.) 이 치료법에는 환자가 치료사와 협력해 일상적인 상황으로 돌아가는 연습을 하는 것이 포함되어 있었다. 목표는 자신의 그런 두려움이 주변에서 일어나는 일에 대한 정확한 해석에서 나온 것이 아니라는 사실을 스스로 발견하게 하는 것이다. 이 치료법은 점진적인 과정이다. 환자는 단계적으로 점점 더 도전적인 일련의 활동을 수행한다. 이 일은 서두른다고 될 일이 아니다. 환자가 자신의 두려움이 현실적이지 않다는 것을 배우려면 시간이 필요하다. 물론 이 과정에서 불안감을 느낄 수도 있지만, 그들은 그런 감정을 스스로 감당할 수 있다는 것을 깨닫게 된다. 그러면서 점차 공포를 느끼지 않게 된다. 설령 느낀다 해도 크게 문제되지 않는다. 재앙에 가까울 일은 일어나지 않는다. 물론 환자들이 이 세션을 진행하면서 지친다고 느낄 수 있다. 그들이 평소에는 피해왔던 상황에 스스로를 집어넣고 있기 때문이다. 하지만 그런 노력은 가끔 아주 큰 보상을 가져다준다. 마침내 삶이 변화된다는 보상이다.

그런데 이런 도움을 받는 편집증 환자가 적다는 게 매우 아쉽다. 그 이유는 주로 이들을 치료할 임상의가 충분하지 않을뿐더러, 이 치료가 시간이 많이 걸리는 작업이기 때문이다. 진료실에서 단지 한 시간 동안 치료하는 것으로 끝나는 것이 아니라, 환자와 함께 쇼핑을 하거나 공원에 같이 가거나 심지어 버스를 같이 타야 하기도 한다. 그러나 그동안 정신 건강 치료는 전반적으로, 집에 갇혀 지내는 사람들을 외부 세계로 되돌릴 수 있는 중재 과정을 제공하도록 설계되어 있지 않았다. 환자, 보호자, NHS 서비스의 열정에도 불구하고, 정신병 진단을 받은 사람 중에서 진료실 안에서든 밖에서든 중요한 심리 치료를 받은 사람은 너무나 적다. 자, 그러면 이제 어떻게 해야 할까?

연이은 연구비 신청

VR에 대한 50번째 정의: 개인의 특성을 항상 구별해온 모든 제한에 구애받지 않고 삶의 경험을 할 수 있는 힌트.

《가상현실의 탄생 Dawn of the New Everything》(2017), 재런 러니어 Jaron Lanier

다른 많은 과학자들과 마찬가지로 나도 연구비 지원 신청서를 준비하는 데 필요 이상으로 많은 시간을 소비한다. 과학자로서 하고 싶은 일과 그 일이 왜 중요한지 자세히 설명하는 것은 유용해 보인다. 하지만 이는 대부분의 신청서 준비 작업에서 작은 부분일 뿐이며, 100페이지가 훨씬 넘는 신청서는 주로 운영과 관리 계획, 항목별 예산, 간트 차트Gantt chart(계획의 시작과 종료 시점을 나타내는 일정표—옮긴이), 팀원들의 이력서, 지적 재산 전략 등과 같은 항목으로 구성된다. 연구 자금을 조달하기 위해 간결한 이메일이나 한 페이지로 요점을 정리한 강력한 문서를 쓰는 것은 애교로 봐줄 수 있겠지만, 신청서가 승인되어야 연구가 가능하다는 점을 고려하면 신청서에 불평을 많이 적어봐야 리석은 일일 것이다. 그래도 큰 액수의 연구 보조금 신청서를 작성하려면 수개월 간의 공동 노력이 필요하다. 그렇게 해서 마침내 하나를 완성해 제출했는데, 바로 또 다른 연구를 위한 신청서를 쓰는 것은 확실히 내키지 않는 일이다. 특히 앞서 제출한 신청서가 승인될 가능성에 대해 확신을 갖고 있다면 더욱 그렇다. 그런데 2017년에 한 과제에 대해 신청서를 제출한 지 24시간도 채 지나지 않아, 영국 국립보건사회연구원이 새로운 과제에 대해 후원한다는 소식을 듣고 나는 또 신청하기로 결정했다. 그렇게 결심한 이유는, 우리 학과장 존 기든스John Geddes가 NIHR이 자금을 후원하는 새 프로그램(정신 건강 분야의 혁신적 발명 챌린지 어워드Invention for Innovation (i4i) Mental Health Challenge Award)이 내게 적합하겠다며 반드시 신청하라고 설득했기 때문이다. 결과적으로 그가 선견지명이 있었다. (애석하게도 내가 자신 있다고 생각했던 다른 신청서는 결과가 좋지 않았다.)

i4i 어워드는 의료 기술 개발을 지원하는 프로그램이다. 개발 지원뿐만 아니라, 모든 것이 계획대로 진행되고 결과가 임상적으로 유익하고 비용 효율적인 경우 NHS를 통해 직접 정식 출시를 준비할 수 있다. 임상심리학자가 의료 기술에 대해 무엇을 알겠느냐고 의아해할 수 있다. 정신 건강을 관리한다는 것이 본질적으로 기술과는 거리가 먼 아날로그에 가까운 일 아닌가? 환자와 치료사 두 사람이 직접 얼굴을 맞대고 생각, 감정, 행동을 논의하는 일 아닌가? 그러나 i4i 어워드는 디지털 기술이 심리 문제를 치료하는 데 중요한 역할을 할 수 있다는 인식이 높아지고 있음을 반영한다. 물론 환자와 치료사가 직접 마주하는 것은 당연히 유익하다. 그러나 그렇다고 해서 다른 전략이 효과가 없다는 의미는 아니다. 정신 건강 관리는 제로섬 게임이 아니다. 치료사와 직접 만나는 것만이 어려움을 야기하는 심리적 요인을 해결하는 유일한 방법이라고 생각하는 것은 타당하다고 볼 수 없다. 또 실제적인 측면에서도 그런 생각은 전혀 도움이 되지 않는다. 앞서 언급했듯이 치료사가 부족한 실정이다. 게다가 모든 환자가 대면 접근 방식을 편안하게 느끼는 것은 아니다.

지난 20년 동안 나는 디지털 기술, 특히 가상현실이 심리 문제가 발생하는 이유를 이해하고 치료하는 데 어떻게 기여할 수 있는지 탐구해왔다. 나는 그때부터 VR을 이용한 치료 방법이 얼마든지 실제적인 대면 치료를 대체할 수 있다는 확신을 갖게 되었다. VR은 그 자체로 매우 효과적인 치료법이 될 수 있다. 나는 VR이 실제로 본질적으로 치료 수단이 될 수 있다고 생각한다. 오히려 안전하고 강력하며, 특히 경험 학습에 완벽하게 적합한 수단이다. 게다가 VR은 치료사 부족 문제를 극복하는 데에도 도움이 될 수 있다. 사실 여기에 정신병 치료의 성패가 달려 있다고 해도 과언이 아니다. 정신병 치료를 자동화할 수 있다면, 즉 VR에 치료 기능을 장착시킬 수 있다면, 우리는 인터넷에 접속하면 누구나 필요한 정신 건강 관리를 받을 수 있는 세상을 상상할 수 있다(물론 그런 목표에 도달하기까지는 갈 길이 멀다). 돌이켜보면 i4i 계획이 심각한 편집증을 앓는 사람들을 위해 새로운 미래를 건설할 수 있는 기회를 제공했다는 생각이 든다.

i4i 어워드 신청서의 아이디어는 간단했다. '광장 공포증을 겪고 있는 NHS의 정신병 환자에게 일상 상황을 그대로 옮겨놓은 몰입형 VR 경험을 탐색할 수 있는 기회를 제공할 것이다. 그들은 가상 치료사의 지도를 받아 가상 상황에서 더 생산적인 새로운 사고, 감정, 행동 방식을 연습할 수 있다. 그들은 가상 치료사의 격려를 받으면서 점차 다른 사람과 함께 있는 상황을 피하지도 않고, 그들과 시선을 마주치는 것도 꺼려하지 않고, 보호지에게 의존하지 않으면서 스스로 방어 전략을 사용할 수 있게 될 것이다. 상황의 난이도를 조금씩 높여가며 환자들이 점점 어려워지

는 시나리오에서도 편안히 극복할 수 있도록 할 것이며, 이 프로그램을 사용하기 쉽고, 흥미롭고, 재미있게 만들기 위해 할 수 있는 모든 것을 시도할 예정이다.'

이런 내용으로 신청서를 작성한 뒤 다듬고 또 다듬었다. 1차 심사를 통과했지만 여전히 더 수정해야 했다. 2차 심사에서 우리는 최종 후보자로 선정되어 인터뷰와 발표회를 갖게 되었다. 그리고 마침내 2018년 2월, 우리가 처음 출범하는 i4i 챌린지 어워드에 선정되었다는 통보를 받았다. 그날 저녁 우리는 서로를 축하했지만 그다음 날부터 바로 연구에 들어갔다. 낭비할 시간이 없었다. 빠른 시간 안에 새 치료법을 설계하고, 그것을 가상현실로 프로그래밍하고, 치료법을 사용할 서비스를 준비하고, 테스트하고, 출시 계획을 세울 수 있었다. 이 모두가 3년 안에 이루어졌다. 정말로 야심 찬 연구였다. 하지만 정신 건강 치료 분야는 그럴 만한 가치가 있다고 생각한다.

'게임체인지'의 설계

"놀이를 한다는 것은 오류와 좌절이 와도 그리 심각하게 생각하지 않는다는 것을 의미한다. 한마디로 놀이는 남을 위한 활동이 아니라 자신을 위한 활동이다. 결과적으로 탐험을 위한 훌륭한 수단이다. 놀이는 그 자체로 용기를 가져다준다."

제롬 브루너 Jerome Bruner, 심리학자

'불행히도' 모든 프로젝트에는 이름이 필요하다. 내가 '불행히도'라고 말하는 이유는 내 경험상 그 이름을 붙이는 것이 매우 힘든 작업이었기 때문이다. 심지어 몇 년 동안 그 결과를 감수해야 하는 경우도 있다는 점을 생각하면, 프로젝트에 이름을 붙이는 것은 결코 쉬운 일이 아니다. 그래서 우리는 연구에 참여한 공동 연구자들과 컨설턴트까지 동원해 힘들게 이름을 짓는다. 여러 제안을 받고, 각기 다른 의견을 제시하는 과정을 거쳐 마침내 최종 결정에 도달한다. 그런데 이번에는 제대로, 그리고 빠르게 이 작업을 해냈고 '게임체인지gameChange'라는 프로젝트 이름이 탄생했다. 우리가 만들고자 하는 것의 혁신적인 야망, 컴퓨터 프로그램으로 구현 그리고 이 경험에 반영하고 싶은 '재미'를 모두 함축한 이름이었다.

그 이름은 참여 환자들에게도 인기가 있었다. 그들이 좋아하지 않았다면 우리는 이 이름을 선택하지 않았을 것이다. 오늘날 정신 건강 연구는 환자에게 '어떤 조치를 취하는' 것이 되면 안 된다는 인식이 커지고 있다. 환자를 어떤 조치를 취하는 대상이 아니라 생생한 경험을 가진 필수적인 협력자이자 동료로 봐야 한다는 것이다. 나는 지난 수년 동안 맥핀재단McPin Foundation의 토마스 카비아Thomas Kabir 박사와 함께 일하는 행운을 누릴 수 있었다. 맥핀재단은 효과적인 정신 건강 관리를 위해서는 실제로 정신 건강 문제를 겪고 있는 이들의 살아 있는 지식이 필요하다고 믿는 자선 단체다. 맥핀재단은 실제로 정신병을 겪고 있는 10명의 환자가 참여하는 '게임체인지 생생 경험 자문단gameChange Lived Experience Advisory Panel, LEAP'을 구성했다. LEAP는 치료 설계에 중요한 역할을 했고 VR 시나리오를 만드는 데 큰 도움을 주었다. 캐릭터(아바타) 설계에 자문을 제공하고 가상 코치가 말해야 할 내용에 대한 조언도 해주었다. VR 프로토타입 개발 테스트에도 참여했고, 환자가 프로그램을 얼마나 쉽고 흥미롭게 사용할 수 있는지 평가하기 위한 설문지 작성에도 도움을 주었다. 물론 게임체인지라는 프로젝트 이름을 정하는 데에도 중요한 역할을 했다. LEAP의 도움 외에도 실제 정신병을 겪고 있는 사람들이 참여하는 워크숍을 12회 개최했다. 정신병에 대한 생생한 경험을 지닌 53명이 500시간이 넘는 토론을 통해 gameChange 프로젝트의 설계에 기여했다.

이 과정에서 NHS 직원과 여러 차례 워크숍도 가졌으며, 그 결과 환자들을 6가지 일상 상황으로 안내하는 VR 경험에 대한 계획이 만들어졌다. 가상현실 속에서 현관을 벗어나 분주한 거리로 나가 버스를 타고 보건소, 편의점, 커피숍, 술집 등을 가보는 것이다. 각 상황에서 참가자들은 5단계를 거치도록 설계되어 있는데, 각 단계를 통과하면서 상황이 조금씩 더 어려워진다. 예를 들어 첫 번째 단계에서는 주변에 사람이 거의 없고 상대적으로 조용하다. 환자가 자신감을 갖게 되면 현장은 점점 더 분주해진다. 우리는 가상 상황에 CCTV 카메라, 두건을 쓴 십대 청소년, 경찰관을 추가하고 캐릭터를 환자에게 더 가까이 배치하거나 출구를 막는 등의 방법으로 불안을 증폭한다. 모든 상황에서의 목표는 무섭게 보이는 상황에서도 실제로는 안전하다는 사실을 환가자 배우도록 하는 것이다. 그리고 그들에게 안전에 대한 새로운 기억을 주입시켜 위험에 대한 뿌리 깊은 생각(두려움)에 새롭게 대응하도록 한다.

  물론 환자들은 이러한 단계적 상황에서 단순히 방관자로만 있는 것이 아니다. 각 단계에서 그들은 특정한 작업을 수행하도록 요청받는다. 환자들은 보이지 않는 관찰자로서 세상을 그저 활공하는 것이 아니라 그 세상에서 자신이 취해야 할 행동을 하는 것이다. 그 세상에는 그들은 완수해야 할 여정이 있고, 수행해야 할 집안일이 있고, 소통하고 싶은 사람들이 있다. 우리는 환자들에게 카페에서 커피를 주문하고, 보건소 접수원에게 이름을 말하고, 축구팬들로 가득한 술집에서 친구를 만나고, 거리에서 택시를 기다리고, 편의점에서 식료품을 구입하도록 한다. 물론 이러한 활동들은 무작위로 선택된 것이 아니다. 정신병을 앓고 있는 많은 사람이 어려워하는 상황과 상호 작용을 반영한 결과물이다. 다만 흥미를 더하기 위해 예상치 못한 요소와 다소 우스꽝스러운 장면(유모차에 있는 아기가 부는 비눗방울을 터뜨리거나 선풍기 바람 때문에 공중에 휘날리는 서류를 잡는 등과 같은 재미있는 활동들)을 삽입했다. 물론 이런 장면을 포함한 것은 환사들이 새미있게 참여할 수 있게 하려는 목적도 있었지만, 치료 차원의 목적도 있었다:

가상현실 안에는 작은 게임이 있어요. 보건소 접수실에는 선풍기가 켜 있고, 나는 서류를 들고 있었지요. 옆에는 유모차에 탄 아기들이 몇 명 있었고, 그중 한 아기가 비눗방울을 불고 있는데 내가 그 비눗방울을 터뜨리죠. 단순한 장난이었지만 전혀 예상하지 못한 일이었어요. 하지만 나는 그런 상황에 잘 대처합니다. 이 실험은 일상에서 예상치 못한 일이 일어났을 때를 대비하는 데 도움이 되는 것 같습니다.(대니)

환자가 비눗방울을 터뜨리기 위해 손을 뻗으면 그들 스스로가 관심의 중심이 된다. 그리고 그들의 그런 움직임을 통해 주변의 다른 캐릭터들과 더 가깝게 어울린다. 그 과정에서 그동안 공공 장소에 들어갈 때마다 소외감을 느껴 하게 되던 방어적인 행동을 하지 않게 되는 것이다. 때로는 자신도 모르게 다른 사람들과 실랑이를 벌이기도 하고, 그들은 기꺼이 참여해 그 상황을 마무리한다.

'안녕, 나는 닉이야'

이상적인 치료사는 어떤 모습이어야 할까? VR 실험에 참가하는 환자들은 자신들과 VR 모험을 함께하는 아바타의 성, 민족, 나이, 신체적 외모, 성격을 파악하는 데 매우 익숙하다. 우리는 gameChange에서도 환자들이 좋아하는 다양한 치료사 캐릭터를 만들고 싶었다. 언젠가는 그렇게 할 수 있기를 바란다. 하지만 VR에서 이 작업을 수행하려면 프로그래밍 제작 비용이 많이 들기 때문에 우리는 한 가지 캐릭터에 만족해야 했다. 그 캐릭터가 바로 닉 Nic이다(Now I Can의 약자인데, 이 역시 오랜 브랜딩 과정의 결과로 태어난 이름이다).

닉이 제대로 일하도록 만드는 것이 매우 중요했다. VR여행의 지속적인 동반자이자 환자들에게 조언, 격려, 지원을 함으로써 프로그램이 진행되는 동안 내내 환자들을 안내해야 하기 때문이다. 자문단인 LEAP의 한 회원은 이렇게 말했다:

> [닉은] 지시를 내리는 사람일 뿐만 아니라 환자를 안심시키기 위해 존재하는 사람이지요. 어떤 상황에서든 환자를 도와주기 위해 존재할 뿐 환자에게 사실을 지적하는 사람이 아닙니다. 닉은 환자를 혼자 내버려두지 않고 유대감, 이해, 배려를 해주는 역할이지요.

gameChange에서 환자들이 만나는 닉은 짧은 적갈색 머리를 가진 30대 백인 여성이다. 꽤 날씬하고 평균 키에 올리브 녹색 바지와 갈색 재킷 차림의 단정한 옷을 입고 있다. 하지만 처음부터 이런 모습은 아니었다. 우리는 설계 회의에서 캐릭터 아티스트가 만든 스케치에 대해 충분한 토론을 가졌다. 계속적인 수정을 통해 최종적인 형태에 가까워졌고, 점차 3D로 구체화되었다.

하지만 닉이 gameChange에서 단순히 시각적인 존재인 것만은 아니다. 닉은 경험의 목소리이기도 하다. 닉의 다양한 역할을 고려할 때, 외모보다 목소리가 더 중요했다. 몰입형 VR은 단순한 시각 매체가 아니기 때문이다. 참가자 또한 단순한 수동적인 관중이 아니다. VR 시나리오는 영화를 '보는 것'과는 전혀 다르다. 그 안에 '거주하기' 때문이다. gameChange에 참가하는 환자들은 닉보다는 주변 상황과 그 안에서의 활동에 더 집중한다. 하지만 비록 그들이 닉을 간헐적으로 바라본다 해도, 닉의 말에 귀를 기울이고, 닉으로부터 인도받고, 격려받고, 많은 조언을 받는다. 이 모든 점들을 염두에 두고 우리는 닉이 친근하면서도 차분하고 권위도 지닌 목소리를 내기를 원했다. 그래서 또 다른 심사 과정이 필요했는데, 이번에는 외모에 대한 스케치가 아니라 닉의 음성을 낼 성우 오디션 작업이었다. 우리가 선택한 사람은 헬렌 제시카 리가트Helen Jessica Liggat였다. 부드러운 에든버러 액센트가 영어 프로젝트 현장에 참여하는 환자들에게 선입견이나 사전 연상에 따른 부담을 상대적으로 줄일 수 있겠다고 판단했다.

2019년 초 헬렌이 대본을 녹음하고자 옥스퍼드에 있는 VR 연구소를 찾았다. 대본은 이미 100페이지가 넘었고, 지난 몇 주 동안 반복적으로 역할극과 검토를 마친 상태였다. 이 프로젝트의 녹음 과정은 헬렌이 이전에 했던 것과는 약간 달랐다. 우리는 단지 목소리만을 녹음하는 것이 아니었다. 닉이라는 치료사를 사실적으로 애니메이션화하기 위해 헬렌의 동작까지 촬영해야 했다. 가여운 헬렌은 모션 캡처 슈트motion capture suit를 입고 커피를 연신 마셔가며 3일 동안 용감하게 이 작업을 수행해냈다. 이 슈트는 잠수복과 비슷한 복장으로, 그에 맞는 모자, 장갑, 신발까지 착용해야 했으며 모든 부위에 스튜디오의 적외선 카메라로 데이터를 전송하는 센서가 박혀 있었다. 헬렌은 시나리오에 나오는 다른 많은 조연 캐릭터의 목소리를 맡은 다른 두 전문 성우와 함께 강도 높은 시간을 보냈다. (라디오 드라마 크레딧에서처럼 다른 사소한 역할은 출연진이 직접 맡았다.)

마침내 모든 녹음 작업이 끝나고 성우들이 모션 캡처 슈트를 벗고 돌아가자마자, 프로그램 제작팀은 수백 개의 오디오와 비주얼 파일을 처리하면서 불필요한 잡음(비행기, 헬리콥터, 응급 차량이 이렇게 많다는 사실을 그 누가 알았겠는가?)을 제거하고 가장 잘 나온 장면을 고르고 정리하는 힘든 작업을 시작했다. 제작팀은 헬렌의 말과 움직임을 닉의 얼굴과 몸에 그대로 덧입혔다. 세심하게 만들어진 환경과 세밀하게 짜인 일련의 사용자 활동 사이에서 정확하게 자리를 잡는 작업으로, VR 퍼즐의 마지막 조각에 해당되는 것이라고 할 수 있다. 몇 주간의 내부 테스트를 거친 뒤, gameChange가 마침내 심각한 편집증을 앓는 사람들에게 정말로 변화를 줄 수 있는지 확인할 준비가 끝났다.

마침내 임상 실험에 착수하다

"오늘 저녁부터 영국 국민에게 매우 간단한 지침을 내리고자 합니다. 국민 여러분, 외출하지 말고 집에 머물러 계십시오."
보리스 존슨Boris Johnson, 영국 총리, 2020년 3월 23일

 gameChange의 규모, 기간, 그 기술적 복잡성을 고려할 때 이 임상 실험은 엄청난 작업이다. 9개의 NHS 신탁 기관, 수백 명의 환자, 첫 환자 모집부터 최종 추적까지 18개월. 정신 건강 문제의 가상현실 치료에 대한 사상 최대 규모의 실험을 시작하고 있는 것이었다. 우리는 뉴캐슬, 맨체스터, 노팅엄, 브리스톨, 옥스퍼드셔 등 5개 지역에서 432명의 참가자를 모집하는 것을 목표로 삼았다. 2019년 7월부터 시작된 이 작업은 모든 것이 꽤 순조롭게 진행되는 듯했다. 그러는 도중에 코로나19가 터졌다. 영국 국민들이 아직도 생생하게 기억하듯이, 2020년 3월 23일 보리스 존슨 총리는 국가 전역이 봉쇄에 들어갈 것이라고 발표했다. 임상 실험 추진은 돌연 중단되었다. 게다가 언제 다시 시작할 수 있을지 전혀 알 수 없었다.
 그렇게 몇 주가 지났다. 나는 집에 머물면서 줌Zoom을 통해 중단된 프로젝트를 관리하려고 노력했다. 마침내 6개월 뒤 2020년 9월에 환자 치료를 재개했다. 그러나 상황은 계속 꼬이기 시작했다. NHS 신탁 기관들의 대면 평가가 금지되었기 때문에 환자 진

행 상황을 측정하는 방식을 변경해야 했다. 게다가 VR 장비의 경우 일상적인 세척만으로는 충분하지 않았다. 여러 사람이 사용하는 장비인 만큼, 각 세션이 끝날 때마다 오염을 제거하는 작업이 보통 일이 아니었다. (자세히 설명하지는 않겠지만 무려 8단계의 세척과 소독 작업을 거쳐야 했고 거의 신규 산업과도 같은 규모로 세척 수건이 소모되었다.) 또 다른 문제는 당국이 국민에게 함께 모이는 것을 자제하라고 권고하는 상황에서 우리는 환자에게 일상 활동에 참여하라고 권장하고 있다는 사실이었다. 당국이 외출의 위험성을 끊임없이 경고하고 있는 상황에, 다른 사람과 더 어울리도록 권장하는 광장공포증 치료법이 어떻게 치료 효과를 낼 수 있겠는가? 그리고 VR 실험에 참가한 환자들은 VR에서 배운 내용을 실제 상황에 적용해야 하는데, 코로나로 인해 실제 상황에 접할 기회 자체가 허용되지 않는데 어떻게 적용할 수 있겠는가?

 인내가 필요했다. 우리는 무작위로 환자의 절반은 VR 치료와 기존 치료를 동시에 받도록 배정했다. 그들이 항정신병 약물 치료, 지역 사회의 정신 건강 전문가의 정기 방문, 정신과 의사와의 비정기적 외래 진료를 그대로 받는 것을 의미했다. 나머지 절반은 그냥 기존 치료를 계속 받게 할 수밖에 없었다. 그리고 VR 치료를 받도록 한 환자들의 경우, VR 실험을 하기 전과 6주간의 VR 치료를 마친 직후, 그리고 다시 6개월이 경과한 후의 상태를 각각 평가했다. 우리가 주로 관심을 가진 부분은 그들이 일상적인 사회적 상황을 얼마나 회피하는지, 그리고 그런 상황에서 얼마나 고통을 느끼는지에 대한 것이었다. 이를 이해하는 데 도움을 주기 위해 우리 팀은 임상심리학자 시네아드 람베Sinéad Lambe와 함께 옥스퍼드 광장공포증 회피 척도Oxford Agoraphobic Avoidance Scale를 개발했다(표 5 참조).

표를 보면 알겠지만, 이 척도는 회피와 고통을 모두 측정한다. 회피의 경우 점수 범위는 0~8이며, 3~5는 높음, 6~8은 심각함을 의미한다. 고통 점수의 범위는 0에서 80 사이로, 46~65점을 높은 고통, 그 이상은 심각한 고통으로 분류한다.

우리는 또한 환자들이 VR 치료에서 보조 심리학자, CBT 치료사, 동료 도우미(즉, 정신 건강 문제에 대해 생생한 경험이 있는 사람)의 지원을 받았는지 여부에 따라 증상이 개선되었는지를 추적했다. 이들은 환자가 VR기기를 사용하는 것을 도와주고, 앞으로 일어날 일에 대해 설명해주고, VR 실험에서 배운 것을 정리하는 숙제를 하는 데 도움을 주도록 우리가 현장에 배치한 사람들이다.

이는 본질적으로 환자가 치료를 통해 최대한의 효과를 얻을 수 있도록 하기 위한 것이다. 이들의 역할은 매우 중요하지만, 반드시 임상심리학자나 정신과 의사가 수행할 필요는 없다고 생각했다. 최소한 그것이 내 가설이었다.

표 5 지금 당장 다음 행동을 할 수 있다고 생각하시나요?	네, 이제 할 수 있어요	아니요, 아직 너무 불안해요	이 행동을 하면 얼마나 불안해할 것 같은가요?									
			고통 스럽지 않음			약간 고통 스러움				중간 고통 스러움		매우 고통 스러움
1 집 밖에 5분 동안 혼자 서있기.			0	1	2	3	4	5	6	7	8	9	10
2 조용한 거리를 혼자 걸어보기.			0	1	2	3	4	5	6	7	8	9	10
3 아는 사람과 함께 복잡한 거리를 걸어보기.			0	1	2	3	4	5	6	7	8	9	10
4 버스 타고 여러 정거장을 혼자 여행하기.			0	1	2	3	4	5	6	7	8	9	10
5 지역 보건소 대기실에 5분 동안 혼자 앉아보기.			0	1	2	3	4	5	6	7	8	9	10
6 동네 가게에서 점원에게 물건 사보기.			0	1	2	3	4	5	6	7	8	9	10
7 15분 동안 혼자 쇼핑센터에 가기.			0	1	2	3	4	5	6	7	8	9	10
8 카페에 혼자 10분간 앉아있기.			0	1	2	3	4	5	6	7	8	9	10

'또 다른 세계': 환자들의 경험

올바르게 수행되기만 하면 가상현실은 아주 특별한 역설적 경험이 될 수 있다. VR에서 보고 듣는 것이 환상이라는 것을 아주 잘 알고 있으면서도, 다른 한편으로는 완전히 현실처럼 느껴지기 때문이다. "VR 속으로 들어가는 건 전혀 다른 세계에 들어가는 것 같았어요. 모든 것이 현실적이지 않은 것 같고 그래서 완전히 가짜라고 말할 수 있지만, 동시에 실제로 그 안에 있는 것 같은 느낌이 들었으니까요."

이런 이중적 느낌이 치료 면에서도 중요하다. 첫째는 환자들이 현실에서 피하게 되는 상황을 VR에서 시도해볼 수 있기 때문이다. "가상현실이기 때문에 '나는 안전해. 언제든 이걸 벗으면 되니까'라는 생각이 항상 마음 한구석에 자리잡고 있지요. 하지만 너무 몰입하면 실제처럼 느껴지기도 합니다. 그래서 '맙소사, 도망가야 해, 사람들이 우리를 비난할 거야"라고 생각하면서 어중간한 행동을 취하게 되지요. 어쨌든 너무 무서우면 헤드셋을 벗으면 됩니다." 둘째는 가상 세계에서 배운 교훈이 현실 세계에서 유용하게 사용될 수 있기 때문이다.

VR의 가장 큰 장점은 환자에게 적절한 위험 상황에 도전할 수 있는 기회를 제공한다는 것이다. 우리는 환자들이 자신의 안전지대를 벗어나기를 바란다. 그들이 자기 자신을 테스트해보기를 바란다. 물론 그들이 감당할 수 있는 정도이어야 하지만 말이다. 한 참가자는 다음과 같이 말했다. "가상현실에서는 현실과 비현실이 종이 한 장 차이지요. 아주 현실적으로 느껴지면 좋은 훈련이 되는 것이고, 전혀 현실적이지 않게 느껴져도 큰 도움이 됩니다. 현실이 아니라는 것을 알면 안전하다는 느낌이 들 수 있으니까요." 물론 VR 경험이 항상 편안한 것만은 아니다. "정말 즐거운 경험이었어요. 즐거웠다고 말은 하지만 실제로는 꽤 힘든 일이었습니다. 막상 들어가보니 생각보다 너무 현실적이어서 예상보다 훨씬 더 힘들었어요."

우리가 바라던 대로, gameChange는 참가자들에게 일상적인 상황에서 새로운 행동 방식을 연습하고 여기서 배운 교훈을 현실 세계로 가져갈 수 있는 안전한 장소를 제공했다:

> 어려웠던 일상의 상황들을 VR로 연습하면서 자신감이 살아나고 일상생활에서 더 자신감이 생겼습니다. VR로 배우고 계속 연습하다 보니 그 일을 자연스럽게 받아들일 수 있게 되었고 현실 세계에서 더 자신감을 가지고 그 일을 할 수 있게 된 것 같습니다.(조이)
>
> 나는 VR 세션에서 배운 기술과 교훈들을 현실 세계에서 활용하려고 노력했습니다. 그래서 한번은 용감하게 버스를 타고 자리에 앉아서 옆 자리에 앉은 한 여성과 이야기를 나누게 되었는데, 그만 내리는 것을 잊어버릴 정도로 너무 많은 이야기를 나누었답니다. 그 버스에서 완전히 자신감을 느꼈지요."(타릭)

이 환자들은 이제 방어적 행동을 하지 않았다. 그들은 편집증과 불안한 생각을 유발하는 상황을 더는 피하지 않았다. 이들은 단지 가능한 한 빠르고 눈에 띄지 않게 VR이 제시하는 경험을 통과하려고 한 것이 아니다. 더 중요한 점은 그런 이상하고 새로운 현실에 몰입하면서 그들이 기대했던 것과 실제로 일어난 것 사이에 차이가 있다는 사실을 발견했다는 것이다. "그것은 마치 자신감을 다시 배우는 것과 같았어요. 일상에서 일어나는 상황이 전혀 아무렇지도 않고 평범하다는 것을 내 기억 속에 집어넣는 것과 같았죠. 그 상황은 내가 일어날 것이라고 생각했던 끔찍한 일이 절대 아니었습니다."

실험 결과

공교롭게도 반세기 전에 행해진 최초의 심리 치료 무작위 대조 실험도 심각한 광장 공포증에 대한 치료를 위한 것이었다. 마이클 겔더Michael Gelder(1969년에 옥스퍼드 최초의 정신의학과 교수가 되면서 이 학과를 만들었고 내가 2023년까지 이곳에서 근무했음)와 아이삭 마크스Isaac Marks는 1966년에 20명의 환자를 대상으로 소규모 실험을 수행했는데, 그중 4분의 3은 두려워서 다른 사람을 동반하지 않고는 집을 떠나지 못하는 사람들이었다. 하지만 실험 결과는 겔더와 아이삭에게 실망스러웠다. 환자 10명 중 4명만이 호전을 보였기 때문이다. 사실 그 실험은 환자와 치료사 모두에게 엄청난 부담이 따랐다. 6개월에 걸쳐 60회의 대면 행동 치료 세션을 수행해야 했기 때문이다.

그에 비하면 gameChange에 참여한 환자들은 VR에서 약 3시간을 보내면서 6개의 세션만 마치면 치료가 완료되었다. 엄청난 개선으로 보기에 충분했다. 회피 성향을 보이는 광장 공포증도 크게 감소했다. 고통도 줄었다. 하지만 모든 환자가 다 그런 것은 아니었다. 처음부터 불안 수준이 낮고 어느 정도 외출도 할 수 있어서, 아주 복잡한 사회적 상호 작용에 대해서만 어려움을 겪는 환자들은 VR치료에서 큰 호전의 증거를 보이지 않았다. 이 치료를 통해 가장 뚜렷한 개선을 보인 환자들은 대개 가장 긴급한 도움이 필요한 환자들, 즉 집을 떠나기가 가장 어려웠던 사람들, 정신병적 증상이 가장 높은 수준의 사람들이었다. 그리고 이런 환자들은 편집증도 크게 줄어들었다. 물론, 나는 gameChange가 모든 환자의 증상을 개선해주면 좋겠다. 하지만 이 치료를 통해 인생이 바뀔 환자 그룹을 선택해야 한다면, 가장 심각한 정신 건강 문제가 있는 사람들이 될 것이다.

실험 결과, gameChange가 다양한 정신 건강 종사자들에게 사용될 수 있다고 생각하게 되었다. 예를 들어, 환자의 치료에 임상심리학자가 꼭 필요하지 않게 되었다는 것이다. 커다란 승리였다. 보조 심리학자, CBT 치료사, 직업 치료사, 동료 도우미 그리고 다른 정신 건강 직업군에서도 적절히 훈련받은 다양한 직원이 gameChange를 사용해 환자들을 치료할 수 있음을 시사하기 때문이다. 그러니까 단숨에 심리 치료를 제공할 수 있는 사람의 수가 극적으로 늘어날 수 있게 된 것이다. 게다가 VR 헤드셋도 그 가격이 빠르게 저렴해지고 사용하기 쉽게 대중화되고 있기 때문에, 환자가 언제든 VR기기를 집에 가져가서 원할 때마다 연습할 수 있는 상황도 상상해볼 수 있다. 물론 환자가 이 치료법을 좋아하지 않는다면, 이 치료가 얼마나 효과적인지 또는 적용하기 얼마나 쉬운지에 대해 더 말할 필요가 없을 것이다. 그러나 모든 증거는 gameChange가 실험 참가자들에게 긍정적인 경험을 제공하고 있음을 보여주고 있다. VR 실험에서 배운 실제 상황에 적용하는 활용도도 높았고 환자들의 피드백도 지속적으로 열광적이었다. 우리는 다른 VR 치료에서도 비슷한 반응을 보았다. 기술이 실제로 더 많은 사람을 치료의 길로 이끌고 그들에게 더 많은 호전을 가져오는 것은 분명해 보인다.

다음 단계는?

정신 건강 분야에서 진행되고 있는 많은 연구 프로젝트는 좋은 가능성을 보여준다. 실제로, 임상 실험에서 이를 경험하는 비교적 소수의 사람들에게 놀라운 결과를 가져다주기도 한다. 그러나 거기서 그치는 경우가 너무나 많다. 임상 실험에서 아무리 효과적이었다 하더라도 이를 대규모로 환자들에게 적용하는 것은 여전히 쉽지 않다. 그래서 나는 gameChange에 대해서도 아무것도 설불리 단언하지 않는다. 그렇다 해도 이 글을 쓰는 데 낙관할 만한 이유가 충분하다. 우리가 가장 어려운 정신 건강 문제를 겪고 있는 환자들에게 실질적인 개선 효과를 가져다 줄 치료법을 보유하고 있다는 것이다. 게다가 많은 비용도 들지 않는다. 여러 NHS 신탁 기관에서 이미 이 프로그램을 사용하기로 약속했고, 다른 곳들도 곧 그렇게 할 것이라고 생각한다. 그리고 미국과 그 외 여러 나라에서도 gameChange가 작은 첫걸음을 내딛고 있다.

gameChange는 지역 사회의 정신 건강 진료소나 환자의 집에서도 사용할 수 있지만, 병원의 정신병동에도 큰 변화를 일으킬 수 있다. 사실 정신 병동은 심리 치료를 거의 하지 않는 아주 지루한 시설이다. "그냥 하루 종일 앉아 있을 뿐이지요. 딱히 할 일도 없으니까요. 부지런히 움직이게 하는 프로그램도 없고요. 정말 좋지 않습니다. 그냥 정체된 느낌입니다." gameChange는 이런 병동에서 환자가 외부 세계로 돌아갈 준비를 하는 데 특히 도움이 될 수 있다. 정신병원에서 퇴원한 환자들은 퇴원 후에도 여전히 외부 자극에 취약하기 때문에 재발이나 재입원하는 비율이 높다. 이들이 병동에서 VR 헤드셋을 이용할 수 있다면, VR 프로그램으로 신체 활동 게임, 휴식, 명상 운동 등을 무료로 제공하는 gameChange가 환자의 지루함을 줄이고 회복을 돕는 치료 활동으로 사용될 수 있을 것이다.

이 책을 쓰면서 나는 가끔 로버트에 대해 생각하면서 그가 지금은 어떻게 지내는지 궁금했다. 그가 지금은 편집증과 다른 문제들로부터 완전히 회복되어 정상적인 삶으로 되돌아왔기를 바란다. 하지만 여전히 두려움에 사로잡혀 집에 숨어 있을 가능성도 있을 것이다. 그가 gameChange를 경험한다면 어떻게 생각할지 궁금하다. 과연 도움이 된다고 생각할까? 우리 실험에서 많은 사람에게 그랬던 것처럼 그에게도 극적인 변화를 가져올 수 있을까? 로버트 같은 문제를 가진 모든 사람이 gameChange 치료법을 이용할 수 있는 때가 언제쯤이 될까?

gameChange는 말 그대로 내 삶과 모두의 삶을 변화시켰습니다. 나는 요즘 마음대로 밖에 나가 해변에서 즐거운 시간을 보내며 온종일 화창한 날씨를 만끽하고 있답니다. gameChange 이전에는 생각도 하지 못한 일입니다. 누군가 나와 같은 처지에 있는 사람이 있다면, 그들도 gameChange에서 내가 얻은 기쁨을 얻을 수 있기 바랍니다. (타릭)

13.
불신의 바다

"코로나19는 유엔 창설 이후 우리 모두가 직면한 가장 큰 시험이다."

안토니오 구테헤스António Guterres, 유엔 사무총장

"내가 이해하기로는 이 바이러스의 파괴력은 과장되었다. 어쩌면 경제적인 이유 때문이었는지도 모른다."

자이르 보우소나루Jair Bolsonaro, 전前 브라질 대통령(2019-22)

이전 장에서 언급한 것처럼 코로나로 인한 봉쇄 조치로 gameChange 실험은 갑자기 중단되었다. gameChange 실험이 강제적으로 중단되면서 지난 10여 년 동안 마음속으로 생각만 하고 있던 연구 주제 하나가 생각났다. (돌이켜보면, 코로나 대유행의 혼란 중에 모든 게 멈춘 상황이 오히려 내가 어수선한 시대에 대응하고 기존에 진행하지 못했던 연구 프로젝트를 다시 생각하는 데 도움이 되

었다고 생각한다.) 2020년 초가 되자 코로나 바이러스 감염만 확산된 것이 아니었다. 바이러스에 대한 여러 음모론도 바이러스 감염처럼 확산되었다. 심지어 어떤 음모론은 매우 영향력 있는 매체도 가세했다. 상당수는 인터넷이라는 모호한 주머니에서 나왔다. 그중에는 코로나가 사기라는 음모론도 있었다. 코로나 바이러스가 중국 정부, 러시아 정부, 미국 정부, 시온주의자Zionists, 게이츠 재단, 캐나다 국립 미생물학 연구소(중국 연구원들이 이 연구소에서 정보를 훔쳤다고 한다) 등등에 의해 의도적으로 만들어졌다는 것이다. 5G 무선 기술 출시와 관련된 음모론도 있었다. 오레가노 오일oregano oil, 비타민 C, 바나나, 마늘, 소금물, 알코올, 뜨거운 음료, 표백제, 코카인, 심지어 낙타 소변을 섭취하면 감염을 예방하거나 치료할 수 있다며 백신이 필요하지 않다는 허무맹랑한 음모론도 그중 하나였다. 이 외에도 많은 음모론이 난무했다. 음모론이 너무 급속히 확산되자, 2020년 2월 세계보건기구WHO는 "지나친 정보 과잉이 사람들이 필요할 때 믿을 수 있고 신뢰할 수 있는 출처와 지침을 찾기 어렵게 만들고 있다"라며 이른바 '인포데믹infodemic'(입증되지 않은 정보가 빠르게 확산하는 현상—옮긴이)에 대해 경고하고 나섰다. 그때까지 바이러스에 대해 아는 게 없었던 많은 사람이 여기저기서 그에 대한 정보를 찾기 시작하던 시점이었다. WHO 사무총장 테드로스 아드하놈 게브러여수스Tedros Adhanom Ghebreyesus는 "인포데믹의 위험이 최고조에 달해 있다"라고 말했다. "사람들은 자신과 다른 사람을 보호하기 위해 정확한 정보에 접근할 수 있어야 합니다. WHO는 바이러스와 싸울 뿐만 아니라 우리의 대응을 약화하는 선동이나 음모론과도 싸우고 있습니다. 코로나바이러스에 대한 잘못된 정보야말로 전염성이 가장 강한 것인지 모릅니다."

나는 오래전부터 음모론에 대해 흥미를 느껴왔다. 편집증 연구자로서 전혀 놀라운 일이 아니다. 우리가 보고 있는 음모론적 사고는 편집증과 마찬가지로 과도한 불신의 한 형태이기 때문이다. 편집증과 마찬가지로 음모론도 혼란스럽고 불안하며 위협적인 사건들을 이해하려는 시도라고 볼 수 있다. 음모론이 다소 모호한 용어를 쓰고 있다는 점에도 주목할 필요가 있다(이 또한 편집증과 비슷한 점이다). 모두가 많이 사용하고 있지만 그 의미는 조금씩 다른 용어들이다. 그래서 나는 세상이나 사건이 보이는 것과 다르다고 생각하는 믿음을 음모론이라고 정의한다. 때로는 권력자들에 의해 진실이 은폐되었다는 의혹이 제기되기도 한다. 그러나 어떤 확신에도 불구하고 결국 음모론은 증거 테스트에서 실패할 것이다. 증거로 뒷받침되지 않기 때문이다. 물론 음모가 진행되고 있는지 여부를 알기 어려울 수 있다. 모두 보았듯이 권력을 가진 사람들은 때로 잘못된 길을 찾으려 하기 때문에 상황을 더욱 어렵게 만든다. 따라서 나는 진짜 음모론은 아무런 도움이 되지 않는다는 견해를 갖고 있지만, 우리가 듣는 모든 것을 그대로 받아들이는 극단적 낙관주의Pollyannaish도 지지하지 않는다. 우리는 항상 경계해야 하고, 질문해야 하며, 무엇보다도 증거에 따라야 한다. (물론 지금부터 살펴보겠지만, 오늘날 증거의 신뢰성을 측정하는 것이 그 어느 때보다 어려워진 것 또한 사실이다.)

 2020년까지만 해도 음모론의 심리에 대한 연구가 거의 이루어지지 않았다. 아마도 음모라는 것이 그저 잘 믿고 잘 속는 소수의 특별한 사람들에게만 국한되는 것이므로 과학적 관심을 기울일 가치가 없다는 생각에서 그런 것이라고 생각한다. 나는 2011년 옥스퍼드에 부임한 직후, 음모론의 생물학적, 인지적, 사회적 원인을 연구하기 위해 여러 대학을 망라하는 훌륭한 팀을 구성한 적이 있다. 그러나 자금 지원 기관은 그런 주제에 관심이 없었다. 마침 내 생일에 인터뷰가 한번 진행되었지만 지원금은 나오지 않았다. 나는 그 주제가 너무 '특정한 영역'으로 여겨진다는 인상을 받았다. 하지만 나는 편집증 연구라는 외길을 걸어오면서 그런 생각이 전적으로 옳지 않다는 것을 알고 있었다. 그래서 나는 2016년에 임상심리학자 리처드 벤톨과 함께, 몇 년 전에 전국의 미국 성인을 대상으로 실시했던 대표 설문조사에 대한 응답을 분석했다. (이 설문조사는 정신 건강 문제의 확산에 초점을 맞춘 것이었는데, 수십 개의 질문 가운데 한 번도 분석된 적이 없는 흥미로운 질문이 있음을 발견했다.) 이 설문조사는 소셜 미디어가 보편화되기 전, 그리고 트럼프 대통령이 조장한 '탈진실post-truth'(진실보다 감정에 호소하는 것이 대중에게 더 호소력을 보이는 현상—옮긴이) 문화 이전에 진행되었지만, 참가자 5645명 중 4분의 1 이상(26.7%)이 "나는 세상의 많은 것 뒤에 음모가 있다고 확신한다'라는 진술에 동의를 표했다. 남성, 미혼, 가난한 사람이 많았다. 또 소수민족 출신으로 교육을 덜 받았으며, 다른 사람들보다 사회적 지위가 낮다고 생각하는 사람들, 신체적으로나 정신적으로 좋은 상태가 아닌 사람들이 많았다. 자살에 대해 생각할 가능성이 더 높았고, 다른 사람과의 관계에서 덜 안전하다고 느꼈으며, 강력한 인맥이 부족한 사람들이었다. 당연히 정신 질환이라고 판단한 만한 기준을 충족할 가능성이 더 높았다. 전반적으로 우리가 발견한 내용은 다른 연구자들이 이전에 발견한 내용과 거의 다르지 않았다. 음모에 대한 믿음은 특히 사회의 소외된 사람들 사이에서 다양한 방식으로 번성한다. 하지만 이 조사에는 그 이상이 있었다. 음모론을 받아들인 사람들은 일반적으로 다음 질문에도 '그렇다'라고 대답했다. "당신에게 해를 끼칠 부당한 계획이 있다고 믿거나, 가족과 친구들이 진실하다고 믿지 않은 사람이 당신을 미행하고 있다고 믿은 적이 있습니까?" 그러니까 이 사람들은 음모론에만 취약한 것이 아니라 편집증에도 취약한 사람들이었다. 음모론과 편집증은 확실히 다른 현상이지만 공통점도 많다. 두 가지 모두 의심의 사슬로 연결되어 있으며 뿌리 깊은 불신의 표현이라는 것이다. 적어도 이 미국 데이터로 판단하자면, 우리 주변에 불신이 엄청나게 팽배해 있음을 알 수 있다.

  2020년 3월, 나는 코로나 19로 인해 전세계가 정체 상태에 빠졌을 때 음모론이 얼마나 널리 퍼졌는지 궁금했다. 물론 여러 음모론이 많은 언론에 보도되었지만 실제로 과연 얼마나 많은 사람이 그 말을 믿었을까? (물론 나는 음모론을 믿지 않았지만 그건 모를 일이다.) 그리고 그런 생각을 주장하고 퍼트리는 자들이 어떤 사람들인지 알 수 있을까? 그런 사람들의 인구학적, 심리적 특징이 앞서 분석한 미국인들(세상의 많은 것들 뒤에 음모가 있다고 확신하는 사람들)과 일치할까? 단지 학문적인 측면에서 하는 질문이 아니다. 오히려 그 결과에 따라 많은 것들이 밝혀질 것이다. 음모론자들을 단순히 괴팍스러운 사람들로 무시할 수 있었던 때가 있었다면(그런 생각이 정말로 합리적인 것인지는 의심스럽지만), 아마도 먼 옛날의 이야기일 것이다. 1998년 앤드류 웨이크피드Andrew Wakefield라는 의사가 홍역, 볼거리, 풍진(이 세 질병의 첫 글자를 따 MMR이라고 통칭함) 백신에 대해 발표한 악명 높은 논문을 생각해보자. 영국에서는 일반적으로 아이에게 두 차례(첫 번째는 생후 12개월에, 두 번째는 40개월에) 백신 접종을 받게 한다. 백신이 자폐증과 대장염을 유발할 수 있다는 웨이크필드의 논문은 발표되자마자 반박이 많았지만, 그의 논문 발표 이후 백신 접종을 받는 어린이 수는 급격하게 감소했다. 영국의 백신 접종률은 1995년에 95%(세계보건기구가 집단면역을 유지하기 위해 정한 목표)를 유지했지만 2003년에는 약 80%로 떨어졌고, 이로 인해 어린이의 홍역 발생 건수가 급격히 증가했다. 런던 일부 지역에서는 MMR 1차 예방 접종률이 69.5%까지 떨어지자 영국 보건안전국은 2023년 7월 런던이 대규모 홍역 발병 위험에 처해 있다고 경고하기에 이르렀다. (이 질병이 얼마나 심각할 수 있는지 주목할 필요가 있다. 2017년 홍역으로 인한 전 세계의 사망자 수는 11만 명이었지만, 광범위한 예방 접종 캠페인이 실시되기 전인 1990년에는 사망자 수가 무려 87만 2,000명에 달했다.) 더욱 파괴적인 것은 MMR 백신에 대한 의구심이 모든 백신은 위험하다는 생각과 함께, 백신 접종을 권고하는 정부와 과학자를 신뢰할 수 없게 만들었다는 것이다.

그러나 물론 예방접종 프로그램은 우리가 어떻게 받아들이느냐에 달려 있다. 백신의 선택은 전적으로 개인의 몫이다. 하지만 우리 결정이 미치는 영향은 훨씬 더 광범위하다. 백신 접종을 받음으로써 충분히 많은 사람을 치료할 수 있다면 이전에 치명적이었던 질병은 거의 근절될 수 있다. 그렇지 못하다면 바이러스나 병원체는 계속 세상을 떠돌 것이다. 2020년 3월, 포괄적인 백신 접종 프로그램이 코로나 대유행에 대응하는 핵심 부분을 차지할 것이라는 점이 분명해졌다. 그러나 백신은 적어도 몇 달 뒤에나 나올 것이라는 점도 확실했다. 그동안 우리는 봉쇄 조치에 의존해야 했다. 백신 접종 프로그램과 마찬가지로 이런 봉쇄 조치의 성공도 신뢰에 달려 있다. 사람들의 이동을 통제하기 위해 경찰까지 동원되면서 신문의 헤드라인을 장식했지만, 우리는 주위 사람들과 협력하면서 접촉을 최소화하고, 바이러스에 걸리면 격리하고, 적절한 시기에 백신이 나오기를 기나렸다. 그리고 이 모든 일들이 순조롭게 진행되게 하기 위해 국민들은 정부의 조언과 그 조언의 기반이 된 과학적 합의를 신뢰해야 했다.

그렇다면 2020년에는 그 신뢰가 얼마나 견고했을까? 결정적으로, 그런 신뢰가 사람들이 봉쇄 지침을 따를 가능성에 얼마나 영향을 미쳤을까? 이를 알아보기 위해 우리 팀은 5월에 코로나바이러스에 대한 설명, 태도 및 서술에 관한 옥스퍼드 설문조사 Oxford Coronavirus Explanations, Attitudes and Narratives Survey, OCEANS를 신속하게 작성하고, 연령, 성별, 민족, 소득, 지역 등 다양한 기준 별로 영국을 대표하는 영국 성인 2500명을 모집했다. 동시에 우리 연구팀은 시중에 나도는 코로나19 음모론을 모두 추적하기 위해 시간 가는 줄 모르고 인터넷을 샅샅이 뒤졌다. 조사회사에서 수집한 데이터는 5월 11일 저녁에 우리 연구소에 도착했다. 우리는 바로 그다음 날 결과를 작성하고 발표를 위해 논문을 제출했다. 결과가 너무 뜻밖이어서 발표를 미뤄서는 안 될 것 같았기 때문이다. 사실 나는 아마도 20명 중 1명꼴(5%) 정도가 설문지에 나열된 극단적인 코로나19 음모론에 대해 동의를 표명할 것이라고 예상했다. 하지만 그것은 내 착각이었다. 게다가 아주 크게 빗나간 예상이었다. 결과는 다섯 명 중 한 명꼴(20%)로 유대인이 세계 경제를 파괴하기 위해 바이러스를 만들었을 가능성이 있다고 생각했다. 4분의 1은 유엔과 세계보건기구가 세계를 장악하기 위해 코로나19바이러스를 만들었다는 생각에 동조했다. 20%는 빌 게이츠가 이 모든 일의 배후일 수 있다고 생각했고, 비슷한 비율의 사람들이 바이러스 자체가 사기라고 의심했다. 코로나가 세계 인구를 줄이려는 고의적인 시도였는지 묻는 질문에는 약 40%가 적어도 부분적으로 그렇다고 대답했다. 봉쇄는 국민들을 대규모로 감시하려는 정부의 계략이었는지 묻는 질문에도 40%가 그럴 수 있다고 생각했다. 또 응답자 중 거의 절반이 '코로나바이러스가 중국이 서구를 파괴하기 위해 개발한 생화학 무기'라는 생각에 어느 정도 동의했다. 역시 절반에 가까운 사람들이 주류 언론들이 의도적으로 바이러스와 봉쇄 조치에 대해 국민들에게 잘못된 정보를 제공할 가능성이 있다고 생각했다. 전체적으로 우리가 조사한 사람 중 설문서의 음모론을 명백히 거부한 사람은 50%에 불과했다. 그런데 전체의 결과를 분석해보니 4분의 1이 음모론에 대해 일관된 패턴을 보이는 것으로 나타났다.

OCEANS의 응답자들이 단 한 가지 음모론만 지지하는 것이 아니라는 것이다. 그들의 불신은 어느 한 가지 문제에 대한 회의주의가 아니라, 권력자들에 대한 일반화된 의심이었다. 이런 일반화된 의심이 사람들로 하여금 모순된 생각을 지지하도록 유도하는 기이한 결과를 초래한 것이다. 예를 들어 정부의 봉쇄 조치를 환경 운동가들의 음모로 보는 사람들은, 종교를 파괴하려는 '세계주의자globalists'(이른바 신 세계 질서를 추구하며 세계 정부 구성을 시도하는 불순 세력들—옮긴이)가 그 배후에 있을 수도 있다는 생각도 동시에 지닌 것으로 나타났다. (다른 연구에서도 유사한 패턴이 발견되었는데, 예를 들어 사람들은 영국 다이애나 왕세자비가 자신의 죽음을 조작했다는 설과 살해되었다는 설을 동시에 믿을 수 있다는 것이다. 또 오사마 빈 라덴이 아직 살아 있다는 설과 미국 특수부대가 2011년 5월에 그의 영내에 침투했을 때 이미 죽어 있었다는 설을 모두 믿을 수 있다는 것이다.) 코로나19를 의심하는 사람들은 인간이 유발한 기후변화에 대해서도 의구심을 갖고 있었다. 그리고 그들은 일반적으로 백신 접종의 효과에 대해서도 확신하지 못했다. 우리 조사에 참여한 사람 중 약 16%는 백신 접종의 안전성 데이터가 가끔 조작되는 경우가 많다고 생각했다. 예방접종이 어린이에게 초래할 수 있는 피해를 정부 당국이 은폐하고 있으며, 백신 접종과 자폐증 사이의 연관성도 숨기고 있다는 것이다. 또 다른 20~25%의 응답자는 중립적 의견을 보였다. 결과적으로 약 3분의 2에 해당하는 사람들만이 백신에 관한 음모론을 거부하는 것으로 나타났다. 또 치료법이 이미 존재하기 때문에 코로나바이러스 백신을 찾는 것이 아마도 불필요할 것이라고 생각하는 사람도 약 30%에 달했다. 그들은 세계보건기구가 그 치료법을 가지고 있으면서도 공개하지 않고 있다고 생각했다.

우리의 연구 결과는 2020년 5월 19일에 발표되었다. 모든 사람이 연구 결과에 만족한 것은 아니었다. 아마도 결과가 너무 충격적이었기 때문에 오히려 음모론을 더 널리 퍼뜨린다는 비난도 있었을 것이다. 그러나 OCEANS의 조사 결과는 불신이 더는 추상적인 개념도 아니고 무시해도 좋을 만큼 미미하지도 않다는 것을 적나라하게 보여주는 것이었다. 게다가 국민들의 의구심이 이렇게 높다는 것은 정부의 코로나바이러스 퇴치 노력을 방해할 위험도 있었다. 몇 년이 지난 지금, 코로나가 대유행하기 시작한 처음 몇 주, 몇 달에 대한 기억, 즉 우리 중 많은 사람이 느꼈던 두려움, 불확실성, 우리를 당혹하게 만든 혼란스러움에 대한 기억이 희미해졌을 수 있다. 하지만 2020년 5월 초까지 코로나 발발한 지 불과 몇 달 동안 영국에서 거의 3만 명이 바이러스로 사망했다는 사실을 기억할 필요가 있다. (영국 내에서 바이러스로 인한 최초의 사망이 보고된 지 불과 9주 만이었다. 열흘 뒤 해당 수치는 4만 명으로 늘어났다.) 매일 약 천 명이 코로나19로 병원에 입원했다. 학교와 많은 회사가 무기한 문을 닫았다. 영국 국민의 대부분은 사회적 접촉을 피하고, 필수품을 사거나 간단한 운동을 하러 외출하는 것 외에는 사실상 모든 시간을 집에서 보내야 했다. 그러나 OCEANS설문조사에서 음모론을 지지한 사람들은 코로나19에 대한 정부의 공중 보건 지침을 무시하는 경향이 있었다. 예를 들어, 그들은 집에 머물지도 않았고, 다른 사람과 2m 거리를 유지하고, 손을 씻고, 마스크를 착용해야 한다는 권고도 거부하기 일쑤였다. 그들은 접촉 추적 앱contact tracing app도 사용하지 않았고 코로나 감염 여부 테스트도 받지 않았다. 그리고 나중에 백신이 출시되어도 접종받지 않을 것이라고 말했다. 이들은 또 편집증을 보고할 가능성도 훨씬 더 높았다. 그러니까 평소에도 자주 불신을 느끼는 사람들이었다. 꼭 그런 것은 아니지만, 이 사람들은 사회적 위협과 그들 자신에 대한 개인적 위험에 대해 과도하게 경계하는 경우가 많았다.

왜 그렇게 많은 국민들이 코로나19에 대한 과학적 합의를 그

토록 의심했을까? 내가 생각하기에는 사람들의 신뢰가 이미 떨어지고 있는 시기에 코로나 대유행이 왔기 때문인 것 같다. 그리고 이런 현상은 사회적 결속력social cohesion의 부족을 반영하는 것이기도 하다. 연구에 따르면 음모론에 대한 믿음은 사회적으로 불리한 처지에 있는 사람들에게서 더 흔하게 나타나는 경향이 있었다. 물론 그들에만 국한되는 것은 아니지만 말이다. 최근 수십 년 동안 영국에서 '특별한 기술이 없고 소득이 적은 사람들'left behinds의 수가 증가했다는 것은 불평등이 그만큼 높아졌음을 의미한다. (이는 미국도 마찬가지다.) 권력자들이 자신의 행복에는 관심이 없다고 믿는 사람들은 코로나19(뿐만 아니라 그 밖의 거의 모든 것)에 대한 정부의 발표를 회의적으로 볼 수 있다. 이 책의 처음부터 강조해온 것처럼, 불신은 취약한 감정을 바탕으로 형성된다. 그것은 미래에 어떤 일이 일어날지에 대한 불안에 뿌리를 두고 있다. 소외된 사람들은 당연히 거의 취약한 사람들이다. 빈곤, 질병(신체적, 정신적), 차별 등 역경에 직면할 가능성이 더 높으며 그에 대처할 수 있는 여력도 부족하다.

일부 집단은 자신들이 오랫동안 의료계가 개입된 실제 음모의 피해자였다는 인식을 매우 강력하게 갖고 있다. 흑인 미국인은 비非히스패닉계 백인 미국인에 비해 코로나19로 사망할 확률이 두 배나 높았지만 예방접종 의지는 더 적었다. 1932년 터스키기Tuskegee에서 일어난 사건이 아마도 그 원인 중 하나일 것이다. 당시 앨라배마의 연구원들은 당시만 해도 치료가 불가능했던 매독이 대부분 문맹이고 가난한 흑인 소작인에게 어떤 영향을 미치는지 연구하고 있었다. 물론 소작인들은 연구의 의도가 무엇이었는지에 대해서도, 그리고 자신들이 매독에 걸렸다는 사실에 대해서도 알지 못했다. 그들은 단지 자신들이 '나쁜 피'의 영향을 받았다는 말을 들었을 뿐이었다. 1940년대에 페니실린이 개발되면서 매독의 치료가 가능해졌다. 하지만 터스키기에서는 그렇지 못했다. 흑인 소작인들은 치료를 거부당했고 다른 곳에서 치료를 받는 것조차 금지되었다. 저널리스트 탈하 버키Talha Burki는 다음과 같이 썼다. '연구원들은 그저 그들이 죽어가는 것을 그대로 지켜보다가 죽은 뒤에 시체를 조사했다.' AP통신이 취재하기 시작하자 이 연구는 1972년에 종료되었다. 하지만 상당수의 흑인이 영문도 모른 채 매독으로 사망한 뒤였다.

소외 집단에 대한 부당한 사례는 터스키기 사건만이 아니었다. 20세기 세계 최고 선진국이라는 미국에서 흑인 여성에 대한 강제 불임은 심각한 의료 차별의 또 다른 예일뿐이다. 하지만 터스키기 사건이 의료와 관련된 음모설의 상징적인 사건이 되었다. '코로나19에 대한 정부 조치에 반대하는 흑인 연합'Black Coalition Against Covid-19의 커뮤니티 리더인 리드 터커Reed Tucker는 다음과 같이 주장했다:

> AIDS와의 전쟁 당시 흑인 커뮤니티와 협력해 투쟁할 때, 내가 가장 중시한 수위 조절 기준이 터스키기 사건이었습니다.

수십 년이 지난 지금까지도 터스키기 사건은 흑인 커뮤니티가 코로나와 싸우는 데 여전히 큰 장애물입니다. 터스키기 사건을 잊을 수 없습니다. 그것은 우리의 마음과 문화에 훨씬 더 큰 느낌과 감정의 상징으로 존재합니다. 이 모든 것이 이 나라의 제도가 흑인 공동체를 대하는 인종 차별 방식과 관련된 것입니다.

그러나 코로나19에 대한 회의론은 단지 수십 년 동안 지속된 불평등과 차별의 연장선이라고만은 볼 수 없다. 진실에 대한 전통적인 개념과 그것을 독점적으로 전달해온 사람들에 대한 최근의 공격적인 도전도 한몫했다고 볼 수 있다. 영국의 정치인 마이클 고브Michael Gove가 2016년 "이 나라에는 전문가들이 넘쳐난다"라고 선언하면서 집권 보수당 주류와는 달리 브렉시트를 주장했던 흐름, 도널드 트럼프가 조 바이든이 2020년 미국 대선에서 부정한 방법으로 승리했다고 주장하며 여론을 자극하는 바로 그 흐름과 맥을 같이한다. 그것은 세상이 어떠해야 하는지에 대해 우리의 감정을 가장 잘 대변하는 현실을 선택하도록 자극하는 이른바 '대안적 사실'(자신들이 내세운 근거 없는 거짓 주장을 사실처럼 합리화하기 위해 트럼프 행정부에서 내세운 신조어—옮긴이)의 세계다. 이러한 상대주의가 난무할 수 있는 이유는 물론 인터넷의 출현과 소셜 미디어의 편재성 때문이다. 추정에 따르면 영국의 평균 성인은 오늘날 소셜 미디어에서 매일 약 1시간 50분을 보낸다.

설문조사에 따르면 미국의 성인도 매일 약 2시간 10분을 소셜 미디어에서 보내는 것으로 나타났다. 아마도 젊은 층은 훨씬 더 많은 시간을 보낼 것이다. 게다가 소셜 미디어에서 단지 휴일 사진을 올리거나 금요일 밤 뭐 할까 등의 얘기만 나누는 것이 아니다. 옥스퍼드의 로이터 저널리즘 연구소Reuters Institute for the Study of Journalism는 2022년 6월 6개 대륙 46개 국가에 걸쳐 수집한 데이터에 따르면 소셜 미디어가 뉴스 소스로서 기존의 언론 매체보다 점점 더 중요해지고 있다고 지적했다. 특히 단지 뉴스를 보는 것이 온라인에 접속하는 주된 목적이 아닌 18~24세 연령층에서는 더욱 그렇다. '그들은 전통적인 뉴스 웹사이트나 유료 온라인 뉴스 사이트를 방문할 가능성이 훨씬 낮다. 그들은 서로간 밀접한 네트워크를 형성하고 있기 때문에 인스타그램, 틱톡, 유튜브, 스포티파이 같은 네트워크의 동영상이나 오디오를 통해 뉴스에 접하는 경향이 점점 더 높아지고 있다.' 로이터 연구소는 또, 사람들 사이에서 뉴스 제공업체의 신뢰성에 대해 회의적인 시각이 많다는 사실을 발견했다. 영국 국민은 34%만이 뉴스를 대부분 신뢰한다고 대답했다. 미국의 경우 이 수치는 26%에 불과했다(조사 대상 국가 중 가장 낮으며, 대만이나 슬로바키아와 비슷하다). 들을 수 있는 목소리의 다양성이 증가하는 것은 분명 좋은 일이지만, 그 목소리의 신뢰성은 누가 보장한단 말인가? 커서만 클릭히면 우리의 의견(비록 아무리 추측에 근거한 것이라 하더라도)에 동의할 사람을 얼마든지 찾을 수 있는 시대에 말이다.

이 모든 것이 코로나19에 불리하게 작용했다. 코로나 19가 비록 지금보다 더 조화로운 시대에 발발했어도 공공 기관에 대한 신뢰에 여전히 의구심이 제기되었을 것이다. 음모론은 취약성, 불확실성, 두려움이 클 때 더욱 번성한다. 눈에 보이지 않는 치명적인 바이러스가 이 세 불안 심리를 엄청나게 확산했다. 사람들은 삶이 뒤바뀌었는데도 빠르게 해결할 가능성이 거의 없음을 알게 되었다. 정부는 전례 없이 광범위하게 법으로 강제할 수 있는 제한을 사람들에게 부과했다. 어쩔 수 없이 집에 고립되어 여가 시간이 많아진 사람들에게 온라인 공간은 그 어느 때보다 매혹적이었을 것이다. 음모론적 사고는 어려운 시기일수록 사람들에게 더 확신을 심어준다는 사실도 한몫했다. 음모론은 복잡하고 무서운 사건에 대해 간단한 설명과 통제력을 제공한다. 게다가 같은 생각을 가진 사람들의 커뮤니티로 들어가는 문은 언제나 활짝 열려 있다. 뿐만 아니라 사람들에게 특별한 정보에 접근할 수 있다는 느낌을 주면서 자존감을 높이기도 한다. 코로나19가 발발했을 때 음모론이 주류로 자리잡을 수 있는 여건은 이미 충분히 조성되어 있었다. 음모론이 소외된 사람들에게서 주로 형성된다고 본 2016년 연구보다는 그 연관성이 덜 뚜렷하게 보이는 것도 바로 이 때문이다. 확실히, 음모론에 동의한 OCEANS의 많은 응답자는 자신을 사회의 변두리에 있는 사람으로 여겼다. 그러나 코로나 시대의 회의론자 중에는 이 진영에 속하지 않은 사람도 많았다. 바야흐로 불신이 도처에 만연해진 것이다.

오션스 III

너무나 바쁘셨겠군요. 불편을 드려 죄송합니다.

우리가 OCEANS 연구를 발표했을 때 옥스퍼드의 연구원들은 이미 인체를 대상으로 코로나19 백신을 테스트하고 있었다. 하지만 나는 봉쇄 조치로 인해 동네 산책 코스인 포트 메도우Port Meadow 구역 안에서만 산책을 하면서, 사람들이 백신 접종을 어떻게 받아들이지가 궁금했다. 과연 사람들이 백신을 접종받을까? 백신 접종 프로그램은 대중의 신뢰에 의존하게 되는데, 걱정스러울 정도로 공급이 부족한 것 같았다. OCEANS에서 발견된 국민들의 높은 의구심에 대응하기 위해 우리는 무엇을 할 수 있을까? 의구심으로 가득 찬 사람들에게 코로나가 정말로 위협적이며 따라서 백신 접종과 이에 따른 보완적인 공중 보건 조치가 필수적인 대응이라는 점을 어떻게 확신시킬 수 있을까?

우선 첫 번째 단계로 우리는 OCEANS에서 발견한 사람들의 태도에 대해 더 많이 이해해야 할 필요가 있었다. 또 코로나 극복을 위한 백신 접종이 중요한데도 백신에 대해 사실상 아무것도 모르고 있다는 사실을 새삼 깨달았다. 그러나 나는 낙관적인 기대감을 가지고 옥스퍼드 백신 그룹Oxford Vaccine Group의 책임자인 앤드류 폴라드Andrew Pollard 교수와 옥스퍼드대학 백신학 교수인 헬렌 멕셰인Helen McShane에게 OCEANS II 구상에 협조를 당부하는 이메일을 보냈다. 그들은 기록적으로 빠른 시일 내에 안전하고 효과적인 코로나19 백신을 생산해야 한다는 엄청난 압력을 받고 있었는데도, 놀랍게도 OCEANS II에 협력하기로 동의했다. 러프버러대학교Loughborough University 온라인 시민 문화 센터Online Civic Culture Centre의 정치학자 앤드류 채드윅Andrew Chadwick과 크리스티안 바카리Cristian Vaccari도 팀에 합류했다. 그들은 다른 이들과는 달리, 첫 번째 OCEANS 프로젝트의 실망스러운 결과에 그리 놀라지 않았다. 오히려 자신들의 연구와 맥락이 같다고 생각해 나와 연결된 계기가 되었다. 앤드류와 크리스티안은 이미 2018년에 엄청나게 많은 사람이 소셜 미디어에서 과장되거나 꾸며낸 정보를 공유한 적이 있다는 사실을 기꺼이 신고하고 있다는 사실을 발견했다. (그런 뉴스를 공유한 사람들의 40% 이상이 부정확하거나 가짜 뉴스라는 점을 인정했으며, 17.3%는 지어낸 이야기라고 생각했다.)

　OCEANS II는 5100명의 영국 성인을 대상으로 한 설문조사와, 백신에 대해 다양한 견해를 가진 사람들과의 심층 인터뷰 두 부분으로 구성된 연구였다. 2020년 9월 27일에 설문조사를 시작했을 때는 비교적 그리 무덥지 않은 여름이 지나고 지난봄에 시행된 여러 제한 조치가 완화되면서 코로나19 감염이 다시 증가하는 추세였다. 그래서인지 불길한 예감이 들었다. 9월 21일, 정부 최고 과학책임자는 10월 중순까지 매일 신규 환자 5만 명과 200명의 사망자가 발생할 수 있다고 경고했다. 9월 22일 총리는 추가 봉쇄 조치를 발표했다. '영국이 위험한 전환점에 도달했다. 눈에 띄는 진전이 없다면 지금 발표하는 제한 조치가 아마도 6개월 동안은 지속될 것이라고 가정해야 한다'라고 보리스 존슨 총리가 경고했는데도 OCEANS II의 결과는 백신에 대한 의구심이 여전히 팽배해 있음을 보여주었다. 조사 대상자 중 75%가 백신 접종에 대한 열광적 기대에 차 있었다. 백신 출시까지는 아직 두 달이 남아 있었다. 그러나 약 15%는 백신 접종을 절대 받지 않거나 접종을 최대한 연기할 것이라며 강력하게 부정적 반응을 보였다. 나머지 13%는 중립적 입장이었다. 그들은 어떻게 해야 할지 모르겠다거나 기다리며 다른 사람들이 하는 것을 지켜보겠다고 대답했다.

물론 이런 견해들이 갑자기 나온 것은 아니다. 그러나 이 결과는 과거 음모론 연구에서 나타났던 인구통계학적 요인(소외된 사람이 음모론을 믿을 가능성이 높다)과는 놀랍게도 거의 관련이 없었다. 코로나에 대한 불신은 소외 계층에 국한되지 않고 OCEANS II 조사 대상자 전체에 고르게 분포되어 있었다. (첫 번째 OCEANS 설문조사와 마찬가지로 OCEANS II 참가자들도 영국의 연령, 성별, 민족, 소득과 지역을 대표하는 사람들로 선발되었다.) 음모론의 주요 요인은 세 가지(불신, 불안, 차별적 대우) 주요 질문에 대한 사람들의 생각에서 나왔다. 그러나 코로나에서는 첫 번째로 중요한 요인이 그들이 스스로 백신 접종을 받는 데 따른 사회의 집단적 이익을 얼마나 중요하게 생각하느냐였다. 백신 접종을 지지하는 사람들은 이렇게 말할 것이다. "나는 '코로나 19 백신 접종을 받고 싶지 않다고 말하는 것'은 정말로 이기적이라고 생각합니다. 자기만 좋으면 괜찮다고 생각하는 것이니까요. 지금은 다른 사람들, 공동체 전체를 생각해야 할 때입니다." 반면에 백신 접종을 꺼리는 사람들은 백신 접종을 개인의 선택이라고 강조할 것이다. "내가 [백신]을 맞을 것이냐 말 것이냐는 전적으로 내 선택이지요. 담배를 피울 것이냐 말 것이냐와 같은 얘기입니다. 수명을 단축해도 상관없다면 담배를 피우겠지요. 담배를 피우면 수명이 단축된다는 것을 알고 있으니까요. 그러니 백신도 개인의 선택일 뿐입니다."

사람들의 태도에 영향을 미치는 두 번째 요인은 코로나19 백신의 개발 속도였다. 당연히 축하해 마땅한 일이다. "이렇게 짧은 시간에 백신이 개발된다는 것은 솔직히 매우 놀라운 일입니다. 우리 제약 산업이 얼마나 훌륭한지 보여주는 결과이며 정말 자랑스러운 일이라고 생각합니다." 그러나 또 다른 사람들은 달리 생각한다. 그렇게 빠른 속도로 개발했다는 것 자체가 적신호다. 다른 백신 개발은 더 오래 걸리지 않았던가? 코로나 백신이 그렇게 빨리 개발되었다면 틀림없이 위험할 것이다:

"시간이 너무 짧았어요. 나는 그들이 충분한 데이터를 가지고 있지 않다고 생각하며, 심지어 그들이 일반 대중을 상대로 시험하고 있을 가능성도 있다는 생각도 듭니다."

'대량 테스트가 있었다고 해도 다른 백신에 비하면 기간이 너무 짧았어요. 그래서 장기적으로 보면 모르는 부작용이 너무 많을 수 있다고 생각합니다. 하지만 그런 부작용에 대해 자세히 알아볼 시간이 없어요. 만약 내가 아이라도 갖는다면 아이들에게도 영향을 미칠까 봐 두렵습니다."

백신을 꺼리는 사람들과 대화를 하면 '기니 피그guinea pigs'(실험 대상)라는 단어를 많이 듣는다. 그들은 제약회사가 어떻게 그렇게 복잡한 약을 단 몇 달 만에 만들어내고 철저하게 테스트할 수 있었는지 궁금해한다. 분명히 지름길을 택했을 것이다, 그렇다면 반드시 장기적으로 문제를 일으킬 것이다,라는 게 그들의 생각이다. "장기적인 영향을 누가 알겠어요. 누구에게도 장기적인 테스트를 한 적이 없잖아요. 어떤 백신도 그렇게 된 적이 없습니다." 그들은 백신이 그렇게 빨리 개발되었다는 것을 이해하려고 노력하지만, 인터뷰를 해보면 여전히 비관적으로 생각하는 사람들이 많다:

보통 백신을 발견하는 데에는 15년이 걸린다고 합니다. 그런데 코로나 백신은 12개월도 채 걸리지 않았어요. 지금은 더 빨라졌는데, '어떻게 그렇게 빨리 진행되는 거지?'라는 생각이 드는 건 어쩔 수 없네요. 정말 모르겠어요. 코로나19가 일어나리라고는 아무도 예상하지 못했던 일인데요. 그걸 정말로 인간이 일부러 퍼트린 걸까요? 누군가 미리 계획한 것이라면, 그러니까 코로나19를 퍼트리고 약을 만드는 것이 모두 계획한 일이라면, 그래서 그렇게 빠르게 개발할 수 있었던 것 아닐까요? 정말 알 수 없는 일입니다.

세 번째 핵심 이슈는 바이러스의 심각성이었다. 백신에 관해 회의를 품는 사람들에게서 자주 듣는 또 다른 말은 '코로나가 독감보다 심각하지 않다'라는 것이다. 당국이 코로나에 대한 기록을 조작하고 있다는 말도 어렵지 않게 들을 수 있다. "코로나가 아닌 사람들까지 코로나 탓으로 돌린다는 느낌이 들기 때문에 정부가 발표하는 수치는 믿을 수가 없어요. 모두 그걸 알고 있습니다." 하지만 백신을 열망하는 사람들은 위협을 매우 다르게 인식했다. "분명히 발발 지역 주변이 아주 나쁜 상황이었지요. 그 나라(중국을 지칭함) 전체가 지저분하고 온통 엉망이었으니까요. 너무나 많은 사람이 죽어가고 있는 걸 보면 정말 심각합니다."

상항은 정말 심각했다. 우리는 2020년 12월에 OCEANS II를 발표했다. 그 달 말에 영국의 사망자 수는 7만 2,000명에 달했다. 미국에서는 누적 사망자 수가 37만 5,000명이었고, (2021년 5월 세계보건기구의 발표에 따르면) 전 세계적으로 300만 명 이상의 사망자가 나왔다.

사람들이 이 세 가지 질문(집단적 이익, 백신 개발 속도, 바이러스의 심각성)에 대해 어떻게 생각하느냐가 코로나19 백신에 대한 그들의 태도를 결정했다. 그리고 이 세 질문은 서로 밀접하게 연결되어 있었다. 여기에 광범위하게 퍼진 불신의 문제가 한몫했다. 백신에 대해 의구심을 갖는 사람들은 의사에 대해서도 부정적인 견해를 보이는 성향이 더 높았다. "그들은 나에 대해 별로 관심이 없습니다." 그들은 백신 개발자에 대해서도 "그들은 단지 돈 버는 데에만 관심이 있을 뿐이지요"라고 말했다. NHS에 대한 경험도 좋지 않았다. "길게 늘어선 줄의 맨 뒤에 서서 기다려야 했죠." 이들은 일반적으로 다른 음모론도 잘 받아들이며, 허무주의적인 '혼돈에 대한 욕구', 즉 사회를 '완전히 불태워버리고 싶다'라는 분노에 찬 욕망을 드러내기도 한다. 이와는 대조적으로 의사와 긍정적인 경험을 한 사람들은 "우리 보건소 의사는 예의 바르고 사려 깊습니다", "직원들이 최선을 다해 나를 도와주더군요"라고 말하는 등, 코로나19 백신을 훨씬 더 잘 받아들였다.

OCEANS II는 또 불신과 낮은 자존감이 깊이 관련되어 있음을 보여주었다. 백신에 회의적인 사람일수록 다른 사람과의 관계에서 자신에 대해 열등의식을 갖는 경향이 있었다. 예를 들어, 교육 수준, 부, 직업 측면에서 자신의 사회적 지위가 다른 사람보다 낮다고 믿었다. 당연히 열등감도 높았고 자신을 취약하다고 생각했다. 그리고 높은 지위에 있는 이들이 자기들에 대해 옳은 일을 할 만큼 신뢰할 수 있는지에 대해서도 의구심을 느끼고 있었다.

OCEANS III

'사랑하는 사람들이 맹목적으로 정부의 홍보를 받아들이는 모습을 보면 너무 답답해요. 정부가 거짓말을 하고 이 모든 두려움을 만들어낸 탓에, 얼마나 많은 사람이 이 유전자 변형 백신을 맞을 것인지를 생각하면 정말 두렵습니다.'(줄리아)

그렇지 않다는 모든 과학적 증거에도 불구하고, 백신은 효과가 없고 안전하지 않으며 불필요하다고 생각하는 줄리아 같은 사람들에게 어떻게 백신을 접종받도록 설득할 수 있을까? 이 질문에 답하는 것이 OCEANS 프로젝트의 근본적 동기이자, 우리의 모든 연구가 궁극적으로 도달하기를 바랐던 목적지였다. 그래서 우리는 OCEANS II의 통찰력을 바탕으로, 어떻게 하면 코로나19 백신 접종에 대한 부정적인 태도를 전환할 수 있는 메시지를 만들 수 있을지 알아보기로 했다. 예를 들어, 사람들이 백신 접종의 집단적 이익을 인식하지 못한다면 사례를 들어가며 설득력 있게 설명해야 한다. 백신을 맞으면 바이러스 전염 가능성이 낮아지는 이유를 설명해줘야 한다. 백신 접종을 통해 가족, 친구, 이웃, 동료 등 서로를 보호하는 데 도움이 될 수 있다. 겉모습만으로는 알 수 없지만, 우리가 만나는 사람 중 일부는 특히 바이러스의 영향에 취약할 수 있다. 또 자신이 중병에 걸릴 위험을 줄여야 국가가 가능한 한 빨리 정상으로 회복되도록 돕는 역할을 할 수 있다. 우리는 주변에 바이러스의 심각성을 설명하고, 백신이 너무 빨리 개발됐다는 불안감을 달래기 위해 노력해야 한다. 그러면 그들의 태도를 바꾸는 데 도움이 될 것이다.

실제로 그렇게 될 수 있는지 알아보기 위해 2021년 2월 초, 영국 성인 약 1만 5,000명을 대상으로 설문조사를 실시했다. 물론 이번에도 연령, 성별, 민족, 소득 및 지역을 대표하도록 신중하게 선정했다. 바로 OCEANS III였다. 우선 백신에 대한 거부감을 평가한 결과, OCEANS II 이후 몇 달 만에 백신에 대한 거부감이 27%에서 17%로 크게 감소한 것을 보고 기쁘지 않을 수 없었.

아마도 적어도 어느 정도는, 백신이 이미 접종되기 시작했기 때문일 것이다. 우리가 OCEANS III의 참가자 모집을 시작했을 때, 영국에서는 이미 1차 접종이 460만 9,740건, 2차 접종이 46만 625건이 진행된 상태였다. 백신은 빠르게 제 자리를 찾아가고 있었다. OCEANS II에 참여한 사람들과의 후속 인터뷰에서는 다음과 같은 답을 들을 수 있었다. "많은 사람이 백신 접종을 받았기 때문에 백신에 대해 좀 더 긍정적인 느낌을 받았습니다." 백신 접종만이 백신에 대한 더 이상의 거부감을 피할 수 있는 유일한 방법일 수도 있다는 느낌이 들었다. "오늘이나 내일 백신을 맞겠느냐고 묻는다면 당장이라도 맞겠다고 말할 겁니다." 매우 좋은 소식이었다. 하지만 우리는 아직 마음을 바꾸지 않은 사람들이 백신 권고 메시지에 어떻게 반응할지 궁금했다. 그래서 원래 1만 5,000명으로 구성된 조사 대상자 외에 백신에 대해 여전히 의구심을 가진 4,000명을 추가로 모집했다.

  OCEANS III에서 참가자들은 10개의 텍스트 중 하나를 무작위로 읽으라는 요청을 받았다. 각 텍스트는 NHS 웹사이트에서 발췌한 간단한 설명으로 시작해 백신에 대한 다양한 정보를 제공하는 내용을 담고 있었다. '코로나바이러스 백신은 안전하고 효과적이며, 코로나 바이러스로부터 당신을 보호할 수 있는 최선의 대책입니다. 코로나 백신은 독립 기관인 의약품 및 건강관리제품 규제기관MHRA의 승인을 받았습니다.' 주어진 텍스트를 읽은 후 참가자들은 코로나19 예방 접종 의향에 대한 설문지를 작성했다. 코로나19 백신 권고 메시지에 대한 사상 최대 규모의 연구 결과는 우리를 놀라게 했다. 앞서 본 것처럼 OCEANS II에서 백신 접종의 집단적 이익에 대한 믿음이 중요하다는 점을 지적한 바 있다. 사람들이 집단적 이익에 대한 설명을 어느 정도 받아들이느냐에 따라 백신을 맞을 의지가 결정된다고 생각했기 때문이다. 그러나 실제로 백신에 강력하게 반대했던 10%에 해당되는 사람들의 마음을 바꿀 가능성이 가장 높은 텍스트는 백신 접종의 집단적 이익이 아니라 개인적 이익을 강조한 문구였다. 백신 접종을 받지 않으면 상대적으로 젊고 건강하더라도 심각한 병이나 코로나 관련 질환에 걸리지 않을 거라고 확신할 수 없다는 점을 지적하는 텍스트였다. 물론 거기에는 백신 접종을 받으면 바이러스에 대한 걱정 없이 삶을 살아갈 수 있다는 설명도 덧붙여져 있었다.

돌이켜보면 충분히 이해가 간다. 백신 접종을 주저하는 경우, 대개 바이러스에 감염되는 것에 대한 걱정(그 심각성이 매우 과장되었다고 생각하는 의심)보다 백신 자체의 위험성에 대한 걱정(아직 일반 대중에게 접종할 만큼 충분히 준비되지 않았을 거라는 의심)이 더 클 수 있다. 그리고 이들은 아마도 사회에서 소외되었다고 느낄 가능성이 높은 사람들이기 때문에, 굳이 다른 사람들을 보호하기 위해 자신이 백신을 맞아야 한다는 생각은 들지 않았을 것이다. 그렇다면 이들에게는 당연히 코로나19의 개인적인 영향에 초점을 맞춘 메시지가 훨씬 더 설득력이 있었을 것이다. 물론 이들이 집단적 이익에 대한 우려를 전혀 하지 않았을 것이라는 말이 아니라, OCEANS III 참가자들 사이에서 개인적 영향을 지적한 텍스트가 그들의 태도 변화의 요인이 되었을 것이라는 의미다. 어쨌든 강경 회의론자일수록 개인적 위험이냐 개인적 이익이냐가 가장 큰 쟁점이었다.

백신이 너무 빨리 등장했다는 견해에 대해서는 어떤 생각을 가지고 있었을까? 물론 충분히 이해할 수 있는 의심이다. 실제로 코로나 백신은 다른 백신과는 비교할 수 없이 빠른 속도로 등장했다. 코로나 유행 초기단계에서 당국 조차도 빠른 해결에 대한 기대를 거의 하지 못했다. 그래서 OCEANS III에서 우리는 백신이 그렇게 빨리 개발된 것은 과학자, 정부, 공중 보건 기관, 제약 회사 그리고 테스트에 자원한 수만 명의 시민 등 관련 당사자 모두의 특별한 헌신, 투자, 협력이 있었기에 가능했으며, 백신 접종 후 몇 달, 몇 년 뒤에 부작용이 갑자기 나타나는 일은 없을 것이라는 점을 설명했다. 또 백신의 작동하는 방식, 즉 백신은 바이러스와 싸우기 위해 신체의 면역체계를 신속하게 훈련하는 방식을 사용하고 있기 때문에 문제가 발생한다면 한 달 이내, 아니 일반적으로는 훨씬 더 빨리 나타난다는 점도 상기시켰다. 다행히도 백신 접종에 의구심을 지닌 사람들은 이 설명에 어느 정도 안심한 것 같았다.

물론 코로나19를 비롯한 팬데믹은 가까운 미래에 완전히 사라지지는 않을 것이다(이 내용은 코로나19 종식 전에 쓰여졌다—옮긴이). 우리는 백신 추가 접종을 정기적으로 받아야 한다는 데 익숙해지고 있다. 영국에서 코로나19 백신 접종률은 꽤 높았다. 2022년 10월까지 94%의 사람들이 최소 1차 접종을 받았다. 그러나 영국 통계청에 따르면 첫 번째 접종을 받은 사람 중 20%는 추가 접종 여부에 대해 여전히 의문을 갖고 있는 것으로 나타났다. 미국에서는 전국적으로 백신 접종률이 약 70%에 그쳤으며 그것도 주마다 큰 차이를 보였다(60%에 미치지 못한 주도 20개나 되었다). 백신 접종을 받아야 할지 확신하지 못하거나 받지 않기로 결심한 사람들(비록 소수지만)이 여전히 남아 있다. 이런 회의론자들 상당수는 젊은이들이다. 실제로 OCEANS II에서 젊은 성인이 백신 접종을 주저할 가능성이 더 높다는 사실이 확인되었고, 다른 조사에서도 비슷한 결과가 나왔다. 또, 옥스퍼드의 동료 교수인 미나 파젤Mina Fazel의 연구에서 9~18세 사이의 학생 2만 8,000

명 중 50%만이 코로나19 백신을 접종할 의향이 있다는 사실을 발견하고 놀라지 않을 수 없었다. 37%는 아직 결정하지 않았으며 13%는 받지 않겠다고 대답했다. 그런데 이 조사에서 몇 가지 눈에 띄는 발견이 있다. 첫째는 나이가 어릴수록 백신에 대해 의구심을 품을 가능성이 훨씬 더 높다는 것이다. 9세 어린이 중 35.7%만이 백신 접종을 받겠다고 대답했다. 13세 어린이의 경우 그 수치는 51.3%까지 올라갔다. 17세 어린이는 77.8%까지 올라갔다. 하지만 이 결과를 보고 어린아이들이 나이를 먹을 때까지 기다리면 된다고 생각한다면 큰 오산이다. 17세 어린이 중 80%가 백신을 접종할 의향이 있다고 답했다고 해서 그것이 그리 축하할 일도 아니지만, 이들의 태도에 영향을 미치는 것은 단지 학생들의 나이만은 아니었기 때문이다. 백신 접종을 거부하겠다거나 확신이 들지 않는다고 말한 어린이들은 대개 가난한 집안 출신인 경우가 많았다. 그들은 소셜 미디어에 더 오랜 시간을 보냈고(이 장 앞 부분에서 소셜 미디어가 음모론에 어떤 역할을 하는지 살펴보았다) 그들이 실제로 자신들이 학교라는 공동체에 속해 있지 않다고 생각하고 있었다. 학교에서조차도 소외되었다고 생각하고 있는 것이다. 백신을 아예 맞지 않겠다고 말한 강경파 청소년들이 대개 여기에 해당된다. 그들은 학교에서 괴롭힘을 당했을 가능성이 더 높으며 편집증 수준도 더 높을 듯했다.

이 모든 상황을 종합해볼 때, 백신 접종을 권장하는 메시지의 중요성은 조만간 줄어들지 않을 것으로 보인다. OCEANS II에서 진행한 인터뷰는 백신 접종을 꺼리는 사람들 사이에서 코로나로 인한 당혹감과 혼란이 일고 있음을 보여주었다. "코로나가 전 세계적으로 크게 유행하는 것은 사람들이 무슨 일이 일어나고 있는지 모르고 있기 때문입니다." 그들은 신뢰할 수 있는 정보를 간절히 원하고 있었다:

> "내가 이런 자료들을 찾아보려고 할 때, 그리고 사람들이 이런저런 과학자나 연구소에서 나온 것이 틀림없어 보이는 파일, 백서, 선정적 기사 등 각종 문서들을 공유할 때, 나는 이 문서들을 누가 작성했는지, 그들이 믿을 만한 사람들이라면 누가 자금을 대는지, 그들이 이런저런 결정으로 이익을 얻는 회사에 투자하고 있는 건 아닌지 전혀 알지 못합니다… 무엇이 사실이고 무엇이 사실이 아닌지 알 방법이 없으니까요."
> "사람들은 (백신을 맞을 때) 몸에 무엇이 들어오는지 모른다는 사실에 대해 걱정하고 있는 것 같아요.'

코로나19 백신 접종에 대해 효과적으로 의사소통을 하려면 예를 들어 안전성과 효율성 등 몇몇 핵심 요소가 포함되어야 할 것으로 보인다. 그러나 그런 정보는 (청소년 등) 특정 대상을 위해 만들어질 필요가 있다. 그리고 일반 발표한 다음에는 사람들이 어떻게 받아들이고 있는지 모니터링하고 검토해야 한다. 이를 올바르게 수행하려면 여러 번의 반복이 필요할 수도 있다. 그러나 가장 중요한 것은, 사람들의 우려가 무엇인지 듣고, 이해하고, 진지하게 해결해야 한다는 것이다. 메시지가 신뢰를 얻지 못하면 어떤 좋은 메시지도 효과를 낼 수 없다. 또 정보를 전달하는 데 사용하는 매체에 대해서도 깊이 생각해볼 필요가 있다. 예를 들어, OCEANS II의 조서에서 영국 인구의 10%(강성 회의론자들)가 다른 사람들이 코로나 백신을 접종하지 못하도록 소셜 미디어와 메시징 앱을 사용할 계획을 가지고 있음을 알 수 있었다. 어떤 의미에서 그들은 백신 반대 운동가들이다. 이 사람들은 주로 친한 사람들과의 온라인 네트워크에서 정보를 얻으며, 일반적인 뉴스는 전적으로 피하는 경향을 보였다. 이런 사람들에게 백신에 대한 권위 있는 정보를 어떻게 전달할 수 있을까? 이들에게 접근하는 가장 좋은 방식은 지역 보건 서비스, 직장, 다이렉트 메일, 지역 사회 활동, 또는 거리 홍보를 통한 직접적인 접촉일 것이다. 우리는 OCEANS II에서 이들에게 메시지를 전달하는 방법으로 정치인보다는 연구원, 유명한 과학자, 백신 개발자의 직접적인 의견을 들려주는 것을 제안한 바 있다.

* * *

OCEANS는 많은 것을 가르쳐주었다. 나는 지난 수년 동안 편집증이 사람들이 생각하는 것보다 훨씬 더 널리 퍼져 있다고 생각해왔다. 그런데 편집증만이 아니었다. 이제 나는 음모론도 흔하다는 것을 깨달았다. 결론적으로 말하면 불신이 이 세상의 주류가 되었다는 것이다. 우리가 지금까지 깨닫지 못했더라도 코로나가 그것을 확실하게 보여주었을 것이다. 코로나19에 맞서 싸우려면 개인적 차원이 아닌 집단적 노력이 필요했다. 정부의 지침을 따르고, 팔에 바늘을 꽂는 큰 결정을 내리는 것은(그것도 몇 차례씩이나) 전적으로 우리 모두에게 달려 있다. 즉 우리가 동료 시민, 지도자, 과학 및 임상 전문가를 얼마나 신뢰하느냐에 달려 있다. OCEANS 시리즈는 정말 어려운 상황에서도 함께 힘을 합치면 무슨 일을 성취할 수 있는지 상기시켜주었다. 결속력과 서로에 대한 신뢰가 없으면 어떤 일도 해내기 어렵다. 뿐만 아니라 상황이 더 나빠질 것이다.

14.
째깍거리는 시한폭탄

나는 전투에 대한 이야기로 이 책을 시작했다. 하루하루가 전쟁이다, 끊임없는 투쟁, 째깍거리는 시한폭탄, 배반, 테러, 신뢰 파괴 등등.

1983년 3월, 당시 미국 대통령이었던 로널드 레이건Ronald Reagan은 전미 복음주의 협회National Association of Evangelicals에서 연설하기 위해 플로리다주 올랜도를 방문했다. 1970년대 후반부터 미국과 소련의 관계는 완전히 냉각되었고 군비 경쟁은 더욱 치열해지고 있었다. 그 결과, 핵무기 동결에 대한 전 세계의 압박이 커지고 있었다. 그러나 레이건은 서방 세계가 핵 무기 동결을 일방적으로 채택하는 것은 위험한 실수가 될 것이라고 주장했다. 그는 소련이 본질적으로 공격적인 국가라는 생각을 가지고 있었다. "충실한 마르크스-레닌주의자로서 소련의 지도자들은 그들의 대의를 발전시키는 것, 즉 세계를 혁명하는 것만이 자신들이 인정하는 유일한 도덕이라고 공개적으로 선언한 바 있습니다. 만약 소련의 세계 혁명 야욕을 동결시킬 수 있다면 나도 핵무기 동결에 동의할 것입니다." 레이건은 미소간의 냉전이 정치 체제나 국가 간 지배권 투쟁 그 이상의 의미가 있다고 강조했다:

> 나는 미국을 군사적, 도덕적으로 불리한 위치에 놓이게 하려는 사람들을 반대하는 목소리를 높여달라고 촉구하는 바입니다. 핵 동결 제안을 논의할 때에도, 나는 여러분이 불필요한 자존심을 내세울 유혹에 대해 조심하시기를 촉구합니다. 자신이 모든 것 위에 있으며 양측 모두 똑같이 잘못하고 있다고 경솔하게 선언하면서, 명백한 역사적 사실과 사악한 제국의 공격적인 충동을 무시하고, 군비 경쟁을 단지 거대한 오해라며, 옳고 그름, 선과 악 사이의 투쟁에서 관계없는 사람처럼 행동하려는 유혹을 경계할 것을 촉구합니다.

플로리다의 마니교Manichean(세상을 선과 악의 대립이라는 시선으로 봄—옮긴이)적 연설에도 불구하고, 소련에 대한 레이건의 견해는 겉으로 보이는 것과는 달리 다소 미묘해지고 있었다. 소련의 핵무기 비축이 기본적으로 방어적 목적이라고 생각한다는 뉘앙스를 풍기기 시작한 것이다. "소련 지도자들과 그들을 알고 있는 다른 국가 원수들을 더 자주 만나면서, 나는 많은 소련 관료가 우리를 적대자로 보는 동시에, 그들에게 선제적으로 핵 무기 타격을 가할 수 있는 공격자로 보고 두려워하고 있다는 사실을 알게 되었습니다." 오랫동안 핵전쟁에 대한 공포에 짓눌려 있던 레이건은 핵무기가 없는 세상을 상상하기 시작했다. 그런 노력의 일환으로 레이건 대통령은 플로리다에서 소련을 '사악한 제국'으로 지칭한 연설을 한 지 2주 후에 전략방위구상Strategic Defense Initiative/SDI(우주에 배치된 레이저 위성 시스템을 이용해 소련의 핵미사일을 상공에서 격추하겠다는 구상—옮긴이)을 발표했다. SDI의 목표는 미국 상공에 보호막을 만들어 소련의 핵무기를 '무력화'하는 것이었다.

그러나 백악관에서 핵 무기 감축에 대한 레이건의 견해는 대부분 무시되었다. 조지 슐츠George Shultz 국무장관은 보좌관들에게 이렇게 말했다. "공적인 자리나 사적인 자리를 막론하고 이 아이디어에 대해 말하고 있는데도, 아무도 자신에게 관심을 기울이지 않는다는 것을 대통령이 알아차렸다." 그러나 실제로는 소련의 태도에 대한 레이건의 판단이 옳았다. 소련 내 지도부 사이에서 미국에 대한 두려움과 불신이 고질적으로 퍼져 있었다(물론 소련에 대한 미국의 입장도 마찬가지였다). 실제로 많은 전문가가 레이건의 SDI발표를 적대적인 행위로 해석했다. 서구의 많은 과학자들뿐만 아니라 소련 과학자들도 그 타당성을 의심했다. 소련은 SDI가 말하는 목표가 그림의 떡(비현실적이고 황당한 공상)이라는 사실을 미국인들도 분명히 알고 있을 것이라고 추정했다. 그런데도 미국이 그 계획을 계속 밀어붙인다면 미국이 다른 목적을 염두에 두고 있을 것이라고 생각했다. 소련의 미사일 설계자인 알

렉산더 나디라제Alexander Nadiradze는 SDI가 실제로는 미국이 우주에 핵무기를 배치하려는 계획을 감추고 있는 것이라고 주장했다. 데이비드 호프먼David Hoffman이 쓴 냉전의 비화 《보이지 않는 압박The Dead Hand》에서 폭로한 것처럼, 나디라제는 미국의 소위 미사일 방어 계획이라는 것이 실제로는 '미국에게 소련에 대해 즉각적인 핵 공격을 가할 수 있는 새로운 가능성을 미국에 제공해주는 공격적인 무기'라고 소련 중앙위원회에 경고했다.

하지만 레이건은 당시 두 초강대국 사이의 신뢰를 구축하려는 노력의 일환으로 새로운 동맹을 맺을 것을 추구했다. 미하일 고르바초프Mikhail Gorbachev는 1985년 3월 소련의 새 지도자가 되고 나서 그해 11월 제네바에서 처음으로 레이건과 마주 앉았다. 몇 년 후 고르바초프는 호프만에게 이 만남에 대해 다음과 같이 설명했다. "어쨌든 우리는 서로 손을 맞잡고 이야기를 시작했소. 레이건은 영어로, 나는 러시아어로 말했기 때문에 그도 내 말을 이해하지 못했고 나도 그의 말을 이해하지 못했지. 하지만 대화를 나눌 수 있었다오. 눈으로 상대의 마음을 알 수 있었으니까." 정상회담이 끝난 후 두 사람이 '핵전쟁은 어느 누구도 승리할 수 없으며 두 나라가 결코 다시 싸우는 일이 있어서는 안 된다'라는 성명을 발표하고 다시 악수를 했을 때, 고르바초프는 속으로 놀라지 않을 수 없었다. "이 성명 발표가 무엇을 의미하는지 상상할 수 있겠소? 우리가 지금까지 해왔던 모든 일이 실수였다는 의미란 말이오."

두 정상의 첫 만남에서는 미사일 문제가 공식적으로 다루어지지 않았지만, 양국 관계는 이후 계속 발전했다. 1988년 5월 모스크바에서 열린 네 번째 정상회담에서 비로소 양국 간 진정한 관계가 형성되었다. 레이건은 이렇게 말했다. "앞으로 양국이 서로에 대해 이야기할 것이 아니라 서로에게 이야기하기로 결정했습니다. 이 결정은 앞으로 잘 작동할 것입니다." 그러나 모든 사람이 양국 간 조화가 계속 이어질 것이라고 확신한 것은 아니다. 미국 부통령 조지 부시George H. W. Bush는 '냉전은 끝나지 않았다'라고 확신했다. 하지만 그가 틀렸다. 알고 있듯이 양국 간 해빙은 실제임이 입증되었다. 그렇다면 '사악한 제국'은 어떻게 되었을까? 레이건은 그해 5월 모스크바에서 이 질문에 대해 기자들에게 이렇게 말했다. "당신들은 다른 시기, 다른 시대에 대해 이야기하고 있군요."

두려움과 편집증이라는 이 해로운 힘을 어떻게 극복할 수 있을까? 일상 생활과 사회생활 전반에 걸쳐 만나는 사람들에 대해 어떻게 신뢰를 구축할 수 있을까? 바로 이런 질문에 대한 답을 찾는 것이야말로 개인의 행복을 위해 매우 중요하다고 생각한다. 너무 많은 사람이 불필요하고 쓸데없는 두려움에 사로잡혀 시달리는 삶을 살아간다. 우리는 위험을 정확하게 예측하는 능력을 상실했다. 그리고 그것이 우리가 사는 세상에 대한 감각을 왜곡한다. 불평등, 차별(최근 영국 국민 1만 명을 대상으로 한 설문조사에서 이것이 편집증에 강력하게 영향을 미치는 요인으로 나타났다), 조작된 '문화 전쟁', 어디서나 볼 수 있는 소셜 미디어에 의해 갈라지고 분열된 공동체를 복구하려면, 이 문제는 매우 중요하다.

분명히 매우 복잡한 문제다. 따라서 쉬운 해결책이 있을 수 없다. 그러나 이 문제를 심각하게 받아들이지 않는다면 무엇도 얻을 수 없을 것이다. 신뢰의 중요성, 신뢰를 훼손하는 세력, 신뢰를 회복하기 위해 취할 수 있는 조치 등 신뢰에 대한 논의가 무엇보다 시급하다. 다시 한번 강조하거니와, 권력자들이 말하는 것을 무엇이든 맹목적으로 받아들이라는 말도 아니고, 개인의 안전에 대한 실질적인 위협을 무시하라는 말도 아니다. 감정보다 증거에 근거해 판단을 내리는 노력을 기울여야 하며, 그런 증거가 진실에 대한 의미 있는 정의의 핵심이 되어야 한다고 계속 주장해야 한다. (루크 하딩Luke Harding은 러시아의 우크라이나 침략에 대해 쓴 책에서 'KGB는 진실이라는 개념 자체를 터무니없는 부르주아 구조로 간주했다. 크렘린의 상대주의적 세계에서 중요한 것은 당신의 자백뿐이었다'라고 말했다. 에에 관해 나는 '크렘린이라고 해서 예외가 될 수는 없다'라고 말하고 싶다.)

인터넷에 퍼져 있는 무한한 데이터와 수많은 목소리, 그리고 가짜 뉴스 문화와 딥페이크 기술을 고려할 때 사회에서 신뢰가 회복되어야 한다는 열망은 허황된 꿈처럼 보일 수 있다. 위험, 죽음, 파괴같이 머리털이 곤두서는 이야기를 선호하는 언론의 성향, 즉 '자극적인 제목이 독자의 관심을 끈다if it bleeds, it leads'라는 접근 방식도 도움이 되지 않는다. 그러나 신뢰를 회복하는 것이 불가능하지는 않다. 나는 수많은 환자가 오랫동안 지속된 심각한 편집증적 사고를 과감히 버리는 과정을 목도했다. 그들은 수년 동안 자신에게 불행을 초래했던 사고, 감정, 행동의 패턴에서 스스로 벗어날 수 있었다. 물론 우리 대부분에게는 그런 급진적인 변화가 필요하지 않다. 그저 1장에서 언급한 러시아 속담 "신뢰하되 검증하라"라는 말을 실천하는 것부터 시작하면 된다. (작가 수잔 마시Suzanne Massie는 레이건에게 이 말을 알려주었고, 레이건은 소련과의 협상에서 이 표현을 즐겨 사용했다. 2020년 트럼프의 국무장관 마이크 폼페오Mike Pompeo는 중국과 협상하면서 '불신하되 검증한다'라고 선언했다. 아마도 그 시대의 신호일 것이다.)

지금까지 나는 이 책에서 임상적 편집증에 대한 접근 방식이 변화해야 한다는 사실을 꾸준히 설명해왔다. 앞서 말했듯이, 1990년대 초에 심리학 조교로 내 경력을 시작했을 때만 해도 이 주제에 큰 관심을 갖는 사람은 없었다. 피해망상은 조현병 진단을 받은 환자들 사이에서 매우 흔했지만, 단지 질병의 증상으로만 간주되었다. 자신의 두려움에 대한 환자의 목소리를 듣는 데에는 거의 관심이 없었다. 오히려 일부 임상의들은 그렇게 하면 피해망상의 치료는 고사하고 환자에게 더 큰 고통을 줄 뿐이라고 우려하기도 했다. 그들은 단지 항정신병 약물의 효과가 나타나면 환자의 피해망상도 사라질 것이라고 생각했다. 사정이 그랬으니 편집증에 대한 이해가 부족했던 것도 놀랍지 않다. 그러나 독자 여러분도 이 책을 여기까지 읽었다면, 그 이후 피해망상이 어떤 경험인지, 그것이 환자의 삶에 어떤 영향을 미칠 수 있는지, 그것을 유발하고 촉진하는 요인이 무엇인지에 대해 많은 것이 새롭게 발견되었음을 알게 되었을 것이다. 우리는 '안심 프로그램'을 통해 편집증을 어떻게 치료하는지, 또 어떻게 하면 그들이 심각한 두려움에서 벗어나 원하는 삶으로 돌아갈 수 있도록 도울 수 있는지를 배웠다. 그 과정에서 편집증이 정신병 진단을 받은 1%의 사람들에게만 국한된 것이 아니라는 사실도 알게 되었다. 편집증은 우울증이나 불안감만큼이나 흔하게 겪는 경험이다. 우리는 살아가면서 다른 사람을 신뢰할지 불신할지 끊임없이 결정을 내려야 한다. 이 같은 일상적인 편집증도 피해망상과 크게 다르지 않다. 단지 덜 심각하고 덜 강렬한 피해망상일 뿐이다.

편집증을 이해하고 치료하는 방법을 알기까지 먼 길을 돌아왔다. 물론 앞으로 해야 할 일이 훨씬 더 많다. 무엇보다 환자들이 가장 효과적인 치료법에 쉽게 접근할 수 있도록 하는 것이 최우선 과제다. 이에 대해서는 공급이 수요를 따르지 못하고 있다. 오늘날 사람들이 정신 건강의 중요성에 대해 많이 이야기하지만, 여전히 상황은 열악하다. 예를 들어, 정신 건강에 초점을 맞추고 있는 자선단체 MQ에 따르면, 2014년부터 2017년 사이에 정신 건강 연구에 지출한 비용은 심리적 질환을 앓고 있는 환자 1인당 9파운드(1만 5,000원)가 조금 넘는 것으로 추산된다. 암 연구의 경우 암 환자 1인당 228파운드(40만 원)였다. 2022년에 NHS 연맹

NHS Confederation은 다음과 같이 발표했다. "현재 영국에서 정신 건강 문제가 질병 부담의 28%를 차지하지만 그 분야에 대한 NHS 지출은 13%에 불과하다." 물론 영국에서 임상심리학을 가르치는 곳이 늘어나는 등, 긍정적인 발전이 있었다. 하지만 VR 같은 치료 기술을 활용하는 보다 창의적인 사고가 여전히 필요한 상황이다.

예를 들어, '안심 프로그램'은 환자의 삶을 변화시킬 수 있다. 피해망상에 대한 최고의 치료법이라고 자부한다. 우리는 영국 전역에서 약 100명의 치료사를 대상으로 매년 안심 프로그램 교육을 실시한다. 게다가 이 프로그램이 다른 나라에까지 진출하기 시작했다. 예를 들어 네덜란드에서는 암스테르담 자유대학교Vrije Universiteit Amsterdam의 에바 톨메이저Eva Tolmeijer와 데이비드 반 덴 베르그David van den Berg와 협력하고 있다. 그들은 안심 프로그램을 정신병 및 박해 망상을 실제로 경험한 사람들이 상담에 참여하는 동료 상담 프로그램과 결합하고 있다. 그러나 많은 시간이 필요한 임상심리학자에게 6개월 프로그램으로는 시간이 크게 부족하다. 이에 따라 국립보건사회연구원의 지원을 받아 환자들이 스마트폰, 컴퓨터 또는 태블릿을 통해 언제 어디서나 접속할 수 있는 새로운 온라인 버전 안심 프로그램을 개발 중이다. 이런 온라인 작업은 다양한 정신 건강 분야 종사자의 지원이 필요하며, 환자들이 일상적인 상황(예를 들어 버스를 타거나 쇼핑하러 가는 등)을 수행하는 데 함께 동반하는 대면 세션과 함께 이루어질 수 있다. 이런 세션을 통해 환자들은 온라인에서 배운 기술을 연습하면서 다른 사람과 함께 어울리는 훈련을 할 수 있고, 여전히 두려움이 느껴지지만 실제로는 안전하다는 사실을 발견할 수 있는 기회를 갖게 될 것이다. 2027년까지 이 치료법의 설계와 구축을 완료하고, 약 500명의 환자를 대상으로 한 무작위 대조 시험에서 테스트해보고, 비용 효율성을 분석까지 마무리하면 NHS 네트워크 전체에 출시할 기반을 마련하게 될 것이다. 한편 gameChange도 NHS와 미국에서 활용되는 등 전 세계로 진출하고 있다. 우리는 또 전혀 새로운 가상현실 치료법도 개발하고 있다. 젊은 정신병 환자들은 특히 취약한 집단이다. 정신병으로 인해 겪는 고통과 낙인은 절망감, 패배감 그리고 자신이 무가치하다는 감정으로 이어지고, 그런 감정이 정신병을 더욱 악화한다. 그러면 일상 생활에서 멀어지고 두려움과 불신이 뿌리를 내리게 된다. 그러면서 정신적, 육체적 건강이 더욱 악화한다. 따라서 가급적 더 일찍 치료에 들어갈수록 이 악순환을 막을 가능성이 더 높아진다. 우리가 16세에서 30세 사이의 환자들의 자신감을 키우기 위한 VR 치료법인 피닉스Phoenix를 개발하고 시험하는 것도 바로 이 때문이다. 피닉스는 자동화된 치료법이다. 가상 치료사가 가상 농장, 호숫가 숲, TV 스튜디오를 배경으로 다양한 과제, 게임, 운동을 통해 환자를 안내한다. 이 치료에서 우리의 목표는 환자들이 자신에 대해 느끼는 방식을 바꾸는 것이다. 특히 그들이 스스로 변화를 만들 수 있다는 것을 배우게 한다. 즉, 무섭거나 부담스러워 보일 수 있는 활동을 혼자 할 수 있고, 그 활동을 즐기는 법을 배우게 하는 것이다. 그러면 그들의 자신감은 크게 향상될 것이다. 12명의 젊은 정신병 환자를 대상으로 한 예비 연구에서 놀라운 결과가 나왔다. 아마도 독자들이 이 책을 읽을 때쯤이면, 무작위 대조 시험에서도 똑같은 성공을 거두었는지 알게 될 것이다. 나는 이 치료법이 꼭 필요한 사람들에게 활용될 수 있기를 바란다.

두려움을 극복하기 위해 조기 치료해야 한다는 개념은 우리가 현재 진행 중인 또 다른 VR 프로젝트에도 깔려 있다. OCEANS 연구에서 발견한 놀라운 사실 중 하나는, 코로나19 백신을 주저하는 사람 중 10%는 주삿바늘에 대한 두려움 때문이라는 것이었다. 정부를 의심하고 의료진을 신뢰하지 못하는 모든 불신의 이야기에는 훨씬 더 기본적인 형태의 두려움, 즉 주사 자체에 대한 불안이 작용하고 있었다. 실제로 OCEANS 대상자들 사이에서 이러한 불안은 예상했던 것보다 훨씬 더 널리 퍼져 있었다. 아마도 전체의 4분의 1이 이런 두려움을 가지고 있었다. 주삿바늘은 의료의 가장 기본적인 도구이자 백신 접종뿐만 아니라 당뇨 치료, 암 화학 치료에서부터 천식, 치아 치료에 이르기까지 수많은 급성 및 만성 질환을 치료하는 데 중요한 도구다. 세계보건기구에 따르면 매년 약 250억 건의 주사가 투여되고 있다. 물론 헌혈에도 주사는 필수적이다(10명 중 1명은 주삿바늘에 대한 두려움 때문에 헌혈을 하지 않는다고 말한다). 주삿바늘 공포증을 치료하기 위한 빠르고 효과적인 심리 치료법은 이미 많이 나와 있다. 여기에는 환자를 주사 관련 자극에 점진적으로 노출시켜 주사에 대한 두려움을 가라앉히거나, 실신을 초래할 수 있는 혈압 강하를 예방하기 위해 긴장을 억누르는 기술을 가르치는 것도 포함된다. 이런 치료는 3시간이면 놀라운 결과를 얻을 수 있지만 이런 치료를 받는 사람은 거의 없다. 다시 말하지만, 우리의 정신병 치료 환경이 이를 제공할 준비가 되어 있지 않기 때문이다. 우리가 자동화된 VR 치료법을 개발하는 것도 바로 이런 이유에서다. 공포증은 일반적으로 13~18세의 어린 시절에 시작된다. 하지만 주삿바늘에 대한 두려움을 극복하는 것만이 전부가 아니다. 그런 두려움을 없애는 것이, 의학과 이를 제공하는 전문가에 대한 신뢰를 구축하는 데에도 도움이 될 것이다. (안타깝게도 OCEANS설문조사에서 응답자의 4분의 1이 의사를 신뢰하지 않는다고 대답했다.)

임상적 수준의 편집증에 대한 모든 진전에도 불구하고, 더 광범위한 불신(예를 들어 음모론에서 나타나는 다양한 현상)에 관해서는 여전히 출발선상에 있다. 이제 더는 기다릴 여유가 없다. 다행히 코로나19 대유행은 이 문제에 대해 매우 밝은 전망을 보여주었다. 코로나를 겪으면서 신뢰가 말 그대로 생사를 가르는 문제임이 확인된 것이다. 우리 사회의 신뢰는 전력망이나 수자원망과 비슷하게 눈에 보이지 않는 인프라 역할을 한다. 사회에 신뢰가 절대적으로 필요하지만, 위기를 겪고 나서야 그것이 얼마나 중요한지 제대로 인식한다. 물론 코로나 대유행기간 동안 다른 인프라도 큰 타격을 입었다. 예를 들어 코로나19 대유행 초기 단계에서 휴대전화 기지국에 대한 수십 건의 공격이 발생하면서 통신 네트워크가 시위대의 표적이 되기도 했다. 작가 제임스 미크James Meek는 다음과 같이 회상했다:

> BBC 저널리스트인 친구가 자신의 지인과 나눈 이야기를 들려주었다. 그 지인은 5G의 위험성을 이야기하면서 이렇게 주장했다고 한다. "새로운 종류의 전자기 에너지가 발명될 때마다 새로운 종류의 질병이 생긴다네. 레이더의 발명으로 스페인 독감이 일어난 것처럼 말이지."
>
> 그래서 내 친구가 그 사람에게 웃음기 없이 진지하게 말했다고 한다. "하지만 스페인 독감은 1918년에 일어났고 레이더는 1930년대가 되어서야 발명되었다네. 그랬는데 어떻게 그런 인과관계가 성립할 수 있겠나?"

공교롭게도 BBC 또한 위기를 보도했다는 이유로 공격받은 적이 있다. 당연한 일이지만, BBC에서 뉴스를 찾는 사람들이 일반적으로나 코로나와 관련된 음모론을 덜 믿을 가능성이 높다고 OCEANS 설문조사를 통해 나타났다. 반면 친구나 소셜 미디어에서 정보를 얻는 이들은 그 반대였다.

삐거거리는 신뢰 기반을 회복하는 일은 확실히 엄청난 직업이다. 사회의 신뢰에 그렇게 압박을 가하는 요인들이 곧 완화되리라는 징후는 아직까지 거의 보이지 않는다. 그러나 레이건이나 고르바초프 같은 냉전의 전사들이 그러했듯 우리 모두 협력해 충분한 신뢰를 쌓아간다면, 희망이 있다고 믿는다.

감사의 말

독자들은 이 책을 읽으며 내가 임상심리학자라는 것을 바로 알아챘을 것이다. 나와 우리 연구팀은 임상심리학자로서, 정신 건강 치료를 받는 환자들에게 긍정적인 변화를 제공해야 할 중차대하고 시급한 의무를 안고 있다. (그래서 내가 20대 초반부터 흰 머리가 나기 시작했는지도 모른다.) 훌륭한 연구팀이 없었다면 이 책에서 설명하는 그 어떤 진전도 이룰 수 없었을 것이다. 특히 펠리시티 웨이트, 루이스 이샴, 브리오니 쉬브스, 시네아드 람베, 라니아 로스브록Laina Rosebrock, 제이슨 프리먼Jason Freeman, 아이토 로비라Aitor Rovira, 로언 다이아몬드Rowan Diamond, 엠마 서니스Emma Cernis, 미콜라 콜렛트Nicola Collett, 레이첼 리스터Rachel Lister, 제시카 버드Jessica Bird, 아리안 베클리Ariane Beckley, 지니 에반스Ginny Evans, 헬렌 벡위드Helen Beckwith, 캐서린 퓨Katherine Pugh, 마 러스-캘라펠Mar Rus-Calafell, 앵거스 앤틀리, 안드레 라지스 미구엘Andre Lages Miguel, 루퍼트 워드Rupert Ward, 맷 부스필드Matt Bousfield, 조시 매클너니, 사라 리브, 에이미 랭먼Amy Langman, 이브 트위비Eve Twivy, 에밀리 볼드

Emily Bold, 엘레노어 채드윅Eleanor Chadwick, 애바 포커트, 포피 브라운, 루시 제너Lucy Jenner, 스테파니 렉Stephanie Rek 등 많은 분께 감사의 말씀을 전한다. 당연히 알아서 잘하고 있는데도 늘 '할 일이 한두 가지 더 있다'라며 끊임없이 잔소리해서 사과드립니다.

    재능과 친절함을 모두 갖춘 이들과 함께 있으면 일하는 법을 일찍 배우게 된다. 그런 점에서 훌륭한 협력자와 동료가 있다는 것은 내게 큰 행운이었다. 리-미 유Ly-Mee Yu, 에이든 로Aiden Loe, 토마스 카비아, 앙케 에흘러스, 리처드 엠슬리Richard Emsley, 우쉬마 갈랄Ushma Galal, 멜 슬레이터, 데이비드 킹던David Kingdon, 안젤리카 로널드, 헬렌 스타트업Helen Startup, 앤서니 모리슨Anthony Morrison, 멜리샤 파일Melissa Pyle, 로리 번Rory Byrne, 리즈 머피Liz Murphy, 샬롯 아인스워스Charlotte Aynsworth, 벨린다 레녹스Belinda Lennox, 앨런 스타인Alan Stein, 미나 파젤, 매튜 브룸Matthew Broome, 루이스 존스Louise Johns, 리처드 벤톨, 엠마누엘 피터스Emmanuelle Peters, 앨리슨 브라반Alison Brabban, 앤드류 구믈리, 로버트 더들리Robert Dudley, 알렉스 케니Alex Kenny, 매티아스 슈와나우어Matthias Schwannauer, 에이미 하디, 톰 워드Tom Ward, 러셀 포스터, 콜린 에스피, 앨리슨 하비Allison Harvey, 앤드류 몰로딘스키Andrew Molodynski, 엘리너 롱던, 개리 윌링스턴Gary Willington, 케이트 쳄프먼Kate Chapman, 캐시 그린우드Kathy Greenwood, 호세 릴Jose Leal, 헬렌 맥쉐인, 앤디 폴라드Andy Pollard, 앤드류 채드윅, 마이클 라킨Michael Larkin, 레이 피츠패트릭Ray Fitzpatrick, 버나드 스팬랭Bernhard Spanlang, 폴 해리슨Paul

Harrison, 마크 반데르 가악Mark van der Gaag, 데이비드 반 덴 베르그, 에바 톨메이저, 줄리아 셰필드Julia Sheffield, 애론 브리넨Aaron Brinen, 스티브 홀론Steve Hollon 등 여러분에게 감사드린다. 옥스퍼드대학교 정신의학과와 옥스퍼드 국민건강서비스 재단 신탁의 실험 심리학 전문 지원팀은 이 책에서 언급한 실험에 필수적인 지원을 제공했다. 빌 웰즈Bill Wells, 닉 레이븐Nick Raven, 저스틴 로웬Justin Lowen, 모이라 웨스트우드Moira Westwood, 필리 화이트Philly White, 웨인 데이비스Wayne Davies, 트레이시 톰킨스Tracy Tompkins, 케이티 브리즈Katie Breeze, 루스 에이브라함스에게 감사드린다. 또 최고의 과학을 지원하기 위해 항상 애쓰는 국립보건사회연구원NIHR, 웰컴 트러스트, 의학연구협의회MRC 등 연구비 지원기관 사무국 분들에게도 감사의 말씀을 전한다.

돌이켜보면, 케임브리지에서 나의 지도교수였다가 나중에 친구가 된 클레어 휴즈Claire Hughes의 첫 생각이 이 모든 변화의 시작이었다. 나의 편집증 연구는 박사 학위 지도교수였던 필리파 캐리의 지도하에 시작되었는데, 피해망상 연구와 치료의 선구자인 필리파에게서 배울 기회를 갖게 되어 큰 영광이었다. 1990년대에 내가 필리파, 엘리자베스 카이퍼스, 데이비드 파울러, 폴 베빙턴, 그레이엄 던과 함께 뛰어난 연구 그룹의 회원(맨 말단)이 된 것 또한 더힐 나위 없는 행운이었다. 나는 그늘 모두에게서 많은 것을 배웠다(물론 많이 웃으며 즐기기도 했다). 방법론자이자 통계학자로서 늘 친절하고 통찰력을 보여준 그레이엄 던이 지금도 그립다. 내 연구에는 아직도 그의 영향력이 여전히 남아 있다.

심리 치료 분야의 다른 리더들도 내게 중요한 멘토링을 제공했다. 크리스 페어번Chris Fairburn은 매우 관대하게 나를 지도해주었고, 애론 벡은 지원과 지식과 통찰력 모두에서 훌륭한 원천이 되어주었다. 데이비드 클라크David Clark의 영향력도 빼놓을 수 없다. 그는 정말로 효과적인 심리 치료법을 개발하고 실행하는 방법을 보여주었다.

내게 나누고 싶은 이야기가 있을지도 모른다는 사실을 발견한 LBA의 에이전트 루이기 보노미Luigi Bonomi와 하퍼 콜린스Harper Collins 출판사의 아브라벨라 파이크Arabella Pike 이사에게도 감사드린다. 이들은 내게 전할 이야기가 많다는 것을 일찍부터 발견했다. 특히 아브라 벨라와 조 톰슨Jo Thompson은 이 글을 쓰는 데 필요한 현명한 조언을 아낌없이 해주었다. 내 동생 제이슨 프리먼Jason Freeman 덕분에 이 글의 스토리텔링이 크게 나아졌다. 그의 도움에 깊은 감사의 말을 전한다.

마지막으로 편집증에 대한 자신의 경험을 공유해주신 분들에게 깊은 감사의 말씀을 드리고 싶다. 많은 고통을 겪는 사람들과 이야기를 나눌 수 있었던 것은 나의 특권이었고 앞으로도 잊지 못할 것이다. 그들과 진지한 대화를 나누지 못했다면, 진료실 안팎에서 우리가 고안한 치료 기술을 환자들이 성실하고 용기 있게 실천하지 않았다면 이 책에서 설명한 대다수의 진전은 일어날 수 없었을 것이다. BBC Radio 4의 '피해망상의 역사' 시리즈에서 자신의 경험을 이야기해준 분들, 그리고 책에 인용문을 사용할 수 있도록 허락해준 분들에게 진심으로 감사드린다. 그들의 이름과 세부 사항은 익명성을 보호하기 위해 가명을 썼으며, 인용된 진료소 대화는 이해를 돕기 위해 가공되었음을 밝힌다.

참고문헌

01장

- Bentall, R. P. (ed.) (1990). *Reconstructing Schizophrenia*. London: Routledge.

- Boyd, T. and Gumley, A. (2007). 'An experiential perspective on persecutory paranoia: A grounded theory construction'. *Psychology and Psychotherapy: Theory, Research and Practice*, 80(1), 1–22.

- Clark, D. M. (1999). 'Anxiety disorders: Why they persist and how to treat them'. *Behaviour Research and Therapy*, 37(1), S5–S27.

- Freeman, D. (2007). 'Suspicious minds: The psychology of persecutory delusions'. *Clinical Psychology Review*, 27, 425–457.

- Freeman, D. (2006). 'Delusions in the non-clinical population'. *Current Psychiatry Reports*, 8, 191–204.

- Freeman, D., Emsley, R., Diamond, R., Collett, N., Bold, E., Chadwick, E., Isham, L., Bird, J., Edwards, D., Kingdon, D., Fitzpatrick, R., Kabir, T., Waite, F. and Oxford Cognitive Approaches to Psychosis Trial Study Group (2021). 'Comparison of a theoretically driven cognitive therapy (the Feeling Safe Programme) with befriending for the treatment of persistent persecutory delusions: a parallel, single-blind, randomised controlled trial'. *The Lancet Psychiatry*, 8, 696–707.

- Freeman, D. and Garety, P. A. (1999). 'Worry, worry processes and dimensions of delusions: An exploratory investigation of a role for anxiety processes in the maintenance of delusional distress'. *Behavioural and Cognitive Psychotherapy*, 27, 47–62.

- Freeman, D., Garety, P. A. and Kuipers, E. (2001). 'Persecutory delusions: Developing the understanding of belief maintenance and emotional distress'. *Psychological Medicine*, 31, 1293–1306.

- Freeman, D., Garety, P., Kuipers, E., Fowler, D., Bebbington, P. E. and Dunn, G. (2007). 'Acting on persecutory delusions: The importance of safety seeking'. *Behaviour Research and Therapy*, 45, 89–99.

- Freeman, D., Waite, F., Rosebrock, L., Petit, A., Causier, C., East, A., Jenner, L., Teale, A., Carr, L., Mulhall, S., Bold, E. and Lambe, S. (2022). 'Coronavirus conspiracy beliefs, mistrust, and compliance with government guidelines in England'. *Psychological Medicine*, 52, 251–263.

- Greene, G. (1943). *The Ministry of Fear*. London: Vintage.

- Kessler, R. C., Berglund, P., Demler, O., Jin, R., Merikangas, K. R.

and Walters, E. E. (2005). 'Lifetime prevalence and age-of-onset distributions of DSM-IV disorders in the National Comorbidity Survey Replication'. *Archives of General Psychiatry*, 62(6), 593–602.

- Kuipers, E., Fowler, D., Garety, P. A., Chisholm, D., Freeman, D., Dunn, G., Bebbington, P. E. and Hadley, C. (1998). 'The London–East Anglia Randomised Controlled Trial of Cognitive Behaviour Therapy for Psychosis III: Follow-up and economic evaluation at 18 months'. *British Journal of Psychiatry*, 173, 61–68.

- Le Carré, J. (1974; 2018). *Tinker Tailor Soldier Spy*. Penguin Classics. Random House, UK.

- Rutten, B. P. F., van Os, J., Dominguez, M. and Krabbendam, L.(2008). 'Epidemiology and social factors: Findings from The Netherlands mental health survey and incidence and incidence study (NEMESIS)'. In Freeman, D., Bentall, R. and Garety P. (eds). *Persecutory Delusions*. pp. 53–71. Oxford: Oxford University Press.

- Salkovskis, P. M. (1991). 'The importance of behaviour in the maintenance of anxiety and panic: A cognitive account'. *Behavioural Psychotherapy*, 19, 6–19.

- Salkovskis, P. M., Clark, D. M., Hackmann, A., Wells, A. and Gelder, M. G. (1999). 'An experimental investigation of the role of safety-seeking behaviours in the maintenance of panic disorder with agoraphobia'. *Behaviour Research and Therapy*, 37(6), 559–574.

02장

- Bighelli, I., Salanti, G., Huhn, M., Schneider-Thomas, J., Krause, M., Reitmeir, C., Wallis, S., Schwermann, F., Pitschel-Walz, G., Barbui, C., Furukawa, T. and Leucht, S. (2018). 'Psychological interventions to reduce positive symptoms in schizophrenia: Systematic review and network meta-analysis'. *World Psychiatry*, 17, 316–329.

- Bond, J., Kenny, A., Mesaric, A., Wilson, N., Pinfold, V., Kabir, T., Freeman, D., Waite, F., Larkin, M. and Robotham, D. J. (2022). 'A life more ordinary: A peer research method qualitative study of the Feeling Safe Programme for persecutory delusions'. *Psychology and Psychotherapy*, 95, 1108–1125.

- Brabban, A., Byrne, R., Longden, E. and Morrison, A. P. (2017). 'The importance of human relationships, ethics and recovery-orientated values in the delivery of CBT for people with psychosis'. *Psychosis*, 9(2), 157–166.

- Diamond, R., Bird, J., Waite, F., Bold, E., Chadwick, E., Collett, N. and Freeman, D. (2022). 'The physical activity profiles of patients with persecutory delusions'. *Mental Health and Physical Activity*, 23, 100462.

- Fowler, D., Garety, P. and Kuipers, E. (1995). *Cognitive Behaviour Therapy for Psychosis: Theory and Practice*. John Wiley & Sons.

- Freeman, D. (2011). 'Improving cognitive treatments for delusions'. *Schizophrenia Research*, 132, 135–139.

- Freeman, D. (2016). 'Persecutory delusions: A cognitive perspective on understanding and treatment'. *The Lancet Psychiatry*, 3, 685–692.

- Freeman, D., Bird, J., Loe, B., Kingdon, D., Startup, H., Clark, D., Ehlers, A., Černis, E., Wingham, G., Evans, N., Lister, R., Pugh, K., Cordwell, J. and Dunn, G. (2020). 'The Dunn Worry Questionnaire and the Paranoia Worries Questionnaire: New Assessments of Worry'. *Psychological Medicine*, 50, 771–780.

- Freeman, D., Bradley, J., Waite, F., Sheaves, B., DeWeever, N., Bourke, E., McInerney, J., Evans, N., Černis, E., Lister, R., Garety, P. and Dunn, G. (2016). 'Targeting recovery in persistent persecutory delusions: A proof of principle study of a new translational psychological treatment'. *Behavioural and Cognitive Psychotherapy*, 44, 539–552.

- Freeman, D., Dunn, G., Startup, H., Pugh, K., Cordwell, J.,

Mander, H., Černis, E., Wingham, G., Shirvell, K. and Kingdon, D. (2015). 'Effects of cognitive behaviour therapy for worry on persecutory delusions in patients with psychosis (WIT): A parallel, single-blind, randomised controlled trial with a mediation analysis'. *The Lancet Psychiatry*, 2, 305–313.

- Freeman, D., Emsley, R., Diamond, R., Collett, N., Bold, E., Chadwick, E., Isham, L., Bird, J., Edwards, D., Kingdon, D., Fitzpatrick, R., Kabir, T., Waite, F. and Oxford Cognitive Approaches to Psychosis Trial Study Group (2021). 'Comparison of a theoretically driven cognitive therapy (the Feeling Safe Programme) with befriending for the treatment of persistent persecutory delusions: A parallel, single-blind, randomised controlled trial'. *The Lancet Psychiatry*, 8, 696–707.

- Freeman, D., Loe, B. S., Kingdon, D., Startup, H., Molodynski, A., Rosebrock, L., Brown, P., Sheaves, B., Waite, F. and Bird, J. C. (2021). 'The revised Green et al., Paranoid Thoughts Scale (R-GPTS): Psychometric properties, severity ranges, and clinical cut-offs'. *Psychological Medicine*, 51, 244–253.

- Freeman, D., Rosebrock, L., Loe, B. S., Saidel, S., Freeman, J. and Waite, F. (2023). 'The Oxford Positive Self Scale: psychometric development of an assessment of cognitions associated with psychological well-being'. *Psychological Medicine*, pp. 1–9.

- Freeman, D., Startup, H., Dunn, G., Wingham, G., Černis,

E., Evans, N., Lister, R., Pugh, K., Cordwell, J. and Kingdon, D. (2014). 'Persecutory delusions and psychological well-being'. *Social Psychiatry and Psychiatric Epidemiology*, 49, 1045–1050.

- Freeman, D., Taylor, K., Molodynski, A. and Waite, F. (2019). 'Treatable clinical intervention targets for patients with schizophrenia'. *Schizophrenia Research*, 211, 44–50.

- Green, C., Freeman, D., Kuipers, E., Bebbington, P., Fowler, D., Dunn, G. and Garety, P. A. (2008). 'Measuring ideas of persecution and reference: The Green et al Paranoid Thought Scales (G-PTS)'. *Psychological Medicine*, 38, 101–111.

- Gumley, A. and Schwannauer, M. (2006). Staying Well After Psychosis: *A Cognitive Interpersonal Approach to Recovery and Relapse Prevention*. John Wiley & Sons.

- Haddock, G., Eisner, E., Boone, C., Davies, G., Coogan, C. and Barrowclough, C. (2014). 'An investigation of the implementation of NICE-recommended CBT interventions for people with schizophrenia'. *Journal of Mental Health*, 23(4), 162–165.

- Kingdon, D. G. and Turkington, D. (1991). 'The use of cognitive behavior therapy with a normalizing rationale in schizophrenia. Preliminary report'. *Journal of Nervous and Mental Disease*, 179(4), 207–211.

- Kuipers, E., Garety, P. A., Fowler, D., Dunn, G., Bebbington, P. E., Freeman, D. and Hadley, C. (1997). 'The London–East Anglia Randomised Controlled Trial of Cognitive Behaviour Therapy for Psychosis I: Effects of the treatment phase'. *British Journal of Psychiatry*, 171, 319–327.

- McGlanaghy, E., Turner, D., Davis, G., Sharpe, H., Dougall, N., Morris, P., Prentice, W. and Hutton, P. (2021). 'A network meta-analysis of psychological interventions for schizophrenia and psychosis'. *Schizophrenia Research*, 228, 447–459.

- Morrison, A. P. and Barratt, S. (2010). 'What are the components of CBT for psychosis? A Delphi study'. *Schizophrenia Bulletin*, 36(1), 136–142.

- Morrison, A., Renton, J., Dunn, H., Williams, S. and Bentall, R. (2004). *Cognitive Therapy for Psychosis: A Formulation-Based Approach*. London: Routledge.

- Peters, E., Crombie, T., Agbedjro, D., Johns, L. C., Stahl, D., Greenwood, K., Keen, N., Onwumere, J., Hunter, E., Smith, L. and Kuipers, E. (2015). 'The long-term effectiveness of cognitive behavior therapy for psychosis within a routine psychological therapies service'. *Frontiers in Psychology*, 6, 1658.

03장

- Beck, A. T. (1952). 'Successful outpatient psychotherapy of a chronic schizophrenic with a delusion based on borrowed guilt'. *Psychiatry*, 15(3), 305–312.

- Beck, A. T. (1963). 'There is more on the surface than meets the eye'. Lecture presented in The Academy of Psychoanalysis, New York.

- Bentall, R. P. (2003). Madness Explained: *Psychosis and Human Nature*. London: Penguin.

- Bentall, R. P., Corcoran, R., Howard, R., Blackwood, N. and Kinderman, P. (2001). 'Persecutory delusions: A review and theoretical integration'. *Clinical Psychology Review*, 21(8), 1143–1192.

- Berrios, G. E. (1996). *The History of Mental Symptoms: Descriptive Psychopathology Since the Nineteenth Century*. Cambridge: Cambridge University Press.

- Bleuler, E. (1950). *Dementia Praecox or the Group of Schizophre-*

nias. New York: International Universities Press.

- Braithwaite, R. (2008). 'Response to Freeman, D. et al (2008). Virtual reality study of paranoid thinking in the general population'. *British Journal of Psychiatry*, 192(4), 258–263.

- Ebert, A. and Bär, K.-J. (2010). 'Emil Kraepelin: A pioneer of scientific understanding of psychiatry and psychopharmacology'. *Indian Journal of Psychiatry*, 52(2), 191–192.

- Fowler, D., Freeman, D., Smith, B., Kuipers, E., Bebbington, P., Bashforth, H., Coker, S., Gracie, A., Dunn, G. and Garety, P. (2006). 'The Brief Core Schema Scales (BCSS): Psychometric properties and associations with paranoia and grandiosity in non-clinical and psychosis samples'. *Psychological Medicine*, 36, 749–759.

- Freeman, D., Garety, P., Fowler, D., Kuipers, E., Dunn, G., Bebbington, P. and Hadley, C. (1998). 'The London–East Anglia randomised controlled trial of cognitive behaviour therapy for psychosis IV: Self-esteem and persecutory delusions'. *British Journal of Clinical Psychology*, 37, 415–430.

- Freud, S. (2001). *The Standard Edition of the Complete Psychological Works, Volume 14, On the History of the Psycho-Analytic Movement, Papers on Metapsychology and Other Works*. London: Vintage.

- Goode, E. (2000). 'A pragmatic man and his no-nonsense therapy'. New York Times, archive.nytimes.com/www.nytimes.com/library/national/science/health/011100hth-behavior-beck.html

- Gregory, R. L. (2004). *The Oxford Companion to the Mind*. 2nd edn. Oxford: Oxford University Press.

- Gunby, D., Carnegie, D. and Jackson, M. P. (2021). *The Works of John Webster*, Volume 4, *Sir Thomas Wyatt, Westward Ho, Northward Ho, The Fair Maid of the Inn*. Cambridge: Cambridge University Press.

- Haslam, J. (1810). *Illustrations of Madness*. London.

- Jaspers, K. (1963). *General Psychopathology*. Translated from German, 7th edn, by Hoenig, J. and Hamilton, M. W. Manchester: Manchester University Press.

- Kraepelin, E. (1919). *Dementia Praecox and Paraphrenia*. Livingstone.

- Leigh, D. (1955). 'John Haslam, M. D. – 1764–1844: Apothecary to Bethlem'. *Journal of the History of Medicine and Allied Sciences*, 10(1), 17–44.

- Lester, D. (1975). 'The relationship between paranoid delusions and homosexuality'. *Archives of Sexual Behavior*, 4, 285–294.

- Lewis, A. (1970). 'Paranoia and paranoid: A historical perspective'. *Psychological Medicine*, 1(1), 2–12.

- Liberman, R. P., Teigen, J., Patterson, R. and Baker, V. (1973). 'Reducing delusional speech in chronic, paranoid schizophrenics'. *Journal of Applied Behavior Analysis*, 6(1), 57–64.

- Mayer-Gross, W., Slater, E. and Roth, M. (1969). *Clinical Psychiatry*. London: Baillière, Tindall & Cassell.

- McMonagle, T. and Sultana, A. (2000). 'Token economy for schizophrenia'. *Cochrane Database of Systematic Reviews*, 3, CD001473.

- Murphy, P., Bentall, R., Freeman, D., O'Rourke, S. and Hutton, P. (2018). 'The paranoia as defence model of persecutory delusions: A systematic review and meta-analysis'. *The Lancet Psychiatry*, 5, 913–929.

- Peters, E. R., Joseph, S. A. and Garety, P. A. (1999). 'Measurement of delusional ideation in the normal population: Introducing the PDI (Peters et al. Delusions Inventory)'. *Schizophrenia Bulletin*, 25(3), 553–576.

- Porter, R. (1997). 'Bethlem/Bedlam: Methods of madness?' *History Today*, 47(10), 41–47.

- Scull, A. (1999). 'Bethlem Demystified? Jonathan Andrews, Asa

Briggs, Roy Porter, Penny Tucker and Keir Waddington, *The History of Bethlem*, London and New York, Routledge, 1997, pp. xiv, 752, illus., £150.00 (0-415-01773-4)'. *Medical History*, 43(2), 248–255.

- Steinberg, H. and Himmerich, H. (2012). 'Johann Christian August Heinroth (1773–1843): The first professor of psychiatry as a psychotherapist'. *Journal of Religion and Health*, 51(2), 256–268.

- Stockland, E. (2017). 'Patriotic natural history and sericulture in the French Enlightenment (1730–1780)'. *Archives of Natural History*, 44(1), 1–18.

- Storr, A. (2001). Freud: *A Very Short Introduction*. Oxford: Oxford

- University Press.

- Wincze, J. P., Leitenberg, H. and Agras, W. S. (1972). 'The effects of token reinforcement and feedback on the delusional verbal behavior of chronic paranoid schizophrenics'. *Journal of Applied Behavior Analysis*, 5, 247–262.

04장

- Barlow, D. H. and Durand, V. M. (2005). *Abnormal Psychology: An Integrative Approach*. Belmont, CA: Wadsworth.

- Bebbington, P. E., McBride, O., Steel, C., Kuipers, E., Radovanovic^, M., Brugha, T., Jenkins, R., Meltzer, H. I. and Freeman, D. (2013). 'The structure of paranoia in the general population'. *British Journal of Psychiatry*, 202(6), 419–427.

- Elahi, A., Algorta, G. P., Varese, F., McIntyre, J. C. and Bentall, R. P. (2017). 'Do paranoid delusions exist on a continuum with subclinical paranoia? A multi-method taxometric study'. *Schizophrenia Research*, 190, 77–81.

- Freeman, D. (2008). 'Studying and treating schizophrenia using virtual reality: A new paradigm'. *Schizophrenia Bulletin*, 34, 605–610.

- Freeman, D., Freeman, J. and Garety, P. (2006). *Overcoming Paranoid and Suspicious Thoughts*. London: Robinson.

- Freeman, D. and Garety, P. A. (2004). *Paranoia: The Psychology of Persecutory Delusions*. Hove: Psychology Press.

- Freeman, D., Garety, P. A., Bebbington, P. E., Smith, B., Rollinson, R., Fowler, D., Kuipers, E., Ray, K. and Dunn, G. (2005). 'Psychological investigation of the structure of paranoia in a non-clinical population'. *British Journal of Psychiatry*, 186, 427–435.

- Freeman, D., McManus, S., Brugha, T., Meltzer, H., Jenkins, R. and Bebbington, P. (2011). 'Concomitants of paranoia in the general population'. *Psychological Medicine*, 41, 923–936.

- Freeman, D., Pugh, K., Antley, A., Slater, M., Bebbington, P., Gittins, M., Dunn, G., Kuipers, E., Fowler, D. and Garety, P. A. (2008). 'A virtual reality study of paranoid thinking in the general population'. *British Journal of Psychiatry*, 192, 258–263.

- Freeman, D., Pugh, K., Vorontsova, N., Antley, A. and Slater, M. (2010). 'Testing the continuum of delusional beliefs: An experimental study using virtual reality'. *Journal of Abnormal Psychology*, 119, 83–92.

- Freeman, D., Reeve, S., Robinson, A., Ehlers, A., Clark, D., Spanlang, B. and Slater, M. (2017). 'Virtual reality in the assessment, understanding, and treatment of mental health disorders'. *Psychological Medicine*, 47, 2393–2400.

- Freeman, D., Slater, M., Bebbington, P. E., Garety, P. A., Kuipers, E., Fowler, D., Met, A., Read, C., Jordan, J. and Vinayagamoorthy, V. (2003). 'Can virtual reality be used to investigate persecutory ideation?' *Journal of Nervous and Mental Disease*, 191, 509–514.

- Johns, L. C., Cannon, M., Singleton, N., Murray, R. M., Farrell, M., Brugha, T., Bebbington, P., Jenkins, R. and Meltzer, H. (2004). 'Prevalence and correlates of self-reported psychotic symptoms in the British population'. *British Journal of Psychiatry*, 185(4), 298–305.

- Lanier, J. (2017). Dawn of the New Everything: *A Journey Through Virtual Reality*. London: Bodley Head.

- Marmoy, C. F. A. (1958). 'The "Auto-Icon" of Jeremy Bentham at University College, London'. *Medical History*, 2(2), 77–86.

- McManus, S., Bebbington, P., Jenkins, R. and Brugha, T., eds. (2016). *Mental Health and Wellbeing in England: Adult Psychiatric Morbidity Survey 2014*. Leeds: NHS Digital.

- Olfson, M., Lewis-Fernández, R., Feder, A., Gameroff, M., Pilowsky, D. and Fuentes, M. (2002). 'Psychotic symptoms in an urban general medicine practice'. *American Journal of Psychiatry*, 59, 1412–1419.

- Rheingold, H. (1991). Virtual Reality. New York: Simon & Schuster.

- Sanchez-Vives, M. V. and Slater, M. (2005). 'From presence to consciousness through virtual reality'. *Nature Reviews Neuroscience*, 6(4), 332–339.

- Slater, M. (2009). 'Place illusion and plausibility can lead to realistic behaviour in immersive virtual environments'. *Philosophical Transactions of the Royal Society B: Biological Sciences*, 364(1535), 3549–3557.

- Slater, M., Rovira, A., Southern, R., Swapp, D., Zhang, J. J., Campbell, C. and Levine, M. (2013). 'Bystander responses to a violent incident in an immersive virtual environment'. *PLoS One*, 8(1), e52766.

- Sutherland, I. A. (1968). 'Head-mounted three dimensional display'. *Proceedings of the Joint Computer Conference*, 33, 757–764.

- Tien, A. Y. and Eaton, W. W. (1992). 'Psychopathologic precursors and sociodemographic risk factors for the schizophrenia syndrome'. *Archives of General Psychiatry*, 49(1), 37–46.

- World Health Organization (2002). 'Schizophrenia', www.who.int/news-room/fact-sheets/detail/schizophrenia

05장

- All Party Parliamentary Group for UN Women (2021). 'Prevalence and reporting of sexual harassment in UK public spaces'. APPG for UN Women, www.unwomenuk.org/site/wp-content/uploads/2021/03/APPG-UN-Women-Sexual-Harassment-Report_Updated.pdf

- Alsawy, S., Wood, L., Taylor, P. J. and Morrison, A. P. (2015). 'Psychotic experiences and PTSD: Exploring associations in a population survey'. *Psychological Medicine*, 45(13), 2849–2859.

- Armitage, R. (2021). 'Bullying in children: Impact on child health'. *BMJ Paediatrics Open*, 5(1), E000939.

- Barker, M. (2000). 'Bullying: Schoolmates "told me to die" in online posts'. BBC News, www.bbc.co.uk/news/uk-wales-55133454

- Bentall, R. P., Wickham, S., Shevlin, M. and Varese, F. (2012). 'Do specific early-life adversities lead to specific symptoms of psychosis? A study from the 2007 Adult Psychiatric Morbidity Survey'.

Schizophrenia Bulletin, 38(4), 734–740.

- Bird, J. C., Evans, R., Waite, F., Loe, B. S. and Freeman, D. (2019). 'Adolescent paranoia: Prevalence, structure, and causal mechanisms'. *Schizophrenia Bulletin*, 45, 1134–1142.

- Bird, J. C., Fergusson, E. C., Kirkham, M., Shearn, C., Teale, A. L., Carr, L., Stratford, H. J., James, A. C., Waite, F. and Freeman, D. (2021). 'Paranoia in patients attending child and adolescent mental health services'. *Australian and New Zealand Journal of Psychiatry*, 55, 1166–1177.

- Bird, J., Freeman, D. and Waite, F. (2022). 'The journey of adolescent paranoia: A qualitative study with patients attending child and adolescent mental health services'. *Psychology and Psychotherapy*, 95(2), 508–524.

- Campbell, M. L. and Morrison, A. P. (2007). 'The relationship between bullying, psychotic-like experiences and appraisals in 14–16-year olds'. *Behaviour Research and Therapy*, 45(7), 1579–1591.

- Catone, G., Marwaha, S., Kuipers, E., Lennox, B., Freeman, D., Bebbington, P. and Broome, M. (2015). 'Bullying victimisation and risk of psychotic phenomena: Analyses of British national survey data'. *The Lancet Psychiatry*, 2, 618–624.

- Cˇernis, E., Evans, R., Ehlers, A. and Freeman, D. (2021). 'Dissociation in relation to other mental health conditions: An exploration using network analysis'. *Journal of Psychiatric Research*, 136, 460–467.

- Cosslett, R. L. (2018). '"I feel I might die any waking moment": can I escape the grip of PTSD?' *Guardian*, www.theguardian.com/society/2018/oct/20/feel-might-die-post-traumatic-stress-disorderptsd

- Ehlers, A. and Clark, D. M. (2000). 'A cognitive model of post-traumatic stress disorder'. *Behaviour Research and Therapy*, 38(4), 319–345.

- Freeman, D. and Fowler, D. (2009). 'Routes to psychotic symptoms: Trauma, anxiety and psychosis-like experiences'. *Psychiatry Research*, 169, 107–112.

- Freeman, D., McManus, S., Brugha, T., Meltzer, H., Jenkins, R. and Bebbington, P. (2011). 'Concomitants of paranoia in the general population'. *Psychological Medicine*, 41, 923–936.

- Freeman, D., Thompson, C., Vorontsova, N., Dunn, G., Carter, L-A., Garety, P., Kuipers, E., Slater, M., Antley, A., Glucksman, E. and Ehlers, A. (2013). 'Paranoia and post-traumatic stress disorder in the months after a physical assault: A longitudinal study examining shared and differential predictors'. *Psychological Medicine*, 43, 2673–2684.

- Hardy, A., O'Driscoll, C., Steel, C., Van Der Gaag, M. and Van Den Berg, D. (2021). 'A network analysis of post-traumatic stress and psychosis symptoms'. *Psychological Medicine*, 51(14), 2485–2492.

- Kasperkevic, J. (2014). 'Accounts of bullying at work: "it's subtle, political and leaves you unsure"'. *Guardian*, www.theguardian.com/money/us-money-blog/2014/jul/06/bullying-at-work-politicalexperiences-bullies-solutions

- McManus, S., Bebbington, P. E., Jenkins, R. and Brugha, T. (2016). *Mental Health and Wellbeing in England: The Adult Psychiatric Morbidity Survey 2014*. Leeds: NHS Digital.

- Modecki, K. L., Minchin, J., Harbaugh, A. G., Guerra, N. G. and Runions, K. C. (2014). 'Bullying prevalence across contexts: A meta-analysis measuring cyber and traditional bullying'. *Journal of Adolescent Health*, 55(5), 602–611.

- Morrison, A. P., Frame, L. and Larkin, W. (2003). 'Relationships between trauma and psychosis: A review and integration'. *British Journal of Clinical Psychology*, 42(Pt 4), 331–353.

- Nielsen, M. B., Matthiesen, S. B. and Einarsen, S. (2010). 'The impact of methodological moderators on prevalence rates of workplace bullying: A meta-analysis'. *Journal of Occupational and Organizational Psychology*, 83, 955–979.

- Office for National Statistics (2022). 'The nature of violent crime in England and Wales: Year ending March 2022', www.ons.gov.uk/peoplepopulation and community/crimeandjustice/articles/thenatureofviolentcrimeinenglandandwales/yearendingmarch2022

- Shakoor, S., McGuire, P., Cardno, A. G., Freeman, D., Plomin, R. and Ronald, A. (2015). 'A shared genetic propensity underlies experiences of bullying victimization in late childhood and self-rated paranoid thinking in adolescence'. *Schizophrenia Bulletin*, 41(3), 754–763.

- Smith, S. G., Zhang, X., Basile, K. C., Merrick, M. C., Wang, J., Kresnow, M.-J. and Chen, J. (2018). *National Intimate Partner and Sexual Violence Survey: 2015 Data Brief – Updated Release*. Atlanta, GA: National Center for Injury Prevention and Control, www.cdc.gov/violenceprevention/pdf/2015data-brief508.pdf

- UNESCO (2017). *School Violence and Bullying: Global status report*. Paris: UNESCO.

- van der Vleugel, B. M., Libedinsky, I., de Bont, P. A., de Roos, C., van Minnen, A., de Jongh, A., van der Gaag, M. and van den Berg, D. (2020). 'Changes in posttraumatic cognitions mediate the effects of trauma-focused therapy on paranoia'. *Schizophrenia Bulletin Open*, 1(1), sgaa036.

06장

- Baker, C. (2023). 'Obesity statistics'. Research Briefing 3336. UK Parliament, commonslibrary.parliament.uk/research-briefings/sn03336/

- Bowlby, J. (1967). Foreword to Mary D. Salter Ainsworth, *Infancy inUganda*. Baltimore: Johns Hopkins.

- Brenan, M. (2022). 'Record high 56% in U.S. perceive local crime has increased'. Gallup, news.gallup.com/poll/404048/record-high-perceive-local-crime-increased.aspx

- Brown, P., Waite, F. and Freeman, D. (2020). 'Parenting behaviour and paranoia: A network analysis and results from the National Comorbidity Survey-Adolescents (NCS-A)'. *Social Psychiatry and Psychiatric Epidemiology*, 56, 593–604.

- Freeman, D. and Bentall, R. (2017). 'The concomitants of conspiracy concerns'. *Social Psychiatry and Psychiatric Epidemiology*, 52, 595–604.

- Fusar-Poli, P. et al. (2022). 'The lived experience of psychosis: A bottom-up review co-written by experts by experience and academics'. *World Psychiatry*, 21(2), 168–188.

- Gerull, F. and Rapee, R. (2002). 'Mother knows best: Effects of maternal modelling on the acquisition of fear and avoidance behaviour in toddlers'. *Behaviour Research and Therapy*, 40, 279–287.

- Jaspers, K. (1997). *General Psychopathology*. Baltimore and London: Johns Hopkins University Press.

- Laneri, R. (2017). 'I went to jail for leaving my baby outside a restaurant'. *New York Post*, nypost.com/2017/11/25/i-went-to-jail-forleaving-my-baby-outside-a-restaurant/

- Maudsley, H. (1873). *Body and Mind*. London: Macmillan.

- Maudsley, H. (1912; 1988). 'Autobiography'. *British Journal of Psychiatry*, 153, 736–740.

- McCann, T. V., Lubman, D. I. and Clark, E. (2011). 'First-time primary caregivers' experience of caring for young adults with first-episode psychosis'. *Schizophrenia Bulletin*, 37(2), 381–388.

- Office for National Statistics (2017). 'People greatly overestimate their likelihood of being robbed', www.ons.gov.uk/peoplepopulationandcommunity/crimeandjustice/articles/peoplegreatlyoverestimatetheirlikelihoodofbeingrobbed/2017-09-07

- Onwumere, J., Learmonth, S. and Kuipers, E. (2016). 'Caring for a relative with delusional beliefs: A qualitative exploration'. *Journal of Psychiatric and Mental Health Nursing*, 23(3–4), 145–155.

- Pantelidou, M. and Demetriades, A. K. (2014). 'The enigmatic figure of Dr Henry Maudsley (1835–1918)'. *Journal of Medical Biography*, 22(3), 180–188.

- Plomin, R., DeFries, J. C. and McClearn, G. E. (2008). *Behavioral Genetics*. New York: Worth Publishers.

- Ronald, A. (2015). 'Recent quantitative genetic research on psychotic experiences: new approaches to old questions'. *Current Opinion in Behavioral Sciences*, 2, 81–88.

- Roser, M. and Ortiz-Ospina, E. (2016). Trust. Our World in Data, ourworldindata.org/trust

- Savage, G. H. (1918). 'Henry Maudsley, M.D., F.R.C.P.Lond., Ll.D.Edin. (Hon.)'. *Journal of Mental Science*, 64.265, 116–129.

- Sieradzka, D., Power, R., Freeman, D., Cardno, A., Dudbridge, F. and Ronald, A. (2015). 'Heritability of individual psychotic experiences captured by common genetic variants in a community sample of adolescents'. *Behavior Genetics*, 45, 493–502.

- Sieradzka, D., Power, R. A., Freeman, D., Cardno, A. G., McGuire, P., Plomin, R., Meaburn, E. L., Dudbridge, F. and Ronald, A.

(2014). 'Are genetic risk factors for psychosis also associated with dimension-specific psychotic experiences in adolescence?' *PLoS One*, 9(4), e94398.

- Smith, L., Onwumere, J., Craig, T., McManus, S., Bebbington, P. and Kuipers, E. (2014). 'Mental and physical illness in caregivers: Results from an English national survey sample'. *British Journal of Psychiatry*, 205(3), 197–203.

- Stanley, A. P. (1844). 'The life and correspondence of Thomas Arnold, D.D.: Late head master of Rugby School and regius professor of modern history in the University of Oxford'. London: B. Fellowes.

- Sündermann, O., Onwumere, J., Bebbington, P. and Kuipers, E. (2013). 'Social networks and support in early psychosis: Potential mechanisms'. *Epidemiology and Psychiatric Sciences*, 22(2), 147–150.

- Sündermann, O., Onwumere, J., Kane, F., Morgan, C. and Kuipers, E. (2014). 'Social networks and support in first-episode psychosis: Exploring the role of loneliness and anxiety'. *Social Psychiatry and Psychiatric Epidemiology*, 49(3), 359–366.

- Taylor, M. J., Freeman, D., Lundström, S., Larsson, H. and Ronald, A. (2022). 'Heritability of psychotic experiences in adolescents and interaction with environmental risk'. *JAMA Psychiatry*, 79(9),

889–897.

- Weale, S. (2021). 'UK children not allowed to play outside until two years older than parents' generation'. Guardian, www.theguardian.com/society/2021/apr/20/gradual-lockdown-of-uk-children-as-agefor-solo-outdoor-play-rises

- Zavos, H. M. S., Freeman, D., Haworth, C. M. A., McGuire, P., Plomin, R., Cardno, A. G. and Ronald, A. (2014). 'Consistent etiology of severe, frequent psychotic experiences and milder, less frequent manifestations: A twin study of specific psychotic experiences in adolescence'. *JAMA Psychiatry*, 71, 1049–1057.

07장

- Adjaye-Gbewonyo, D., Ng, A. E. and Black, L. I. (2022). 'Sleep difficulties in adults: United States, 2020', Hyattsville, MD: National Center for Health Statistics: www.cdc.gov/nchs/data/databriefs/db436.pdf

- Bradley, J., Freeman, D., Chadwick, E., Harvey, A. G., Mullins, B., Johns, L., Sheaves, B., Lennox, B., Broome, M. and Waite, F. (2018). 'Treating sleep problems in young people at ultra-high risk of psychosis: A feasibility case series'. *Behavioural and Cognitive Psychotherapy*, 46, 276–291.

- Espie, C. (2021). Overcoming Insomnia: *A Self-Help Guide Using Cognitive Behavioural Techniques*. 2nd edn. London: Robinson.

- Fitzgerald, F. Scott (1945; 2018). *The Crack-Up*. Richmond, VA: Alma.

- Foster, R. (2022). *Life Time: The New Science of the Body Clock, and How It Can Revolutionize Your Sleep and Health*. London:

Penguin.

- Freeman, D., Brugha, T., Meltzer, H., Jenkins, R., Stahl, D. and Bebbington, P. (2010). 'Persecutory ideation and insomnia: findings from the second British National Survey of Psychiatric Morbidity'. *Journal of Psychiatric Research*, 44, 1021–1026.

- Freeman, D., Pugh, K., Vorontsova, N. and Southgate, L. (2009). 'Insomnia and paranoia'. *Schizophrenia Research*, 108, 280–284.

- Freeman, D., Stahl, D., McManus, S., Meltzer, H., Brugha, T., Wiles, N. and Bebbington, P. (2012). 'Insomnia, worry, anxiety and depression as predictors of the occurrence and persistence of paranoid thinking'. *Social Psychiatry and Psychiatric Epidemiology*, 47, 1195–1203.

- Freeman, D., Sheaves, B., Goodwin, G., Yu, L-M., Nickless, A., Harrison, P., Emsley, R., Luik, A., Foster, R., Wadekar, V., Hinds, C., Gumley, A., Jones, R., Lightman, S., Jones, S., Bentall, R., Kinderman, P., Rowse, G., Brugha, T., Blagrove, M., Gregory, A., Fleming, L., Walklet, E., Glazebrook, C., Davies, E., Hollis, C., Haddock, G., John, B., Coulson, M., Fowler, D., Pugh, K., Cape, J., Mosely, P., Brown, G., Hughes, C., Obonsawin, M., Coker, S., Watkins, E., Schwannauer, M., MacMahon, K., Siriwaardena, A. and Espie, C. (2017). 'The effects of improving sleep on mental health (OASIS): A randomised controlled trial with mediation analysis'. *The Lancet Psychiatry*, 4, 749–758.

- Freeman, D., Sheaves, B., Waite, F., Harvey, A. and Harrison, P. (2020). 'Sleep disturbance and psychiatric disorders: The non-specific as essential in understanding and treating mental ill health'. *Lancet Psychiatry*, 7, 628–637.

- Freeman, D., Waite, F., Startup, H., Myers, E., Lister, E., McInerney, J., Harvey, A., Geddes, J., Zaiwalla, Z., Luengo-Fernandez, R., Foster, R., Clifton, L. and Yu, L.-M. (2015). 'Efficacy of cognitive behavioural therapy for sleep improvement in patients with persistent delusions and hallucinations (BEST): A prospective, assessor-blind, randomised controlled pilot study'. *The Lancet Psychiatry*, 2, 975–983.

- Hennig, T. and Lincoln, T. (2018). 'Sleeping paranoia away? An actigraphy and experience-sampling study with adolescents'. *Child Psychiatry and Human Development*, 49(1), 63–72.

- Katz, S. E. and Landis, C. (1935). 'Psychologic and physiologic phenomena during a prolonged vigil'. *Archives of Neurology and Psychiatry*, 34(2), 307–317.

- Koyanagi, A. and Stickley, A. (2015). 'The association between sleep problems and psychotic symptoms in the general population: A global perspective'. *Sleep*, 38(12), 1875–1885.

- Reeve, S., Emsley, R., Sheaves, B. and Freeman, D. (2018). 'Disrupting sleep: The effects of sleep loss on psychotic experiences tested in an experimental study with mediation analysis'. *Schizophrenia Bulletin*, 44, 662–671.

- Reeve, S., Sheaves, B. and Freeman, D. (2019). 'Sleep disorders in early psychosis: Incidence, severity, and association with clinical symptoms'. *Schizophrenia Bulletin*, 45, 287–295.

- Reeve, S., Sheaves, B. and Freeman, D. (2021) 'Excessive sleepiness in patients with psychosis: An initial investigation'. *PLoS One* 16,(1), e0245301.

- Rehman, A., Waite, F., Sheaves, B., Biello, S., Freeman, D. and Gumley, A. (2017). 'Clinician perceptions of sleep problems and their treatment in patients with non-affective psychosis'. *Psychosis*, 9, 129–139.

- Sheaves, B., Freeman, D., Isham, L., McInerney, J., Nickless, A., Yu, L.-M., Rek, S., Bradley, J., Reeve, S., Attard, C., Espie, C. A., Foster, R., Wirz-Justice, A., Chadwick, E. and Barrera, A. (2018). 'Stabilising sleep for patients admitted at acute crisis to a psychiatric hospital (OWLS): An assessor-blind pilot randomised controlled trial'. *Psychological Medicine*, 48, 1694–1704.

- Sheaves, B., Holmes, E. A., Rek, S., Taylor, K. M., Nickless, A., Waite, F., Germain, A., Espie, C. A., Harrison, P. J., Foster, R. and Freeman, D. (2019). 'Cognitive behavioural therapy for nightmares for patients with persecutory delusions (Nites): An assessor-blind, pilot randomized controlled trial'. *Canadian Journal of Psychiatry*, 64, 686–696.

- Sheaves, B., Isham, L., Bradley, J., Espie, C., Barrera, A., Waite, F., Harvey, A., Attard, C. and Freeman, D. (2018). 'Adapted CBT to stabilize sleep on psychiatric wards'. *Behavioural and Cognitive Psychotherapy*, 46, 661–675.

- Tandon, R., Lenderking, W. R., Weiss, C., Shalhoub, H., Dias Barbosa, C., Chen, J., Greene, M., Meehan, S. R., Duvold, L. B., Arango, C., Agid, O. and Castle, D. (2020). 'The impact on functioning of second-generation antipsychotic medication side effects for patients with schizophrenia: A worldwide, cross-sectional, web-based survey'. *Annals of General Psychiatry*, 19(1), 42.

- Taylor, M., Gregory, A., Freeman, D. and Ronald, A. (2015). 'Do sleep disturbances and psychotic experiences in adolescence share genetic and environmental influences?' *Journal of Abnormal Psychology*, 124, 674–684.

- Waite, F., Bradley, J., Chadwick, E., Reeve, S., Bird, J. and Freeman, D. (2018). 'The experience of sleep problems and their treatment in young people at ultra-high risk of psychosis: a thematic analysis'. *Frontiers in Psychiatry*, 9, 375.

- Waite, F., Černis, E., Kabir, T., Iredale, E., Johns, L., Maughan, D., Diamond, R., Seddon, R., Williams, N., SleepWell Lived Experience Advisory Group, Yu, L.-M. and Freeman, D. (2023). 'A targeted psychological treatment for sleep problems in young people at ultra-high risk of psychosis in England (SleepWell): A parallel group, single-blind, randomised controlled feasibility trial'. *Lancet Psychiatry*, 10(9), 706–708.

- Waite, F., Evans, N., Myers, E., Startup, H., Lister, R., Harvey, A. G. and Freeman, D. (2016). 'The patient experience of sleep problems and their treatment in the context of current delusions and hallucinations'. *Psychology and Psychotherapy: Theory, Research and Practice*, 89, 181–193.

- Waite, F., Kabir, T., Johns, L., Mollison, J., Tsiachristas, A., Petit, A., C̆ernis, E., Maughan, D. and Freeman, D. (2020). 'Treating sleep problems in young people at ultra-high risk of psychosis: Study protocol for a single-blind parallel group randomised controlled feasibility trial (SleepWell)'. *BMJ Open*, 10:e045235.

- Waite, F., Myers, E., Harvey, A., Espie, C., Startup, H., Sheaves, B. and Freeman, D. (2016). 'Treating sleep problems in patients with schizophrenia'. *Behavioural and Cognitive Psychotherapy*, 44, 273–287.

- Wulff, K., Dijk, D.-J., Middleton, B., Foster, R. G. and Joyce, E. M. (2012). 'Sleep and circadian rhythm disruption in schizophrenia'. *British Journal of Psychiatry*, 200, 308–316.

- Youngstedt, S. D. et al. (2016). 'Has adult sleep duration declined over the last 50+ years?' *Sleep Medicine Reviews*, 28, 65–81.

08장

- Atherton, S., Antley, A., Evans, N., Černis, E., Lister, R., Dunn, G., Slater, M. and Freeman, D. (2016). 'Self-confidence and paranoia: An experimental study using an immersive virtual reality social situation'. *Behavioural and Cognitive Psychotherapy*, 44, 56–64.

- Bentall, R. P., Rowse, G., Shryane, N., Kinderman, P., Howard, R., Blackwood, N., Moore, R. and Corcoran, R. (2009). 'The cognitive and affective structure of paranoid delusions: A transdiagnostic investigation of patients with schizophrenia spectrum disorders and depression'. *Archives of General Psychiatry*, 66, 236–247.

- Blaker, N. M., Rompa, I., Dessing, I. H., Vriend, A. F., Herschberg, C. and Van Vugt, M. (2013). 'The height leadership advantage in men and women: Testing evolutionary psychology predictions about the perceptions of tall leaders'. *Group Processes and Intergroup Relations*, 16(1), 17–27.

- Bird, J. C., Waite, F., Rowsell, E., Fergusson, E. C. and Freeman, D. (2017). 'Cognitive, affective, and social factors maintaining paranoia in adolescents with mental health problems: A longitudinal study'. *Psychiatry Research*, 257, 34–39.

- Bolier, L., Haverman, M., Westerhof, G. J. et al. (2013). 'Positive psychology interventions: A meta-analysis of randomized controlled studies'. *BMC Public Health*, 13, 119.

- Brontë, E. (1847; 2003). *Wuthering Heights*. London: Penguin.

- Brown, P., Waite, F., Rovira, A., Nickless, A. and Freeman, D. (2020). 'Virtual reality clinical-experimental tests of compassion treatment techniques to reduce paranoia'. *Scientific Reports*, 10, 8547.

- Carr, A., Cullen, K., Keeney, C., Canning, C., Mooney, O., Chinseallaigh, E. and O'Dowd, A. (2021). 'Effectiveness of positive psychology interventions: A systematic review and meta-analysis'. *Journal of Positive Psychology*, 16(6), 749–769.

- Forkert, A., Brown, P., Freeman, D. and Waite, F. (2022). 'A compassionate imagery intervention for patients with persecutory delusions'. *Behavioural and Cognitive Psychotherapy*, 50, 15–27.

- Fowler, D., Freeman, D., Smith, B., Kuipers, E., Bebbington, P., Bashforth, H., Coker, S., Gracie, A., Dunn, G. and Garety, P. (2006). 'The Brief Core Schema Scales (BCSS): Psychometric properties and associations with paranoia and grandiosity in non-clinical and psychosis samples'. *Psychological Medicine*, 36, 749–759.

- Freeman, D., Bold, E., Chadwick, E., Taylor, K., Collett, N., Diamond, R., Černis, E., Bird, J., Isham, L., Forkert, A., Carr, L., Causiera, C. and Waite, F. (2019). 'Suicidal ideation and behaviour in patients with persecutory delusions: Prevalence, symptom associations, and psychological correlates'. *Comprehensive Psychiatry*, 93, 41–47.

- Freeman, D., Evans, N., Lister, R., Antley, A., Dunn, G. and Slater, M. (2014). 'Height, social comparison, and paranoia: An immersive virtual reality experimental study'. *Psychiatry Research*, 30, 348–352.

- Freeman, D., Garety, P., Fowler, D., Kuipers, E., Dunn, G., Bebbington, P. and Hadley, C. (1998). 'The London–East Anglia randomised controlled trial of cognitive behaviour therapy for psychosis IV: Self-esteem and persecutory delusions'. *British Journal of Clinical Psychology*, 37, 415–430.

- Freeman, D., Pugh, K., Dunn, G., Evans, N., Sheaves, B., Waite, F., Černis, E., Lister, R. and Fowler, D. (2014). 'An early Phase II randomized controlled trial testing the effect on persecutory delusions of using CBT to reduce negative cognitions about the self'. *Schizophrenia Research*, 160, 186–192.

- Freeman, D., Startup, H., Dunn, G., Wingham, G., C˘ernis, E., Evans, N., Lister, R., Pugh, K., Cordwell, J. and Kingdon, D. (2014). 'Persecutory delusions and psychological well-being'. *Social Psychiatry and Psychiatric Epidemiology*, 49, 1045–1050.

- Gilbert, P. (2009). 'Introducing compassion-focused therapy'. *Advances in Psychiatric Treatment*, 15(3), 199–208.

- Judge, T. A. and Cable, D. M. (2004). 'The effect of physical height on workplace success and income: Preliminary test of a theoretical model'. *Journal of Applied Psychology*, 89(3), 428–441.

- Lincoln, T., Hohenhaus, F. and Hartmann, M. (2013). 'Can paranoid thoughts be reduced by targeting negative emotions and self-esteem? An experimental investigation of a brief compassion-focussed intervention'. *Cognitive Therapy and Research*, 37, 390–402.

- Lindqvist, E. (2012). 'Height and leadership'. *Review of Economics and Statistics*, 94(4), 1191–1196.

- Marshall, E., Freeman, D. and Waite, F. (2020). 'The experience of body image concerns in patients with persecutory delusions: "People don't want to sit next to me"'. *Psychology and Psychotherapy*, 99, 639–655.

- Ponzo, M. and Scoppa, V. (2015). 'Trading height for education in the marriage market'. *American Journal of Human Biology*, 27(2),

164–174.

- Puhl, R. M. and Heuer, C. A. (2009). 'The stigma of obesity: A review and update'. *Obesity*, 17(5), 941–964.

- Seligman, M. E. (2019). 'Positive psychology: A personal history'. *Annual Review of Clinical Psychology*, 15, 1–23.

- Sheffield, J. M., Brinen, A. P. and Freeman, D. (2021). 'Paranoia and grandiosity in the general population: Differential associations with putative causal factors'. *Frontiers in Psychiatry*, 12, 668152.

- Tiernan, B., Tracey, R. and Shannon, C. (2014). 'Paranoia and self-concepts in psychosis: A systematic review of the literature'. *Psychiatry Research*, 216(3), 303–313.

- Vorontsova, N., Garety, P. and Freeman, D. (2013). 'Cognitive factors maintaining persecutory delusions in psychosis: The contribution Paranoia_R_Final_20231204_194III.indd 276 04/12/2023 08:55 o c Su res 277 of depression'. *Journal of Abnormal Psychology*, 122, 1121–1131.

- Waite, F. and Freeman, D. (2017). 'Body image and paranoia'. *Psychiatry Research*, 258, 136–140.

- Waite, F., Diamond, R., Collett, N., Bold, E., Chadwick, E. and Freeman, D. (2023). 'Body image concerns in patients with persecutory delusions'. *Psychological Medicine*, 53(9), 4121–4129.

- Yancey, G. and Emerson, M. O. (2016). 'Does height matter? An examination of height preferences in romantic coupling'. *Journal of Family Issues*, 37(1), 53–73.

09장

- Barkhuizen, W., Taylor, M. J., Freeman, D. and Ronald, A. (2019). 'A twin study on the association between psychotic experiences and tobacco use during adolescence'. *Journal of the American Academy of Child and Adolescent Psychiatry*, 58(2), 267–276.

- Bell, D. A. (2015). Napoleon: A Concise Biography. Oxford and New York: Oxford University Press.

- Carlyle, M., Constable, T., Walter, Z. C., Wilson, J., Newland, G. and Hides, L. (2021). 'Cannabis-induced dysphoria/paranoia mediates the link between childhood trauma and psychotic-like experiences in young cannabis users'. *Schizophrenia Research*, 238, 178–184.

- Charles, V. and Weaver, T. (2010). 'A qualitative study of illicit and non-prescribed drug use amongst people with psychotic disorders'. *Journal of Mental Health*, 19(1), 99–106.

- Childs, H. E., McCarthy-Jones, S., Rowse, G. and Turpin, G. (2011). 'The journey through cannabis use: A qualitative study of the experiences of young adults with psychosis'. *Journal of Nervous and Mental Disease*, 199(9), 703–708.

- D'Souza, D. C., DiForti, M., Ganesh, S., George, T. P., Hall, W., Hjorthøj, C., Howes, O., Keshavan, M., Murray, R. M., Nguyen, T. B. and Pearlson, G. D. (2022). 'Consensus paper of the WFSBP task force on cannabis, cannabinoids and psychosis'. *World Journal of Biological Psychiatry*, 1–24.

- Dai, H. and Leventhal, A. M. (2019). 'Prevalence of e-cigarette use among adults in the United States, 2014–2018'. *JAMA: The Journal of the American Medical Association*, 322(18), 1824–1827.

- Doyle, P. (2019). 'Willie Nelson: The high life'. Rolling Stone India, rollingstoneindia.com/willie-nelson-high-life

- Freeman, D., Dunn, G., Murray, R., Evans, N., Lister, R., Antley, A., Slater, M., Godlewska, B., Cornish, R., Williams, J., Di Simplicio, M., Igoumenou, A., Brenneisen, R., Tunbridge, E., Harrison, P., Harmer, C., Cowen, P. and Morrison, P. (2015). 'How cannabis causes paranoia: Using the intravenous administration of Δ9-tetrahydrocannabinol (THC) to identify key cognitive mechanisms leading to paranoia'. *Schizophrenia Bulletin*, 41, 391–399.

- Freeman, D., McManus, S., Brugha, T., Meltzer, H., Jenkins, R. and Bebbington, P. (2011). 'Concomitants of paranoia in the general population'. *Psychological Medicine*, 41, 923–936.

- Freeman, D., Morrison, P., Murray, R., Evans, N., Lister, R. and Dunn, G. (2013). 'Persecutory ideation and a history of cannabis use'. *Schizophrenia Research*, 148, 122–125.

- Gautier, T. (1846). 'Club des haschischins'. *Revue des Deux Mondes*, urbigenous.net/library/haschischins.html

- Graham, H. L., Maslin, J., Copello, A., Birchwood, M., Mueser, K., McGovern, D. and Georgiou, G. (2001). 'Drug and alcohol problems amongst individuals with severe mental health problems in an inner city area of the UK'. *Social Psychiatry and Psychiatric Epidemiology*, 36(9), 448–455.

- Hickman, M., Vickerman, P., Macleod, J., Kirkbride, J. and Jones, P. B. (2007). 'Cannabis and schizophrenia: Model projections of the impact of the rise in cannabis use on historical and future trends in schizophrenia in England and Wales'. *Addiction*, 102(4), 597–606.

- Israel, M. (1993). 'The rhetoric of drugs: an interview'. *Differences: A Journal of Feminist Cultural Studies*, 5(1), 1–26.

- Isuru, A. and Rajasuriya, M. (2019). 'Tobacco smoking and schizo-phrenia: Re-examining the evidence'. *BJPsych Advances*, 25(6), 363–372.

- Iversen, L. (2018). *The Science of Marijuana*. New York: Oxford University Press.

- Johnstad, P. G. (2021). 'Day trip to hell: A mixed methods study of challenging psychedelic experiences'. *Journal of Psychedelic Studies*, 5(2), 114–127.

- Kuipers, J., Moffa, G., Kuipers, E., Freeman, D. and Bebbington, P. (2019). 'Links between psychotic and neurotic symptoms in the general population: An analysis of longitudinal British National Survey data using Directed Acyclic Graphs'. *Psychological Medicine*, 49(3), 388–395.

- Mackie, C. J., Wilson, J., Freeman, T. P., Craft, S., De La Torre, T. E. and Lynskey, M. T. (2021). 'A latent class analysis of cannabis use products in a general population sample of adolescents and their association with paranoia, hallucinations, cognitive disorganisation and grandiosity'. *Addictive Behaviors*, 117, 106837.

- McManus, S., Meltzer, H. and Campion, J. (2010). 'Cigarette smoking and mental health in England: Data from the Adult Psychiatric Morbidity Survey 2007', National Centre for Social Research, natcen.ac.uk/publications/cigarette-smoking-and-mental-health-england

- Office for National Statistics (2022). 'Drug misuse in England and Wales: Year ending June 2022', www.ons.gov.uk/peoplepopulationandcommunity/crimeandjustice/articles/drugmisuseinenglandandwales/yearendingjune2022

- Potter, D. J., Hammond, K., Tuffnell, S., Walker, C. and Di Forti, M. (2018). 'Potency of Δ9–tetrahydrocannabinol and other cannabinoids in cannabis in England in 2016: Implications for public health and pharmacology'. *Drug Testing and Analysis*, 10(4), 628–635.

- Prochaska, J. J., Hall, S. M. and Bero, L. A. (2008). 'Tobacco use among individuals with schizophrenia: What role has the tobacco industry played?' *Schizophrenia Bulletin*, 34(3), 555–567.

- Shakoor, S., Zavos, H. M., McGuire, P., Cardno, A. G., Freeman, D. and Ronald, A. (2015). 'Psychotic experiences are linked to cannabis use in adolescents in the community because of common underlying environmental risk factors'. *Psychiatry Research*, 227(2–3), 144–151.

- Sinclair, C. (2020). *A Time to Quit: Experience of Smoking Cessation Support Among People with Severe Mental Illness*. London: Centre for Mental Health, www.rethink.org/media/3755/hwa-smi-smoking-cessation-report-2020.pdf

- Substance Abuse and Mental Health Services Administration(2022). 'Key substance use and mental health indicators in the United States: Results from the 2021 National Survey on Drug Use and Health'. HHS Publication No. PEP22-07-01-005, NSDUH Series H-57. Center for Behavioral Health Statistics and Quality, Substance Abuse and Mental Health Services Administration, www.samhsa.gov/data/report/2021-nsduh-annual-national-report

- Van Os, J., Bak, M., Hanssen, M., Bijl, R. V., De Graaf, R. and Verdoux, H. (2002). 'Cannabis use and psychosis: A longitudinal population-based study'. *American Journal of Epidemiology*, 156(4), 319–327.

- World Health Organization (2020). 'New WHO report reveals that while smoking continues to decline among European adolescents the use of electronic cigarettes by young people is on the rise', https://www.who.int/europe/news/item/02'12-2020-new-whoreport-reveals-that-while-smoking-continues-to-decline-amongeuropean-adolescents-the-use-of-electronic-cigarettes-by-youngpeople-is-on the-rise

- World Health Organization, Alcohol, Drugs and Addictive Behaviours Unit. 'Cannabis', www.who.int/teams/mental-health-and-substance-use/alcohol-drugs-and-addictive-behaviours/drugs-psychoactive/cannabis

- Zammit, S., Allebeck, P., Andreasson, S., Lundberg, I. and Lewis, G.(2002). 'Self reported cannabis use as a risk factor for schizophrenia in Swedish conscripts of 1969: Historical cohort study'. *BMJ*, 325(7374), 1199.

10장

- Bentall, R. P. (1990). 'The illusion of reality: A review and integration of psychological research on hallucinations'. *Psychological Bulletin*, 107(1), 82–95.

- Chadwick, P. and Birchwood, M. (1994). 'The omnipotence of voices: A cognitive approach to auditory hallucinations'. *British Journal of Psychiatry*, 164(2), 190–201.

- Grimby, A. (1993). 'Bereavement among elderly people: Grief reactions, post-bereavement hallucinations and quality of life'. *Acta Psychiatrica Scandinavica*, 87(1), 72–80.

- Hurdiel, R., Monaca, C., Mauvieux, B., McCauley, P., Van Dongen, H. P. and Theunynck, D. (2012). 'Field study of sleep and functional impairments in solo sailing races'. *Sleep and Biological Rhythms*, 10(4), 270–277.

- Jardri, R., Pouchet, A., Pins, D. and Thomas, P. (2011). 'Cortical activations during auditory verbal hallucinations in schizophrenia:

A coordinate-based meta-analysis'. *American Journal of Psychiatry*, 168(1), 73–81.

- Johns, L. C., Cannon, M., Singleton, N., Murray, R. M., Farrell, M., Brugha, T., Bebbington, P., Jenkins, R. and Meltzer, H. (2004). 'Prevalence and correlates of self-reported psychotic symptoms in the British population'. *British Journal of Psychiatry*, 185(4), 298–305.

- Lennox, B. R., Park, S. B. G., Medley, I., Morris, P. G. and Jones, P. B. (2000). 'The functional anatomy of auditory hallucinations in schizophrenia'. *Psychiatry Research: Neuroimaging*, 100(1), 13–20.

- Longden, E., Corstens, D., Morrison, A. P., Larkin, A., Murphy, E., Holden, N., Steele, A., Branitsky, A. and Bowe, S. (2021). 'A treatment protocol to guide the delivery of dialogical engagement with auditory hallucinations: Experience from the talking with voices pilot trial'. *Psychology and Psychotherapy*, 94(3), 558–572.

- Luhrmann, T. M., Padmavati, R., Tharoor, H. and Osei, A. (2015). 'Differences in voice-hearing experiences of people with psychosis in the USA, India and Ghana: Interview-based study'. *British Journal of Psychiatry*, 206(1), 41–44.

- McBain, S. (2021). 'The voice in your head'. *New Statesman*, www.newstatesman.com/politics/2021/03/voice-your-head

- McGuire, P. K., Murray, R. M. and Shah, G. M. S. (1993). 'Increased blood flow in Broca's area during auditory hallucinations in schizophrenia'. *The Lancet*, 342(8873), 703–706.

- Ohayon, M. M., Priest, R. G., Caulet, M. and Guilleminault, C. (1996). 'Hypnagogic and hypnopompic hallucinations: Pathological phenomena?' *British Journal of Psychiatry*, 169(4), 459–467.

- Peters, E. R., Williams, S. L., Cooke, M. A. and Kuipers, E. (2012). 'It's not what you hear, it's the way you think about it: Appraisals as determinants of affect and behaviour in voice hearers'. *Psychological Medicine*, 42(7), 1507–1514.

- Romme, M. A. and Escher, A. D. (1989). 'Hearing voices'. *Schizophrenia Bulletin*, 15(2), 209–216.

- Rowling, J. K. (1998). *Harry Potter and the Chamber of Secrets*. London: Bloomsbury.

- Sheaves, B., Johns, L., C̆ernis, E., Griffith, L., McPin Hearing Voices Lived Experience Advisory Panel and Freeman, D. (2021). 'The challenges and opportunities of social connection when hearing derogatory and threatening voices: A thematic analysis with patients experiencing psychosis'. *Psychology and Psychotherapy*, 94, 341–356.

- Sheaves, B., Johns, L., Griffith, L., Isham, L., Kabir, T. and Freeman,

D. (2020). 'Why do patients with psychosis listen to and believe derogatory and threatening voices? 21 reasons given by patients'. *Behavioural and Cognitive Psychotherapy*, 48, 631–645.

- Sheaves, B., Johns, L., Loe, B., Bold, E., Černis, E., The McPin Hearing Voices Lived Experience Advisory Panel, Molodynski, A. and Freeman, D. (2023). 'Listening to and believing derogatory and threatening voices'. *Schizophrenia Bulletin*, 49, 151–160.

- Tsang, A., Bucci, S., Branitsky, A., Kaptan, S., Rafiq, S., Wong, S., Berry, K. and Varese, F. (2021). 'The relationship between appraisals of voices (auditory verbal hallucinations) and distress in voice-hearers with schizophrenia-spectrum diagnoses: A meta-analytic review'. *Schizophrenia Research*, 230, 38–47.

- Wade, D. M., Brewin, C. R., Howell, D. C., White, E., Mythen, M. G. and Weinman, J. A. (2015). 'Intrusive memories of hallucinations and delusions in traumatized intensive care patients: an interview study'. *British Journal of Health Psychology*, 20(3), 613–631.

- Waite, F., Diamond, R., Collett, N., Chadwick, E., Bold, E., Teale, A. L., Taylor, K. M., Kirkham, M., Twivy, E., Causier, C., Carr, L., Bird, J. C., Černis, E., Isham, L. and Freeman, D. (2019). 'The comments of voices on the appearance of patients with psychosis: "the voices tell me that I am ugly"'. *BJPsych Open*, 5, e86. doi: 10.1192/Č bjo.2019.66.

11장

- Bacon, F., Jardine, L. and Silverthorne, M. (2000). *The New Organon*. Cambridge Texts in the History of Philosophy. Cambridge: Cambridge University Press.

- Broome, M. R., Johns, L. C., Valli, I., Woolley, J. B., Tabraham, P., Brett, C., Valmaggia, L., Peters, E., Garety, P. A. and McGuire, P. K. (2007). 'Delusion formation and reasoning biases in those at clinical high risk for psychosis'. *British Journal of Psychiatry*, 191 (S51), s38–s42.

- Chapman, R. K. (2002). 'First person account: Eliminating delusions'. *Schizophrenia Bulletin*, 28(3), 545–553.

- Dudley, R. E. J., John, C. H., Young, A. W. and Over, D. E. (1997). 'Normal and abnormal reasoning in people with delusions'. *British Journal of Clinical Psychology*, 36(2), 243–258.

- Dudley, R., Taylor, P., Wickham, S. and Hutton, P. (2016). 'Psychosis, delusions and the "jumping to conclusions" reasoning bias:

A systematic review and meta-analysis'. *Schizophrenia Bulletin*, 42(3), 652–665.

- Eco, U. (1980). *The Name of the Rose*. London: Vintage.

- Falcone, M. A., Murray, R. M., O'Connor, J. A., Hockey, L. N., Gardner-Sood, P., Di Forti, M., Freeman, D. and Jolley, S. (2015). 'Jumping to conclusions and the persistence of delusional beliefs in first episode psychosis'. *Schizophrenia Research*, 165, 243–246.

- Freeman, D., Dunn, G., Startup, H., Pugh, K., Cordwell, J., Mander, H., C`ernis, E., Wingham, G., Shirvell, K. and Kingdon, D. (2015). 'Effects of cognitive behaviour therapy for worry on persecutory delusions in patients with psychosis (WIT): A parallel, single-blind, randomised controlled trial with a mediation analysis'. *The Lancet Psychiatry*, 2, 305–313.

- Freeman, D., Evans, N. and Lister, R. (2012). 'Gut feelings, deliberative thought, and paranoid ideation: A study of experiential and rational reasoning'. *Psychiatry Research*, 197(1–2), 119–122.

- Freeman, D. and Garety, P. A. (1999). 'Worry, worry processes and dimensions of delusions: An exploratory investigation of a role for anxiety processes in the maintenance of delusional distress'. *Behavioural and Cognitive Psychotherapy*, 27, 47–62.

- Freeman, D., Garety, P. A., Fowler, D., Kuipers, E., Bebbington,

P. and Dunn, G. (2004). 'Why do people with delusions fail to choose more realistic explanations for their experiences? An empirical investigation'. *Journal of Consulting and Clinical Psychology*, 72, 671–680.

- Freeman, D., Lister, R. and Evans, N. (2014). 'The use of intuitive and analytic reasoning styles by patients with persecutory delusions'. *Journal of Behavior Therapy and Experimental Psychiatry*, 45, 454–458.

- Freeman, D., McManus, S., Brugha, T., Meltzer, H., Jenkins, R. and Bebbington, P. (2011). 'Concomitants of paranoia in the general population'. *Psychological Medicine*, 41, 923–936.

- Freeman, D., Pugh, K., Antley, A., Slater, M., Bebbington, P., Gittins, M., Dunn, G., Kuipers, E., Fowler, D. and Garety, P. A. (2008). 'A virtual reality study of paranoid thinking in the general population'. *British Journal of Psychiatry*, 192, 258–263.

- Freeman, D., Pugh, K. and Garety, P. (2008). 'Jumping to conclusions and paranoid ideation in the general population'. *Schizophrenia Research*, 102, 254–260.

- Freeman, D., Stahl, D., McManus, S., Meltzer, H., Brugha, T., Wiles, N. and Bebbington, P. (2012). 'Insomnia, worry, anxiety and depression as predictors of the occurrence and persistence of paranoid thinking'. *Social Psychiatry and Psychiatric Epidemiology*,

47, 1195-1203.

- Freeman, D., Taylor, K., Molodynski, A. and Waite, F. (2019). 'Treatable clinical intervention targets for patients with schizophrenia'. *Schizophrenia Research*, 211, 44-50.

- Garety, P. A., Freeman, D., Jolley, S., Dunn, G., Bebbington, P. E., Fowler, D., Kuipers, E. and Dudley, R. (2005). 'Reasoning, emotions and delusional conviction in psychosis'. *Journal of Abnormal Psychology*, 114, 373-384.

- Garety, P. A. and Hemsley, D. R. (1994). *Delusions: Investigations Into the Psychology of Delusional Reasoning*. Oxford: Oxford University Press.

- Garety, P. A., Hemsley, D. and Wessely, S. (1991) 'Reasoning in deluded schizophrenic and paranoid subjects: Biases in performance on a probabilistic inference task'. *Journal of Nervous and Mental Disease*, 179, 194-201.

- Garety, P., Waller, H., Emsley, R., Jolley, S., Kuipers, E., Bebbington, P., Dunn, G., Fowler, D., Hardy, A. and Freeman, D. (2015). 'Cognitive mechanisms of change in delusions'. *Schizophrenia Bulletin*, 41, 400-410.

- Garety, P., Ward, T., Emsley, R., Greenwood, K., Freeman, D., Fowler, D., Kuipers, E., Bebbington, P., Rus-Calafell, M., Mc-

Gourty, A., Sacadura, C., Collett, N., James, K. and Hardy, A. (2021). 'Effects of SlowMo, a blended digital therapy targeting reasoning, on paranoia among people with psychosis: a randomized clinical trial'. *JAMA Psychiatry*, 78, 714–725.

- Greenwood, K. E., Gurnani, M., Ward, T., Vogel, E., Vella, C., McGourty, A., Robertson, S., Sacadura, C., Hardy, A., Rus-Calafell, M., Collett, N., Emsley, R., Freeman, D., Fowler, D., Kuipers, E.,Bebbington, P., Dunn, G., Michelson, D., Garety, P. and SlowMo Patient, Public Involvement (PPI) team (2022). 'The service user experience of SlowMo therapy: A co-produced thematic analysis of service users' subjective experience'. *Psychology and Psychotherapy*, 95(3), 680–700.

- Hardy, A., Wojdecka, A., West, J., Matthews, E., Golby, C., Ward, T., Lopez, N. D., Freeman, D., Waller, H., Kuipers, E., Bebbington, P., Fowler, D., Emsley, R., Dunn, G. and Garety, P. (2018). 'How inclusive, user-centered design research can improve psychological therapies for psychosis: Development of SlowMo. *JMIR Mental Health*, 5:e11222.

- Henquet, C., Van Os, J., Pries, L. K., Rauschenberg, C., Delespaul, P., Kenis, G., Luykx, J. J., Lin, B. D., Richards, A. L., Akdede, B.and Binbay, T. (2022). 'A replication study of JTC bias, genetic liability for psychosis and delusional ideation'. *Psychological Medicine*, 52, 1777–1783.

- Kahneman, D. (2011). Thinking, *Fast and Slow*. London: Macmillan.

- Nickerson, R. S. (1998). 'Confirmation bias: A ubiquitous phenomenon in many guises'. *Review of General Psychology*, 2(2), 175–220.

- Peters, E. and Garety, P. (2006). 'Cognitive functioning in delusions: A longitudinal analysis'. *Behaviour Research and Therapy*, 44(4), 481–514.

- Ross, K., Freeman, D., Dunn, G. and Garety, P. (2011). 'Can jumping to conclusions be reduced in people with delusions? An experimental investigation of a brief reasoning training module'. *Schizophrenia Bulletin*, 37, 324–333.

- Startup, H., Pugh, K., Dunn, G., Cordwell, J., Mander, H., Černis, E., Wingham, G., Shirvell, K., Kingdon, D. and Freeman, D. (2016). 'Worry processes in patients with persecutory delusions'. *British Journal of Clinical Psychology*, 55, 387–400.

- Waller, H., Freeman, D., Jolley, S., Dunn, G. and Garety, P. (2011). 'Targeting reasoning biases in delusions'. *Journal of Behavior Therapy and Experimental Psychiatry*, 42, 414–421.

- Ward, T. and Garety, P. A. (2019). 'Fast and slow thinking in distressing delusions: A review of the literature and implications for targeted therapy'. *Schizophrenia Research*, 203, 80–87.

- Wason, P. C. (1960). 'On the failure to eliminate hypotheses in a conceptual task'. *Quarterly Journal of Experimental Psychology*, 12, 129–140.

12장

- Altunkaya, J., Craven, M., Lambe, S., Beckley, A., Rosebrock, L., Dudley, R., Chapman, K., Morrison, A., O'Regan, E., Grabey, J., Bergin, A., Kabir, T., Waite, F., Freeman, D. and Leal, J. (2022). 'Estimating the economic value of automated virtual reality cognitive therapy for treating agoraphobic avoidance in patients with psychosis: Findings from the gameChange randomized controlled clinical trial'. *Journal of Medical Internet Research*, 24(11) e39248.

- Bond, J., Kenny, A., Pinfold, V., Couperthwaite, L., gamChange Lived Experience Advisory Panel, Kabir, T., Larkin, M., Petit, A., Rosebrock, L., Lambe, S., Freeman, D., Waite, F. and Robotham, D. (2023). 'A safe place to learn: A peer research qualitative investigation of automated virtual reality cognitive therapy (gameChange)'. *JMIR Serious Games*. Jan 16, e38065.

- Brown, P., Waite, F., Lambe, S., Rosebrock, L. and Freeman, D. (2020). 'Virtual reality cognitive therapy in inpatient psychiatric wards: Protocol for a qualitative investigation of staff and patient views across multiple National Health Service sites'. *JMIR Research*

Protocols, 9(8), e20300.

- Bruner, J. (1983). 'Play, thought, and language'. *Peabody Journal of Education*, 60(3), 60–69.

- Freeman, D., Lambe, S., Galal, U., Yu, L.-M., Kabir, T., Petit, A., Rosebrock, L., Dudley, R., Chapman, K., Morrison, A., O'Regan, E., Murphy, E., Aynsworth, C., Jones, J., Powling, R., Grabey, J., Rovira, A., Freeman, J., Clark, D. M. and Waite, F. (2022). 'Agoraphobic avoidance in patients with psychosis: Severity and response to automated VR therapy in a secondary analysis of a randomised controlled clinical trial'. *Schizophrenia Research*, 250, 50–59.

- Freeman, D., Lambe, S., Kabir, T., Petit, A., Rosebrock, L., Yu, L.-M., Dudley, R., Chapman, K., Morrison, A., O'Regan, E., Aynsworth, C., Jones, J., Murphy, E., Powling, R., Galal, U., Grabey, J., Rovira, A., Martin, J., Hollis, C., Clark, D. M., Waite, F. and gameChange Trial Group (2022). 'Automated virtual reality therapy to treat agoraphobic avoidance and distress in patients with psychosis (gameChange): A multicentre, parallel-group, single-blind, randomised, controlled trial in England with mediation and moderation analyses'. *The Lancet Psychiatry*, 9, 375–388.

- Freeman, D., Rosebrock, L., Waite, F., Loe, B. S., Kabir, T., Petit, A., Dudley, R., Chapman, K., Morrison, A., O'Regan, E., Aynsworth, C., Jones, J., Murphy, E., Powling, R., Peel, H., Walker, H., Byrne, R., Freeman, J., Rovira, A., Galal, U., Yu, L.-M., Clark,

D. M. and Lambe, S. (2023). 'Virtual reality (VR) therapy for patients with psychosis: satisfaction and side effects'. *Psychological Medicine*, 53, 4373–4384.

- Freeman, D., Taylor, K., Molodynski, A. and Waite, F. (2019). 'Treatable clinical intervention targets for patients with schizophrenia'. *Schizophrenia Research*, 211, 44–50.

- Gelder, M. G. and Marks, I. M. (1966). 'Severe agoraphobia: A controlled prospective trial of behaviour therapy'. *British Journal of Psychiatry*, 112, 309–319.

- Knight, I., West, J., Matthews, E., Kabir, T., Lambe, S., Waite, F. and Freeman, D. (2021). 'Participatory design to create a VR therapy for psychosis'. *Design for Health*, 5, 98–119.

- Lambe, S., Bird, J., Loe, B., Rosebrock, L., Kabir, T., Petit, A., Mulhall, S., Jenner, L., Aynsworth, C., Murphy, E., Jones, J., Powling, R., Chapman, K., Dudley, R., Morrison, A., O'Regan, E., Yu, L.-M., Clark, D., Waite, F. and Freeman, D. (2023). 'The Oxford Agoraphobic Avoidance Scale'. *Psychological Medicine*, 53, 1233–1243.

- Lambe, S., Knight, I., Kabir, T., West, J., Patel, R., Lister, R., Rosebrock, L., Rovira, A., Garnish, B., Freeman, J., Clark, D. M., Waite, F. and Freeman, D. (2020). 'Developing an automated VR cognitive treatment for psychosis: gameChange VR therapy'. *Journal of Behavioural and Cognitive Therapy*, 30, 33–40.

- Lanier, J. (2017). *Dawn of the New Everything: A Journey Through Virtual Reality*. London: Bodley Head.

- Rosebrock, L., Lambe, S., Mulhall, S., Petit, A., Loe, B. S., Saidel, S., Pervez, M., Mitchell, J., Chauhan, N., Prouten, E., Chan, C., Aynsworth, C., Murphy, E., Jones, J., Powling, R., Chapman, K., Dudley, R., Morrison, A., O'Regan, E., Clark, D. M., Waite, F. and Freeman, D. (2022). 'Understanding agoraphobic avoidance: The development of the Oxford Cognitions and Defences Questionnaire (O-DCQ)'. *Behavioural and Cognitive Psychotherapy*, 50, 257–268.

- Wei, S., Freeman, D. and Rovira, A. (2023). 'A randomised controlled test of emotional attributes of a virtual coach within a virtual reality (VR) mental health treatment'. *Scientific Reports*, 13(1), 11517.

13장

- Alshuibani, A., Shevlin, M., Freeman, D., Sheaves, B. and Bentall, R. (2022). 'Why conspiracy theorists are not always paranoid: Conspiracy theories and paranoia form separate factors with distinct psychological predictors'. *PLoS One*, 17: e0259053.

- BBC News (2020). 'Coronavirus: WHO chief warns against "trolls and conspiracy theories"', www.bbc.co.uk/news/world-51429400

- Brotherton, R., French, C. and Pickering, A. (2013). 'Measuring Belief in Conspiracy Theories: The Generic Conspiracist Beliefs Scale'. *Frontiers in Psychology*, 4, 279.

- Brown, P., Waite, F., Larkin, M., Lambe, S., McShane, H., Pollard, A. J. and Freeman, D. (2022). '"It seems impossible that it's been made so quickly": A qualitative investigation of concerns about the speed of COVID-19 vaccine development and how these may be overcome'. *Human Vaccines and Immunotherapeutics*, 18:1, 2004808.

- Burki, T. (2021). 'Increasing COVID-19 vaccine uptake in Black Americans'. *The Lancet Infectious Diseases*, 21(11), 1500–1501.

- Chadwick, A., Kaiser, J., Vaccari, C., Freeman, D., Lambe, S., Loe, B. S., Vanderslott, S., Lewandowsky, S., Conroy, M., Ross, A., Innocenti, S., Pollard, A., Waite, F., Larkin, M., Rosebrock, L., Jenner, L., McShane, H., Giubilini, A., Petit, A. and Yu, L.-M. (2021). 'Online social endorsement and Covid-19 vaccine hesitancy in the UK'. *Social Media and Society*, 7 (2), 20563051211008817.

- Chadwick, A. and Vaccari, C. (2019). 'News sharing on UK social media: misinformation, disinformation, and correction'. Loughborough University.

- Devlin, H. (2023). 'London at risk of major measles outbreak, UK Health Security Agency warns'. *Guardian*, www.theguardian.com/society/2023/jul/14/measles-outbreak-risk-london-uk-health-security-agency-mmr-vaccine-take-up

- Fazel, M., Puntis, S., White, S., Townsend, A., Mansfield, K., Viner, R., Herring, J., Pollard, A. and Freeman, D. (2021). 'Willingness of children and adolescents to have a COVID-19 vaccination: Results of a large whole schools survey in England'. EClinicalMedicine, Sep 27, 101144.

- Freeman, D. and Bentall, R. (2017). 'The concomitants of conspiracy concerns'. *Social Psychiatry and Psychiatric Epidemiology*, 52,

595-604.

- Freeman, D., Loe, B. S., Chadwick, A., Vaccari, C., Waite, F., Rosebrock, L., Jenner, L., Petit, A., Lewandowsky, S., Vanderslott, S., Innocenti, S., Larkin, M., Giubilini, A., Yu, L.-M., McShane, H., Pollard, A. J. and Lambe, S. (2022). 'COVID-19 vaccine hesitancy in the UK: The Oxford Coronavirus Explanations, Attitudes, and Narratives Survey (OCEANS II)'. *Psychological Medicine*, 52, 3127-3141.

- Freeman, D., Loe, B. S., Yu, L.M., Freeman, J., Chadwick, A., Vaccari, C., Shanyinde, M., Harris, V., Waite, F., Rosebrock, L., Petit, A., Vanderslott, S., Lewandowsky, S., Larkin, M., Innocenti, S., Pollard, A., McShane, H. and Lambe, S. (2021). 'Effects of different types of written vaccination information on COVID-19 vaccine hesitancy in the UK (OCEANS-III): A single-blind, parallel-group, randomised controlled trial'. *The Lancet Public Health*, 6, E416-427.

- Freeman, D., Waite, F., Rosebrock, L., Petit, A., Causier, C., East, A., Jenner, L., Teale, A., Carr, L., Mulhall, S., Bold, E. and Lambe, S. (2022). 'Coronavirus conspiracy beliefs, mistrust, and compliance with government guidelines in England'. *Psychological Medicine*, 52, 251-263.

- Goertzel, T. (1994). 'Belief in conspiracy theories'. *Political Psychology*, 15, 731-742.

- Imhoff, R. and Bruder, M. (2014). 'Speaking (un-)truth to power: Conspiracy mentality as a generalized political attitude'. *European Journal of Personality*, 28, 25–43.

- Lewandowsky, S., Oberauer, K. and Gignac, G. E. (2013). 'NASA faked the moon landing – therefore, (climate) science is a hoax: An anatomy of the motivated rejection of science'. *Psychological Science*, 24(5), 622–633.

- Martinez, A. P., Shevlin, M., Valiente, C., Hyland, P. and Bentall, R. P. (2022). 'Paranoid beliefs and conspiracy mentality are associated with different forms of mistrust: A three-nation study'. *Frontiers in Psychology*, 13, 1023366.

- Neuman, N. (2022). 'Overview and key findings of the 2022 Digital News Report'. Reuters Institute, reutersinstitute.politics.ox.ac.uk/digital-news-report/2022/dnr-executive-summary

- *New York Times* (2020; 2022). 'See how vaccinations are going in your county and state', www.nytimes.com/interactive/2020/us/covid-19-vaccine-doses.html

- Office for National Statistics (2023). 'Coronavirus (COVID-19) latest insights: Vaccines'. Office for National Statistics, www.ons.gov.uk/peoplepopulationandcommunity/healthandsocialcare/conditionsanddiseases/articles/coronaviruscovid19latestinsights/vaccines

- Oxford Vaccine Group (2022). 'Measles'. University of Oxford, vk.ovg.ox.ac.uk/vk/measles

- Petrosyan, A. (2023). 'Average daily time spent using media in the United Kingdom (UK) in the 3rd quarter 2022'. Statista, www.statista.com/statistics/507378/average-daily-media-use-in-the-united-kingdom-uk/

- Shacle, S. (2021). 'Among the Covid sceptics: "We are being manipulated, without a shadow of a doubt"'. *Guardian*, www.theguardian.com/news/2021/apr/08/among-covid-sceptics-we-arebeing-manipulated-anti-lockdown

- Sunstein, C. R. and Vermeule, C. A. (2009). 'Conspiracy theories: Causes and cures'. *Journal of Political Philosophy*, 17, 202–227.

- Swami, V., Chamorro-Premuzic, T. and Furnham, A. (2010). 'Unanswered questions: A preliminary investigation of personality and individual difference predictors of 9/11 conspiracist beliefs'. *Applied Cognitive Psychology*, 24, 749–761.

- Torracinta, L., Tanner, R. and Vanderslott, S. (2021). 'MMR vaccine attitude and uptake research in the United Kingdom: A critical review'. *Vaccines*, 9(4), 402.

- Uscinski, J. E. (2018). *Conspiracy Theories and the People Who Believe Them*. New York: Oxford University Press.

- Wood, M. J., Douglas, K. M. and Sutton, R. M. (2012). 'Dead and alive'. *Social Psychological and Personality Science*, 3(6), 767–773.

- World Health Organization (2020). 'Immunizing the public against misinformation', www.who.int/news-room/feature-stories/detail/immunizing-the-public-against-misinformation

14장

- Freeman, D. (2023). 'The Phoenix virtual reality self-confidence study'. ISRCTN registry, www.isrctn.com/ISRCTN10250113

- Freeman, D., Freeman, J., Ahmed, M., Haynes, P., Beckwith, H.,Rovira, A., Miguel, A. L., Ward, R., Bousfield, M., Riffiod, L.,Kabir, T., Waite, F. and Rosebrock, L. (in press). 'Automated VR therapy for improving positive self beliefs and psychological wellbeing in young patients with psychosis: A proof of concept evaluation of Phoenix VR self-confidence therapy'. *Behavioural and Cognitive Psychotherapy*.

- Harding, L. (2022). *Invasion: Russia's Bloody War and Ukraine's Fight for Survival*. London: Guardian Faber.

- Hoffman, D. (2009). *The Dead Hand: Reagan, Gorbachev and the Story of the Cold War Arms Race*. London: Icon Books.

- Meek, J. (2020). 'Red pill, blue pill'. *London Review of Books*, www.lrb.co.uk/the-paper/v42/n20/james-meek/red-pill-blue-pill

- MQ (n.d.). 'UK mental health research funding 2014–2017', MQ Mental Health Research, www.mqmentalhealth.org/wp-content/uploads/UKMentalHealthResearchFunding2014-2017digital.pdf

- Reagan, R. (1983). 'Evil Empire speech'. Voices of Democracy, voices ofdemocracy.umd.edu/reagan-evil-empire-speech-text/

- Taylor, M. (2022). 'We cannot continue to neglect mental health funding'. NHS Confederation, www.nhsconfed.org/articles/we-cannot-continue-neglect-mental-health-funding#:~:text=Lack%20of%20funding%20is%20risking%20progress&text=Yet%20only%20about%20a%20third,per%20cent%20of%20NHS%20spending

- Tolmeijer, E., Waite, F., Isham, L., Bringmann, L., Timmers, R., van den Berg, A., Schuurmans, H., Staring, A. P. B., de Bont, P., van Grunsven, R., Stulp, G., Wijnen, B., van der Gaag, M., Freeman, D. and van den Berg, D. (manuscript submitted for publication). 'Testing the combination of Feeling Safe and peer counselling against formulation-based cognitive behavior therapy to promote psychological wellbeing in people with persecutory delusions: Study protocol for a randomized controlled trial (the Feeling Safe-NL Trial)'.

- US Department of State (2020). 'Communist China and the free world's future: Secretary Pompeo at the Nixon Memorial Library', www.youtube.com/watch?v=7azj-t0gtPM

- Van den Berg, D. and Tolmeijer, E. (2022). 'Feeling Safe-Netherlands: Recovery-oriented cognitive behaviour therapy to promote wellbeing and feeling safer'. IRSCTN registry, www.isrctn.com/ISRCTN25766661

의심의 과학

초판 1쇄 인쇄 2025년 7월 25일
초판 1쇄 발행 2025년 7월 30일

지은이 대니얼 프리먼
옮긴이 홍석윤
펴낸이 고영성

책임편집 박유진 | **디자인** 이화연 | **저작권** 주민숙, 한연

펴낸곳 주식회사 상상스퀘어
출판등록 2021년 4월 29일 제2021-000079호
주소 경기 성남시 분당구 성남대로43번길 10, 하나EZ타워 3층 307호 상상스퀘어
팩스 02-6499-3031
이메일 publication@sangsangsquare.com
홈페이지 www.sangsangsquare-books.com

ISBN 979-11-94368-39-7 (03180)

- 상상스퀘어는 출간 도서를 한국작은도서관협회에 기부하고 있습니다.
- 이 책은 저작권법에 따라 보호를 받는 저작물이므로 무단 전재와 복제를 금지하며,
  이 책 내용의 전부 또는 일부를 사용하려면 반드시 저작권자와 상상스퀘어의 서면 동의를 받아야 합니다.
- 파손된 책은 구입하신 서점에서 교환해 드리며 책값은 뒤표지에 있습니다.